U0856591

制度变迁视角下的宋代经济社会

张锦鹏 著

SSAP
社会科学文献出版社
SOCIAL SCIENCES ACADEMIC PRESS (CHINA)

本书受云南省“万人计划”云岭学者人才专项项目
（YNWR-YLXZ-2019-020）资助

前言

1999年考入云南大学历史系，师从林文勋教授从事唐宋经济史研究，开始了我研究中国经济史和宋史的学术生涯。之前我对中国历史了解甚少，本科和硕士都是学习经济的，本科就读于北京商学院（北京工商大学前身）市场物价专业，硕士考入云南大学外贸系研读外国经济思想史专业。云南大学外国经济思想史掌门人朱应庚先生，不仅经济学的学养深厚，而且英文非常好，已经七十多岁了还给我们上专业课。记得到朱先生家上第一堂课时，他给每人发了一本英文版《国富论》，要求我们认真阅读并完成读书笔记。我的硕士生导师张荐华教授要求我们研读西方经济学各流派的经典著作，并在课堂上分享讨论，加深了我对西方经济学各流派理论的认识和理解。在本科和硕士期间受到的经济学理论方法训练，成为我学术研究的底色，它潜移默化地对我的研究思维产生着深刻影响。

十分幸运的是，我一个历史学“小白”竟然被林文勋教授接纳为博士研究生，我也因此进入中国经济史的学术殿堂。在这里，我有幸得到了云南大学中国经济史学科的创建者、著名经济史学家李埏先生的教诲。那时，经济史所的博士生、硕士生常常相约到东一院11幢四楼去看望李先生。李先生总是坐在客厅正中那个单人沙发上和我们聊天，讲他在西南联大时如何读书，如何向先生们请教，以及参加体育活动和演小话剧等学校趣事。在亲切的聊天中，李先生把做人、做事、做学问的道理润物细无声地灌输给我们。我的博士生导师林文勋教授是一个思想深邃、开放包容的人，他从不嫌弃我在史学方面基础薄弱，而且积极鼓励和用心指导我补上短板，并通过讨论式教学加强我的学术思维的训练。林老师是当时全国为数不多的年轻博导，他思维敏捷，总是能带给我们前瞻性的理念和做学问的激情。林老师有深厚的理论底蕴，视野宏阔，十分重视历史与现实的相互观照。这些研究方法对我影响很大，他也支持和鼓励我把经济学的理论方法灵活运用于历史研究中。我在博士论文《宋代商品供给研究》的撰写中，就尝试运用经济学理论方法分析宋代商品经济问题。尽管我的博士论文存在明显的经济理论与历史分析之间生硬糅合的缺陷，但在答辩之时，专家们还是一致肯定了我的研究路径，这给予我很大的鼓励，我的博士论文也被评选为云南省优秀博士论文。我在读博期间完成的两篇文章《宋朝租佃经济效率研究》和《制度变迁与宋朝小农供给行为研究》，先后被《中国经济史研究》和《中国社会经济史研究》录用刊发。这些素不相识的编辑老师给了我自信，让我这个史学基础较弱的初学者对未来继续从事经济史、宋史的研究坚定了信心。就这样几十年来，我一直坚持在宋代经济史研究领域里学习和研究，在努力研读史料、积累文献的基础上，以经济理论视角来思考经济史问题。本书的写作，就是我这二十多年来从制度变迁的视角来探讨宋代经济社会相关问题的一些心得体会。

一　制度变迁与宋代经济发展

自从亚当·斯密《国富论》发表以后，经济自由主义被视为“神明”为众人所信奉，似乎人类社会走向经济繁荣、社会有序、民众幸福的愿景，只需要那只“看不见的手”就能完全实现。但是，残酷的社会现实不断地把自由主义的“神话”打碎。于是，新的学派不断涌现，他们试图用新理论来解释经济社会中出现的种种问题。十九世纪四五十年代德国历史学派诞生，他们反对古典经济学派采用演绎法来研究经济问题，认为每个民族或每种经济制度都是在特定的历史条件下进行活动或发展起来的，并没有普遍意义上的经济规律，应该采用历史实证的方法，从历史研究中寻求答案。二十世纪初期在美国出现的制度经济学派是德国历史学派的变种，它的理论重在把“制度”作为研究对象，分析制度在经济社会中所产生的作用，社会心理、集体行动、法律秩序等都是这一学派探究经济问题的切入点和主要议题。

而更具影响力的新制度经济学派进一步揭示了制度在经济中的重要性。如道格拉斯·诺斯（Douglass C. North，也译作“诺思”）指出的，经济学所研究的制度并非传统的 system，而是内涵更为宽泛的 institution，“是一系列被制定出来的规则、守法程序和行为的道德伦理规范”，也就是说，传统、习惯、风俗、文化、宗教、社会心理等都属于非正式制度，对人的经济行为产生重要影响。制度所反映的是人与人之间的关系，“制度提供了人类相互影响的框架，它们建立了构成一个社会，或更确切地说一种经济秩序的合作与竞争关系”。[①] 好制度能够激励经济主体，从而产生更高的经济效率，有利于经济主体发挥积极性的制度变迁成为推动经济增长的内生因素。新制度经济学派的另一个重要代表人物科斯提出了交易费用理论，他把经济的不确定性看作交易的代价，进而解释了制度因素对资源配置效率产生的重大影响。产权理论也是新制度经济学理论的重要组成部分，产权实质上是一套激励与约束机制，经济运行背后的财产权利结构的制度安排直接影响着资源配置效率。这些理论为我们研究中国古代的经济问题提供了新的视角。

经济制度构成一个社会的经济基础。它由统治集团制定，受统治集团的国家治理理念支配，运行服务于统治集团的治理目标。传统时期的中国是一个典型的农业社会、农业大国，农业生产赖以发展的决定性生产要素是土地和劳动，土地和劳动的结合形式即土地产权的安排决定着农业经济

① 〔美〕道格拉斯·诺思：《经济史中的结构与变迁》，陈郁、罗华平等译，上海三联书店、上海人民出版社，1994，第225—226页。

的效率。唐宋时期，正是中国土地制度发生重大转变的时期，延续了300多年的均田制在中唐时期废弛，土地私有制迅速发展，以至于宋代走向“田制不立”“不抑兼并”，对土地私有制以默许的方式予以承认，正式确立了土地私有制。土地买卖的自由化使土地所有者出现了分化。一部分经营不善或遭受天灾人祸的小农失去土地，成为以租佃他人土地为生的佃农，在宋代被称为“客户”；另一部分善于经营、有一定投资能力的群体通过市场交易获得了更多的土地，成为地主，靠租佃经营获取地租收益。土地私有产权的确立，不仅对土地所有者有获得财产索取权（地租）的激励，也对以租佃土地为生的客户有获取经营权收益（交租后的剩余）的激励。而“五五分成”的租佃模式，看似约定俗成，实则是降低客户租佃经营的风险，最大限度地保障客户的社会再生产活动和家庭再生产能力。在土地经营市场上，众多的地主和佃农构成了竞争关系，“千年田八百主”，土地、劳动、资本都在这个竞争性市场中不断流动，生产要素的资源配置不断优化，经济效率得到提高。

私有土地产权的安排解决了土地与劳动的资源配置优化问题，但如果土地财产权利得不到有效保护，所隐含的交易成本也会给经济主体带来消极影响。在土地等不动产交易中，长期以来约定俗成的“亲邻优先权”就是一种人格化交易，增大了产权流动中的交易成本。随着土地交易频率的增长，国家在法律上不断规范和完善交易程序，并对“亲邻优先权”进行限制，在很大程度上降低了土地的交易成本。这也是国家法律制度保护经济活动主体公平交易、规范交易的重要体现，这一制度变迁对社会经济效率提升意义重大。

农业生产效率提升的直接成效是农业产出的增长。宋代粮食产量大幅度提高，为人口增长提供了必要的物质保障，各种食物（水果、水产、畜产品等）日益增多且丰富，在满足宋人生活消费多样性方面有很大改善，而面向市场的商品性农业发展成为宋代农业经济的亮点。农业部门剩余产品增多和商品性农业的发展不仅使农产品流向市场，而且也使从事农业生产的劳动力“溢出”，为其他非农产业提供了劳动力，使劳动力的空间配置和产业配置趋于优化。非农人口的增多，使对粮食等基本生活物资的需求增加，从而刺激了商品交易活动，宋代城乡市场呈现繁荣景象。体现在商税上，就是宋代商税成为国家财政收入的重要组成部分。这似乎是顺理成章的因果关系，不过如果把宋代有记录的商税资料汇总起来进行列序分析，就会发现北宋商税（全国性的商税资料只有北宋时期有）呈现周期波动的特征。分析其周期波动的原因，发现商税周期波动与战争和自然灾害高度相关，与国家税收政策和社会变革相关度不高。商税与自然灾害高度相关，表明农业部门对商品经济发展的贡献率高；商税与战争高度相关，是因为战争时期国家会通过市场大规模采购粮食等军需物资，也就是政府采购支撑了宋代商品经济的繁荣。

那么，如何看待北宋政府支配型商品经济繁荣这一现象？政府的物资并非以强制征用方式获得，而是通过市场获得。这是很大的进步，是商品经济发展的结果，也是商品经济进一步发展的原因。它为广大小农的剩余农产品提供了销路，刺激了小农积极主动地参与市场，对市场培育有积极作用。但是，宋代政府采购并没有很好地激发起更为广泛的民间经济主体内在的市场行为，因此一旦政府采购减少，市场交易行为也随之回落。这就是宋代商品经济发展的两面性，一方面市场交易十分旺盛，商品经济呈现高度繁荣的景象，另一方面我们考察市场机制运行过程时，会发现有很多政府干预因素在扭曲着市场。

宋代禁榷制度可以进一步提供观察这一现象的视角。禁榷制度是中国传统社会极具代表性的经济制度，国家对盐、酒、茶等重要商品实施专卖，以此获得高额专卖收入，但因为政府垄断经营限制了自由竞争，在很大程度上是损害了生产者和消费者的权益，也不利于资源配置优化。宋代是禁榷制度实施较为广泛的时期，禁榷商品覆盖的范围高达二十多种，盐、茶、香药等在市场上利润较高且消费需求大的商品，都被纳入禁榷的范畴。以榷盐为例，在宋代榷盐制度下，所生产的盐全部被国家收购，国家采取划分销售区的方式进行销售，并在一些商品经济不发达的地区采取抑配销售的方式进行分销，使用行政手段推动产品商品化。可见，宋代商品经济发展具有十分强烈的政府干预性。但在禁榷商品的专卖经营中，宋代又有一些制度创新，如茶叶专卖中的通商法。政府通过发放特许经营权的方式控制茶叶从产品到商品的关键环节，而把其他环节交由市场，在一定程度上把竞争机制引入禁榷制度，对促进茶叶的商品流通有积极作用。

从另一个角度来看，即便政府这只“看得见的手”对经济效率产生消极影响，唐宋商品经济仍然呈现显著发展的特点，宋代被公认为是中国古代商品经济大发展的时代。商品经济发展所产生影响的广泛性和深远性是不能忽视的，这也是唐宋社会变革论作为学术热点长盛不衰的原因，反映在学术上就是唐宋经济史著作的勃兴。唐宋时期，无论是邦计国用类著作，还是农业经济、手工业经济、城市经济、商业贸易类经济、治河赈灾类著作，都有大量创作，体现了知识生产的快速发展，也体现了经济知识的社会需求在增长。雕版印刷业的发展和文化市场的兴起进一步推动了知识生产和传播，为宋代经济走向繁荣提供了知识支撑平台。

二　制度变迁与富民阶层成长

唐宋是中国传统社会的一个重大变革时期，早在二十世纪九十年代中期，我的导师林文勋教授就敏锐地关注到这一大时代变革中崛起的一个重要社会阶层——富民阶层，对“富民”问题展开研究。林老师的“富民”研究很快形成了一系列成果并引起学界关注，掀起了一股“富民”研究和讨论的热潮。随着“富民”研究不断推进深化，林老师形成了“富民社会”理论体系。对于林老师“富民”研究的推进过程与学术成果，在本书《“富民社会”理论的学术研究回顾及展望》一文中有具体论述，在此不做赘述。这些年我一直跟随林老师做“富民”研究，也对“富民阶层”是如何成长壮大，如何成为社会的动力层、中间层、稳定层有不少思考。

唐宋时期，“富民”这一财富力量崛起是土地制度变革的直接结果。在富民群体中，有以经营手工业、商业致富者，但更多的是以经营土地致富者。即便是在手工业、商业经营中获得了财富，绝大多数人还是会买田置地，成为地主。因此，田多地多是其财富的主要体现，也是其积累财富的重要手段。

随着“富民”的崛起，富民阶层日益成为国家财政收入的主要贡献者，成为赋役承担的重要群体。因此，统治阶级和社会有识之士也逐渐认识到富民在国家财富增长、地方社会治理中的重要性，社会上兴起了贫富相生相资、富民“为国守财尔”等“保富论”思潮。国家也日益重视这一财富力量在社会上所起的作用，主动通过制度变革的方式来解决这一阶层所面临的种种困境。北宋中期的免役法变革，就是统治集团主动变革不合理的制度来维护富民阶层的利益，通过向富民征收免役钱的方式让富民从承担繁重的差役中解放出来，用所征收的免役钱雇专职人员承担衙前、里正等劳役。在免役法的实施过程中，国家不仅向三等以上的富民征收免役钱，还同时向官户、寺观户等原来的特权阶层征收助役钱，在一定程度上打破了官僚阶层的政治特权和经济特权。由此可见，免役法这一制度变革虽然存续时间不长，但是这一制度变迁的深刻原因和所期望达到的社会效果具有深远的意义。

在国家通过制度创新不断优化富民阶层成长环境的同时，富民阶层也积极利用其财富力量来建构自己的社会关系，来扩大自身阶层的社会话语权。财富是他们的优势资源，他们利用财富形成投资力，成为土地产权关系中的所有者，在租佃关系中处于占有优势的社会地位，获得“高人一等”的社会心理地位和话语权。富民还利用财富优势形成购买力，进行奢侈品等身份性消费品的消费，甚至通过舆服之制的“僭越”

来塑造自己新的社会身份。富民还借助其掌握粮食等实物财富的优势，在灾荒时利用其处于卖方市场的有利地位与政府进行博弈，以增强富民的社会话语权。

南宋末期，黄震在抚州赈灾中与当地富民斗智斗勇博弈的事件，就是一个极具代表性的个案。咸淳七年，因抚州发生严重饥荒，被临危任命为抚州知州的黄震在上任初期先后发榜文 20 篇，对当地富民进行“劝分”，希望富民能平价出粜粮食赈济灾民，但遭到了抚州富室公然的抵抗。在道德规劝、官职奖励等激励性手段不见成效的情况下，黄震动用严厉的行政处罚，却仍然遭到富民的非暴力反抗。这些富民凭恃什么敢公然与官府对抗？他们凭恃的是财富，具体到这一个案中是自家粮仓里的粮食。富民利用自己处于粮食卖方市场的优势，通过控制粮食这一重要民生物资的售卖权来重构与政府的关系。当然，在大多数情况下，富民会主动与官府进行合作，通过承担社会责任获取社会尊重，如主动参与赈灾救济，或者向地方社会提供公共产品，以此获得社会话语权。但在特殊的情况下，他们也会通过与官府对抗展示实力来改变官民关系，获得社会话语权，如上述个案中富民对抗官府的“劝分”。这种以挑战官府权威获取话语权的行动，表明富民阶层的财富实力和社会影响力已经不断扩大，这一阶层已经成为对社会有重要影响的中间层。

通过反抗官府来获得社会对富民阶层的关注，甚至通过反抗政府来实现社会地位的改变，这也是宋代富民阶层剑走偏锋的一种方式。成书于明代的小说《水浒传》，其素材来源于宋元笔记中的某些历史事迹和演唱话本，就是描写那些根植于乡村社会、拥有一定财富力量但入仕无望、发达无路的“富民”，是如何从地方望族、公吏之人、普通良民一步步成为反叛官府的“梁山英雄”，最后以“造反—招安”的方式实现“做大官”的人生目标。这一文学故事的背后是宋代社会变革的大背景，它深刻地反映了宋代以后中国传统社会的富民阶层对社会地位的追求。

这也表明唐宋以后崛起的富民阶层，并非与官府相对抗的异己力量，而是愿意主动维护国家统治的中间层和稳定层。

进一步讨论富民的形象问题，我们会看到历史文献对富民的记载有两种截然不同的形象描述：长者与豪横。的确，金钱是催化剂，它既可以让拥有它的人变成天使，也可以让拥有它的人成为魔鬼。若豪横类富民恣意生长，这个社会就会被金钱之恶所吞噬，何谈富民阶层在社会中所承担的动力层、中间层、稳定层角色？《名公书判清明集》中记录了不少富民涉诉案件。在这些案例中，富民多以侵吞他人财产、伤害他人身心、逃避国家赋役、妨碍官府行政等形象出现。这些“豪横”“乡霸”型富民为何能“武断乡曲”？地方官员又是如何裁决处置这些突出的问题？从大量的财产纠纷和乡邻诉讼中可以看到，这些“富民”已经在地方社会上构建起社会关系网络，并且拥有了以金钱为纽带勾结官吏、左右公权的能力。《名公书判清明集》中记载的诸多地方官员对豪横进行严惩的案例，也反映了国家代理人力图通过公平裁决惩治特权，维护稳定社会，同时为遵纪守法、勤劳致富、合法经营的“富民”提供有利的社会环境。

前文提到，唐宋富民阶层的主要构成是以经营土地致富的人，但是以经商致富的人也不可忽视。这一群体规模不大但财富增长快速，是富民阶层构成中的重要群体。但是唐宋时期的商业活动受到官府的各种经济规制和垄断排斥，商人只能采取官商合作的模式在夹缝中生存。在长期适应官商模式的经营生态过程中，商人群体与官府形成了紧密的利益共同体，成为旧体制、旧制度的维护者而不是革命者。这也决定了古代富民阶层士绅化的必然命运：中国古代富民社会没有顺利地向市民社会发展演进，而是在清末以后走上了一条曲折迂回的近现代发展道路。

三 关于本书的一些说明

本书由14篇相对独立的论文组成，这些论文是我从事宋代经济史研究这几十年来的一些思考。本书根据这些论文的研究主题分为上、下两编，上编为“制度变迁与宋代经济发展”，下编为“富民阶层与宋代社会变迁”。这些论文我都曾以独立作者或第一作者的身份在公开刊物上发表，相关信息见下。

《宋朝租佃经济效率研究》，发表于《中国经济史研究》2006 年第 1 期。

《制度变迁与宋朝小农供给行为研究》，发表于《中国社会经济史研究》2003 年第 1 期。

《北宋社会阶层变动与免役法制度创新》，发表于《西南大学学报》（社会科学版）2007 年第 3 期。

《交易费用视角下南宋“亲邻权”的演变及调适》，发表于《厦门大学学报》（哲学社会科学版）2017 年第 1 期。

《北宋时期商税波动及其原因分析》，发表于《思想战线》2003 年第 5 期。

《论宋代榷盐制度对商品经济发展的影响》，发表于《盐业史研究》2003 年第 4 期。

《唐宋经济史著作的勃兴及其史学价值》，发表于《光明日报》（理论版）2006 年 6 月 12 日，与北京师范大学罗炳良教授合作。

《“富民社会”理论的学术研究回顾及展望》，发表于《思想战线》2018 年第 6 期，与我的博士生武婷婷合作。

《宋代富民阶层成长的制度空间——以交易费用为视角》，发表于《中国经济史研究》2016 年第 5 期。

《财富改变关系：宋代富民阶层成长机理研究》，发表于《云南社会科学》2016 年第 6 期。

《江湖英雄：宋代“富民”阶层追求的另一种表达图式——以〈水浒传〉为考察对象》，发表于《江西社会科学》2020 年第 1 期。

《从黄震抚州赈灾个案看南宋官府与富民的博弈》，发表于《首都师范大学学报》（哲学社会科学版）2009 年第 2 期。

《商人群体：唐宋富民阶层的重要财富力量——兼论商人群体的时代局限性》，发表于《古代文明》2015 年第 3 期，与我的博士生杜雪飞合作。

《南宋“富民”涉讼案件类型与特点——以〈名公书判清明集〉为研究对象》，《国际社会科学杂志》（中文版）2020 年第 3 期，与我的硕士生陈玲琳合作。

本书在收录以上论文时，仅对少数的文字表述进行修正，对一些重复出现的内容（主要是各论文的研究成果综述部分）进行删减，论文的基本框架和研究主旨均保持了原状。

目录

上编　制度变迁与宋代经济发展

下编　富民阶层与宋代社会变迁

上编

制度变迁与宋代经济发展

宋朝租佃经济效率研究

租佃经济是中国封建地主经济制度的基本经济关系，也是经济史研究的重点。宋朝是中国封建租佃关系十分发达的时期，经济史的专家学者对宋代封建租佃关系的研究主要集中在两个领域：一是租佃制度和租佃关系的演变；① 二是租佃关系中佃农的法律地位。② 自从道格拉斯·诺斯在《经济史中的结构与变迁》一书中提出制度变迁理论以来，制度是经济增长的内生变量，制度安排决定经济效率的论点已经成为共识。一些学者也运用制度经济学理论来研究中国经济史的有关问题。③ 本文以制度经济学和微

① 相关的研究成果有：胡如雷《中国封建社会形态研究》，三联书店，1979，第65—164页；漆侠《宋代经济史》（上），上海人民出版社，1987；梁太齐《两宋的租佃形式》，邓广铭、漆侠主编《中日宋史研讨会中方论文选编》，河北大学出版社，1991；梁庚尧《南宋农村的土地分配与租佃制度》，《食货月刊》第7卷第10期，1978年；杨康荪《宋代官田包佃述论》，《历史研究》1985年第5期；葛金方《宋代官田包佃特征辨证》，《史学月刊》1988年第5期；高聪明、何玉兴《论宋代的货币地租》，《历史研究》1992年第5期；杨际平《宋代民田出租的地租形态研究》，《中国经济史研究》1992年第1期；黄启昌《宋代湖南封建租佃制的发展》，《求索》1992年第1期。

② 相关的研究成果有：〔日〕宫崎市定《从部曲到佃户——唐宋间社会变革的一个侧面》，《东洋史研究》第29卷第4号、第30卷第1号，1971年；朱瑞熙《试论唐代中期以后佃客的社会地位问题》，《史学月刊》1965年第6期；朱瑞熙《宋代佃客法律地位再探索》，《历史研究》1987年第5期；曾琼碧《宋代佃耕官田的农民及其地位》，邓广铭、徐规等主编《宋史研究论文集》，浙江人民出版社，1987，第64—81页；等等。

③ 相关的研究成果有：赵冈、陈钟毅《中国经济制度史》，中国经济出版社，1991；林毅夫《李约瑟之谜：工业革命为什么没有发源于中国》，《制度、技术与中国农业发展》，上海三联书店，上海人民出版社，1994；张杰《二重结构与制度演进——对中国经济史的一

观经济学理论为基础，结合中国宋代租佃经济的研究成果，从市场结构、收益分配以及地主和佃农的关系等方面探讨宋朝租佃经济的效率问题。

一　宋代地主和佃农的基本情况

中唐以后，随着均田制的废弛，“田制不立”“不抑兼并”，这标志着从此以后中国封建土地私有制度成为主导性土地制度。宋朝土地可以自由买卖，推动了土地的兼并与集中，从而地主阶层的力量得到壮大。地主拥有大量土地，但自己不从事农业生产，往往将土地分成小块租佃给无地农户耕种。同时，宋代有大量无地农户需要租种土地以营生，因而租佃经营在宋代十分普遍。

宋朝户口制度中有主户、客户之分，主户是拥有土地、住宅等不动产的家庭，客户一般是失去土地，以租佃土地生存，不需要交纳赋税的佃农。[①] 主户又根据土地和财产的多少分为五等，三等以上的主户，称为上户，一般家产较为丰裕，拥有土地较多，可以进行租佃经营，属于地主阶层。四、五等户，称为下户。四等户一般只有一小块土地和少量的生产生活资料供养家庭，属于自耕农阶层；五等户中，有些属于自耕农，有些则因家境贫困逐渐失去土地或拥有的土地少无法支撑家庭生计，需要租佃别人的土地经营。

采取租佃经营的主要是地主私有的土地，此外，还有产权属于国家所有的土地，如官田、营田、学田、职田等也都采取租佃经营的方式。如景德三年诏：“诸州职田止得召客户佃莳。”[②] 天圣元年诏书也反映了同样的

种新的尝试性解释》，《社会科学战线》1998 年第 6 期。

① 客户中也有一些以出卖劳动力为生的雇佣劳动力，但在土地经营中雇佣劳动不是主流，故本文忽略不计。

② （宋）李焘：《续资治通鉴长编》卷 63，景德三年六月庚午条，中华书局，2004，第 1415 页。

内容："天下职田，无令公人及主户租佃，召客人者听。所收租仍不得加耗。若水旱，其蠲租如例。"①

二　宋代租佃经济中的市场结构

在租佃制下，土地所有者和承租者之间的收益分配决定了租佃经济的效率。地主和佃农都是追求经济利益的主体，都追求土地收益的最大化，但是，双方之间有利益分割问题，地主希望确定一个较高的地租率，以获得更多的土地收益，佃农则希望地主尽量少地取走收成，以得到更多的土地收益。如何来协调双方的利益矛盾呢？不同的市场组织结构，有不同的利益分配机制。

在垄断性市场结构下，收益分配由垄断方单方面决定，其结果也是垄断者获得高于平均利润的垄断利润。假设一个势力很大的地主（可以是私人也可以是政府）占有可以出租的全部土地，同时有大量无地的农民，而这些农民缺少获得其他工作机会的渠道，他们为了生存只能去租种地主的土地。于是，地主就可以根据自己的利益需求确定收益分配方案，即地主可以单方面确定地租价格，而佃农只能无条件地接受，否则，就不可能租种到土地。在这种情况下，由于佃农的收益受到侵蚀，佃农的积极性不高，他们将尽量减少租佃土地数额，只要能够保障家庭生存的基本需要，就不会再增加劳动力投入，扩大再生产。因此，在垄断性市场条件下，租佃经济存在效率抑制。

在竞争性市场结构下，收益分配取决于竞争形成的市场均衡点，而非由某一方来决定。竞争性市场中，土地供给者不是一个而是无数个，供给的一方存在竞争。如果某一个地主的要价过高，承佃者就可以离开他而寻求其他要价低的地主；反过来，如果承佃者只愿意承担低于市场均衡点的

---

① （宋）李焘：《续资治通鉴长编》卷100，天圣元年七月戊寅条，第2325—2326页。

地租价格，地主也可以放弃这个佃农，转而雇佣其他佃农，因为有众多的佃农需要租种土地。由于土地的供给者和需求者由众多的利益主体组成，而任何一个利益主体都无法控制地租价格，故地租价格只能在众多租赁者和众多承租者之间的竞争中形成。这样地主和佃农都能够得到对自己有利的收益，收益分配的结果对双方来说是双赢的。对于土地所有者来说，他愿意投资扩大土地规模，以便通过出租土地获得财富增殖；对于佃农而言，他也愿意在能力范围内（资本能力和劳动能力）尽可能地扩大生产，以获得更多的收益。可见，在竞争性市场条件下，租佃经济是有效率的。

宋代土地租佃市场是垄断性市场还是竞争性市场，是分析宋代租佃经济效率时要考虑的第一个问题。

首先看宋代地主阶层所占比例。宋代户等中，三等以上的主户一般是占有大量土地的地主。宣徽南院使、判应天府张方平在上疏中曾言："至于五等版籍，万户之邑，大约三等以上户不满千……四等以下户不啻九千。"① 叶适也曾对温州近城 30 里的官民户占田数量进行统计，占田 400 亩以上的有 49 户，占田 150—400 亩的有 268 户，占田 30—150 亩的有 1636 户。② 宋代一户家庭人口在 5 人左右，所能耕种的农田是有限的，可以推测，占田 150 亩以上的家庭大多数需要将土地出租，这部分人口占有土地人口总量的 16%左右。从这些记载中可以推测，宋代地主总户数占全国总户数的 10%—15%。

宋代的客户是依靠耕种别人土地生活的群体，是构成佃农阶层的主导力量。宋代人口构成中，客户所占的比例是比较高的。据加藤繁先生考证，天禧五年（1021）主户有 6470995 户，客户有 3708994 户，客户占总户数的 36.4%；元丰三年（1080），天下总四京十八路主户有 10109542

---

① （宋）李焘：《续资治通鉴长编》卷 277，熙宁九年九月辛巳条，第 6788 页。

② （宋）叶适：《水心别集》卷 16《后总·买田数》，《叶适集》第 3 册，刘公纯等点校，中华书局，1961，第 858、862、865 页。

户，客户有 4743144 户，客户占总户数的 31.9%。[①] 可以推测，宋代客户大约占人口总数的 1/3。

宋朝人口增长很快。建隆元年（960）全国有 577 万户，到仁宗天圣七年（1029）总户数已经达到 1016 万户，到徽宗大观四年（1110）上升到 2088 万户，南宋户口总数也一直保持在 1100 万—1200 万户。[②] 如果按照上面测算的比例，宋代全国地主有 110 万—300 万户，佃农有 300 万—600 万户，如此众多的地主和佃农数量，足以构成一个竞争性的土地租佃市场。

宋代地主收取地租的方式有两种，一种是分成地租，一种是定额地租。

分成地租是地主和佃农约定一个分成比例，到农作物收获后佃农按比例交纳农产品给地主，这是宋代租佃经济中最普遍的一种方式。地主和佃农是如何分成的？苏洵在《田制》中指出："耕者之田资于富民……而田之所入，己得其半，耕者得其半。有田者一人，而耕者十人，是以田主日累其半以至于富强，耕者日食其半以至于穷饿而无告。"[③] 说明一般土地的租佃率是 50%。洪迈在谈到鄱阳一带土地租佃时说："今吾乡之俗，募人耕田，十取其五。"[④] 这种对分比例不是某一特定地区特定时期的价格，而是宋代地主租佃土地的普遍价格，"南北风气虽殊，大抵农户之食，主租已居其力之半"。[⑤] 官田、营田、职田、学田的出租也基本遵循上述原则。

---

① 〔日〕加藤繁：《宋代的主客户统计》，氏著《中国经济史考证》第 2 册，吴杰译，商务印书馆，1963，第 279—280 页。

② 参见路遇、滕泽之《中国人口通史》，山东人民出版社，2000，第 504、569、570 页。

③ （宋）苏洵：《嘉祐集·论衡·田制》，曾枣庄、刘琳主编《全宋文》卷 922，上海辞书出版社、安徽教育出版社，2006，第 43 册，第 101 页。

④ （宋）洪迈：《容斋随笔》卷 4《牛米》，中华书局，2005，第 51 页。

⑤ （宋）熊禾：《农桑辑要序》，《全元文》卷 587，江苏古籍出版社，1998，第 535 页。

“职分之田，募民耕之，敛其租之半而归诸吏”，[①] 这是职田的地租。营田出租中也是五五分成，“且令官收四分，客户收六分；次年已后，即中停均分”。[②]

为什么五五分成的比例被人们普遍遵守？这并不是风俗和习惯使然，而是在当时有数量众多的地主和客户的条件下，竞争性租佃市场形成的均衡价格。对于这一均衡价格，个体地主和个体客户都没有能力改变。

也有一些地区采用四六分成或三七分成，如湖北鄂州一带，“若有田不能自耕，佃客税而耕之者，每亩所得一斛二斗而已。有牛具粮种者，主客以四六分，得一斛二斗；若无牛具粮种者，又减一分”。[③] 歙州也有此类情况，“大率上田产米二石者，田主之收什六七”。[④] 可见，地租高于均衡价格有其特殊性，或是因为提供了生产资料，地租包括了生产资料的租金；或是土地收益高，多收的地租可以看作级差地租。此外，一些地区地租相对较高可能与该地人口不均衡有关，如地主少客户多，客户的竞租导致土地租佃价格高于均衡价格。根据加藤繁的统计，宋代鄂州的客主户之比为 0.575，高于全国平均水平。客户多，对租赁土地的需求大，这应该是当地地租高于全国平均水平的主要原因。

定额地租是指地主出租土地时与佃农约定每年应交地租的实物数量或货币量，无论佃农生产收成如何，必须按照约定量（额）交纳。宋代南方一些经济发达地区采用定额地租的形式，宋初福州官庄“中田亩钱四文、米八升，下田亩钱三文七分、米七升四勺”，[⑤] 即为定额地租。

① （宋）苏洵：《嘉祐集·论衡·兵制》，曾枣庄、刘琳主编《全宋文》卷 922，第 43 册，第 99 页。

② （宋）李心传：《建炎以来系年要录》卷 103，中华书局，1988，第 1685 页。

③ （宋）王炎：《上林鄂州书》，曾枣庄、刘琳主编《全宋文》卷 6095，第 270 册，第 62 页。

④ （宋）罗愿：《新安志》卷 2《税则》，《宋元方志丛刊》第 8 册，中华书局，1990，第 7624 页。

⑤ （清）徐松辑《宋会要辑稿·食货一》，刘琳等点校，上海古籍出版社，2014，第 5953 页。

根据土地肥沃程度的不同，定额地租有不同的等级，其级差地租的高低也受市场的支配。绍兴六年（1136），诏令江南东西路与镇江府所属县分，“有不成片段闲田，委官逐县自行根据见数，比民间体例，只立租课。上等立租二斗，中等一斗八升，下等一斗五升……召人耕种”。[①] 官府在指定官田地租时，需要参照“民间体例”不能随意而为，原因就是“民间体例”实际上是市场均衡价格。

三 宋代分成租佃制下的收益分配

宋代租佃经济中，土地租佃最为普遍的形式是分成地租，定额地租只在经济发达的部分南方地区实行。传统理论认为，分成租佃制会导致资源配置无效率，因为在分成租佃制下，每一单位产出都有一部分被视为地租，都要被地主收走；而定额租佃制下，租佃者可以得到产出增长的全部收益。因此，分成租佃制下佃农缺乏对所承租土地进行更多投资或更努力工作的动机，会导致较为粗放的耕作。对于这一观点，张五常先生以竞争性佃农市场为例，通过数学的方法和经验检验的方法，论证了分成租佃制和定额租佃制一样在资源配置方面同样有效率。[②] 然而竞争性的租佃市场只能说明市场形成的均衡价格对地主和佃农都是有利的，不能说明分成租佃制与定额租佃制之间没有资源配置效率的差别。从历史上来看，无论是亚洲的中国、日本，还是西欧封建社会，在租佃经营中都有从分成租佃制向定额租佃制演变的过程，这似乎是一个历史发展的规律。

为什么分成租佃制是历史发展的必然阶段呢？这需要进一步了解分成租佃制下地主和佃农之间的利益分配问题。前文通过对市场的考察，发现宋代租佃经济中，地主和佃农都能够满足各自的利益需要。在分成租佃制

---

① （清）徐松辑《宋会要辑稿·食货二》，第6001页。

② 参见张五常《佃农理论——应用于亚洲的农业和台湾的土地改革》，易宪容译，商务印书馆，2000。

下，地主和佃农的利益要求是一致的，当收成增加时，地主增加了收益，佃农也增加了收益；同时地主和佃农是风险共担的共同体，当出现农业歉收时，地主的收益受到损失，佃农的收益也受到损失。在这种利益—风险共担的机制下，地主和佃农有一个共同的目标：努力增加生产投入，增加农业收益。于是，地主除了签订契约将土地租佃给佃农外，还会积极地与佃农进行协作，如提供必要的生产资料、主动追加土地投资、与佃农商讨耕作作物和生产方法等，以求农业生产丰收。对于缺乏生产投资能力的佃农而言，他们可以充分利用地主对土地收益的关心而获得必要的生产投入支持；同时由于风险共担，他们又可以尽量地减少承担因自然灾害等不可抗拒风险带来的损失。

在定额租佃制下，地主和佃农的利益分配完全通过契约确定，地主获得既定利益，不承担农业生产中的风险；而佃农可以获得努力劳动带来的增产收益，但必须无条件地承担农业生产中的风险。由于不承担经营风险也不分享增产利益，地主只关心签订契约的过程，对土地经营过程毫无兴趣，也不会主动参与土地经营。佃农因为有增产后可以取得全部增产收益的激励，对改良土壤、扩大土地投资、精耕细作有很高的积极性，以实现增产增收。但实现增产增收的前提是佃农有对土地增加投资的能力，如果无力购置或租赁耕牛、无力购买农具以及进行其他投入，那么，增产增收的希望就很渺茫。农业生产受外部条件影响很大，而某些外部条件是无法预测和不可抗拒的，例如气候、病虫害等，且会严重影响农业产出。在定额租佃制下，佃农要承担全部或者大部分的风险，如果佃农没有足够的能力承担自然灾害所造成的损失，佃农的境地就会十分危险。

可见，分成租佃制是佃农规避风险最有效的方式。定额租佃制适用于生产力相对发达，佃农经济条件相对较好，有一定的生产投资能力和抗御风险能力的社会经济条件；而分成租佃制则适用于生产力发展水平低，佃农经济条件差，缺乏基本的农业生产投资能力和风险承受能力的社会经济条件。宋朝的定额租佃经营主要是在南方一些发达的地区出现，这也正好印证了这种推断。因为当地土地肥沃，土地边际收益高，农业生产风险相对较小，再加上经济相对发达，佃农有一定的财富积累能力和抗御风险的能力。

宋朝客户，都是贫苦穷困、几乎一无所有的人，“客户则无产而侨寓者也”。[①] 一般情况下，客户既无田产也无房产，甚至无固定生活的地方，全家人在生存压力下四处流离，因此也被称为“流民”“浮客”。除了劳动力以外，他们没有任何可供农业投入的物质和资本。他们只能选择可以给他们提供必要生产资料且生产经营风险最低的方式来进行生产，利益均享、风险共担的经营方式对于他们来说是最有利的方式。对于有投资能力的地主来说，他们仅提供一些物资方面的支持就可以提高土地收益，通过分成始终获得土地产出增长的收益，也是有利的。

史书中有不少宋代土地所有者（地主或政府）积极向佃农有偿提供种子、农具、耕牛等生产资料，使佃农能够正常开展农业生产活动的记载。宋孝宗乾道五年，政府将楚州界内宝应县、山阳县空闲的官田租佃给当地农户垦种时，“每种田人二名，给借耕牛一头，犁、耙各一副，锄、锹、镬、镰刀各一件。每牛三头，用开荒銐刀一副”。[②] 嘉祐年中，京西唐州、邓州“多旷土”，为了鼓励农民开垦土地，“假牛犁、种食以诱耕者”。[③] 同样，“富民召客为佃户，每岁未收获间，借贷赒给，无所不至，一失抚存，明年必去而之他”。[④]

当然，土地所有者提供的生产资料是有偿的，需要佃农到秋收时用农产品交纳其租金。那么，就有这样一个问题：按道理，无论是分成租佃制

① （清）徐松辑《宋会要辑稿·食货一二》，第6240页。

② （清）徐松辑《宋会要辑稿·食货三》，第6022页。

③ （元）脱脱等:《宋史》卷173《食货上一·农田》，中华书局，1985，第4165页。

④ （清）徐松辑《宋会要辑稿·食货一三》，第6255页。

还是定额租佃制都可以采取租赁的方式获得生产资料，不同租佃制度下佃农获得生产资料有没有经济上的区别呢？答案是肯定的：在当时的历史条件下，分成租佃制中佃农租赁生产资料的成本低于定额租佃制。

这是因为，宋代虽然有十分活跃的生产资料市场，但并没有形成独立的经营生产资料租赁业务的机构。生产资料分散在拥有土地和资本的土地所有者手中，土地所有者在出租土地时，只要佃农需要，也可同时提供生产资料的租赁业务。在利益风险不对等的定额租佃制下，由于自己的利益是既定的，地主在租赁生产资料时会考虑出租生产资料能否给他带来更多的租金收益。如果能够获得更多收益，他就愿意出租，如果投入大收益少，他就不一定提供出租服务。而在分成租佃制中，地主和佃农的收益、风险是共担的。地主关心生产过程，愿意主动提供生产资料以增加农业产出，这样不仅可以获得租金收入，更重要的是可以获得未来土地收益增长。因此，地主有为佃农提供生产资料的动力。在这种情况下，地主向佃农租赁的生产资料不可能要价过高，要价过高，佃农无力租赁，地主未来的损失更大。甚至一些开明地主对小件生产资料如农具等是无偿提供的。可见，在分成租佃制中，佃农可以相对较低的价格更为便捷地租赁到所需生产资料。

因此，宋代分成租佃制广泛实行，是与当时的经济发展水平尤其是与当时众多客户的经济条件相适应的。这种经营方式下，佃农可以最大限度地规避风险和以最小成本获得生产资料，地主可以更大份额（通常是农作物收成的50%）地获取土地收益。这种租佃合约，充分利用各经济主体的优势要素——客户的劳动、地主的资本和土地——进行资源配置，是一种有效率的资源配置方式，有利于农业生产的发展。

四　地主与佃农的关系

封建生产关系存在超经济剥削，而作为封建生产关系的一种经济形式，地主制经济的超经济剥削相对较弱，“经济外强制和人身依附关系的相对弱化正是地主之所以为地主的一个原因和条件”。[①]

在中国封建社会，地主依附者的身份、地位随着社会的进步和发展而不断地变化。汉朝有大量无人身自由和法律地位的奴婢，魏晋南北朝门阀士族大量荫蔽户口，许多农民实际成了农奴。隋文帝“大索貌阅”，强令解除依附关系。隋唐时期，在均田制下，自耕农的地位得到保护和巩固。进入中唐以后，土地兼并日盛，贫富分化加剧，大量自耕农沦为客户，成为需要租佃土地生存的群体。由于宋代社会发展和经济关系深入，地主与佃农的关系更多的是经济合约关系而非人身买卖关系，地主已经不能够随意控制客户的人身自由和过分强迫佃农承担契约外义务。宋朝地主与佃农的关系主要体现在以下几个方面。

1. **自由租佃权**

宋代官田招佃，一般是“出榜招人请佃”。[②] 宁宗开禧二年（1206），荆襄两淮营田的租佃，“出榜招募流移之民及当处民户无产业者，及有产业而尚有余力者，听其从便入状，权行承佃”。[③] 政府在出租官田时，除了张榜招募外，还规定“募民间情愿种者”[④] 或“招召情愿佃客耕种”，[⑤]“不得强行差抑，致有骚扰”。[⑥] 政府是拥有行政权力的机构，在招佃时都以佃农自愿为前提，地主在招募佃农时就更不太可能强迫佃农来租佃土地。

佃农租佃土地，需要订立租佃契约。太宗太平兴国七年下诏：“诸路

---

① 李埏：《关于地主阶级的几个问题》，李埏主编《中国封建经济史论集》，云南人民出版社，1987，第 3 页。

② （清）徐松辑《宋会要辑稿·食货三》，第 6024 页。

③ （清）徐松辑《宋会要辑稿·食货六三》，第 7694 页。

④ （清）徐松辑《宋会要辑稿·食货六三》，第 7663 页。

⑤ （清）徐松辑《宋会要辑稿·食货三》，第 6008 页。

⑥ （清）徐松辑《宋会要辑稿·食货六三》，第 7665 页。

州府民户，或有欲勤稼穑而乏子种与土田者……分给旷土……明立要契，举借粮种，及时种莳。俟收成，依契约分，无致争讼。”① 如果佃户不愿意继续承佃，要求退佃和迁徙，不得无故阻拦。高宗绍兴二十五年（1155），“若见佃人不愿承佃，即开具田段坐落去处、所纳租课数目，别行召人承佃”。② 淳熙三年，臣僚在提出鼓励流民广佃官田的优惠条件外，还强调“不愿开垦者，即许退田别佃”。③

宋代租佃市场属于竞争性市场，地主与政府、地主与地主之间竞争佃农的情况很普遍；同时由于有相对充裕的佃农资源，地主也可以随意更换佃农。于是，租佃一方单方面毁约的现象非常普遍，这使租佃经济中的交易成本很高。为了稳定租佃关系，保障土地所有者和佃农双方的利益，最好是签订长期租佃合约，双方均不得中途毁约。政府还颁布了相关法律，约束地主对佃农人身自由的限制，若有“强抑人户租佃”或“佃户无力耕种不令退免，各徒二年”。④ 同时也颁布法律来保障地主的权益，如皇祐四年颁布的“逃移法”就是一例。当地主利用“逃移法”对佃户的生活和自由多加限制时，政府又细化法律条款，重申双方权责关系。

2. 优先和优惠购买承佃土地权

宋朝，政府大量出售官田、营田等土地。在出售过程中，一般遵循优先卖给租佃农民的原则，有时还采取优惠的出售方式卖给长期租佃该土地的农民。仁宗天圣元年（1023）出卖户租田时规定：“印榜示见佃户，依估纳钱，买充永业……若见佃户无力收买，即问地邻，地邻不要，方许中等已下户全户收买。”⑤ 英宗治平四年（1067），京东等路出卖户绝没纳庄

① （清）徐松辑《宋会要辑稿·食货六三》，第 7697 页。

② （清）徐松辑《宋会要辑稿·食货三》，第 6009 页。

③ （元）脱脱等：《宋史》卷 174《食货上二·赋税》，第 4218 页。

④ （清）徐松辑《宋会要辑稿·职官五八》，第 4627 页。

⑤ （清）徐松辑《宋会要辑稿·食货六三》，第 7703 页。

田时规定："内有租佃户及五十年者，如自收买，与于十分价钱内减放三分，仍限二年纳足。"[①]

3. **主户、客户的等级升降**

宋朝主户、客户之间并没有严格的身份限制，只有资产的区别。区分主户、客户主要是看有没有不动产以及是否向国家纳税。由于土地可以自由买卖，以土地为标志的不动产在不断变化，农民的身份也因其不动产的流转而升降于主户和客户之间。当下等主户因自然灾害、战争或家庭劳动力变故等不得不卖掉土地时，他就成了客户或有税无产的佃农。反过来，当客户有能力购买一小块土地时，他就成了主户要向国家纳税。政府从国家赋税收入增长的角度考虑，鼓励客户转为主户，"又招诱客户，使之置田以为主户"。[②]

4. **土地的流转性与经营的稳定性**

宋代土地买卖十分频繁，"贫富无定势，田宅无定主，有钱则买，无钱则卖"。[③] 以家庭为单位，没有任何积蓄的下等农户往往因为灾祸而不得不卖掉土地；勤俭持家、辛勤劳作的佃农有了一定积蓄也会购买一小块土地；拥有大量土地的地主也会因家境升降而购买或出卖土地。在土地买卖过程中，租佃土地的佃农会被如何处置？是与原来签订合约的地主解除租佃合约，还是随土地流转转换所有者，继续租佃土地？从宋代有关资料反映的情况来看，这两种情况同时存在。绍兴二十三年六月，朝廷颁布诏令："民户典卖田地，毋得以佃户姓名私为关约，随契分付，得业者亦毋得勒令耕佃。如违，许越诉，比附因有利债负虚立人力顾契敕科罪。"[④] 南

---

① （清）徐松辑《宋会要辑稿·食货六三》，第 7709 页。

② （宋）吕在钧：《民议》，（宋）吕祖谦：《皇朝文鉴》卷 106，任远点校，浙江古籍出版社，2017，第 1671 页。

③ （宋）袁采：《袁氏世范》卷 3《治家·富家置产当存仁心》，中华书局，1985，第 62 页。

④ （宋）李心传：《建炎以来系年要录》卷 164，绍兴二十三年六月庚午条，第 2687 页。

宋初期政府明令禁止在土地出售的同时随田转让佃农。

不过从宋代大多数租佃契约中，可以看到出售土地时佃农也同时转让的情况。如《江苏省通志稿·金石志》第15卷《吴学续置田记二》中记载，开禧元年九月，用钱买了一十三段地，“今开具如后：……已上三段，计三亩一角四十五步，租户戚五三，上米二硕八斗。……已上三段，计田六亩三角三十二步，租户李念乙，上米五硕。……一兴字四十号，田一亩三十八步……租户马千一，上米九斗。……”

对于后一种情况，有学者指出，地主在出售土地时连同佃农也一同转让，可见佃农没有人身自由。这一观点值得商讨。因为土地产权转移不受时间的限制，只要买卖双方愿意，在任何时候都可以成交，而农业生产是有周期性的，佃农租种土地的最低期限也是一个季节。如果在佃农签订契约期间土地产权发生了转移，同时也解除了租佃合约，就可能导致一些佃农无法获得土地收益，甚至一些机会主义者还会利用租佃关系的不稳定性进行以剥夺佃农收益为目的的虚假产权交易，损害佃农利益。因此，为了保障佃农租佃合约中的剩余索取权能够有效行使，在土地产权转移过程中，租佃关系也必然随同转移，否则，佃农在租佃过程中存在很大的不确定风险。高昂的交易费用只会限制租佃经济的正常发展。

前文指出宋朝的土地租佃市场是一个竞争性市场，已经形成了土地租佃均衡价格，而且地主和佃农都须遵守这一准则。因此，当土地所有权发生转移时，土地租赁价格一般不会因为所有者不同而发生大幅度调整，具有维持原有租佃关系的基础。另一方面，在剩余索取权共享的分成合约中，长期合同能够激励佃农改良土地，如灌溉设施的建设、土地肥力的积累等，这些措施的实施能够增加土地所有者和佃农的未来土地收益。相反，在一个租佃关系不稳定的制度安排中，佃农缺乏增加土地投入的动机，而结果不仅佃农的土地收益会减少，而且也损害了地主的收益。这也是长期租佃制越来越普遍的原因。有研究表明，北宋末南宋初各地已普遍实行长期租约制度。[1] 明清时期，永佃权制度在江南一带十分盛行。[2]

因此，对土地所有者和佃农都有利的制度安排是当土地所有权转移时，在租佃契约未到期时，佃农经营权也随土地产权一同转移。“随田佃农”不是对佃农的人身买卖，相反是维护佃农权益的重要表现。当然，在土地租约到期以后，佃农是否继续与新的土地所有者续签合约或土地所有者是否愿意与佃农续签合约，双方都是可以选择的，因为政府有明确的规定，“每田收田毕日，商量去住，各取稳便”。[3]

总之，以分成租佃制为主的宋代租佃经济是适应宋代生产力发展水平的一种制度安排。在这种制度安排下，地主和佃农都能够获得各自要求的剩余索取权，符合各自的利益需求。因此，这种制度安排是有效率的制度安排，有利于农业生产的发展，为农业产出增长提供了必要的制度保障。

① 孙达人：《对唐至五代租佃契约经济内容的分析》，《历史研究》1962 年第 6 期。

② 赵冈、陈钟毅：《中国经济制度史》，第 101 页。

③ （清）徐松辑《宋会要辑稿·食货六三》，第 7706 页。

制度变迁与宋朝小农供给行为研究

宋朝是中国古代经济社会的繁盛时期。宋朝经济的发展有别于以往朝代的重要特点是商品经济取得了很大发展，表现在市场上，就是进入流通领域的商品数量不断增多，商品的品种类别日益多样化，其中有很大部分是农产品，如《宋史·食货志》中记载的属于农（副）产品的商品有：茶、谷、麦、菽、糯米、青稞、糙米、刍粮、瓜、水果、蔬菜、木材、薪、炭、竹、牛、羊、鸡、鸭、鱼、橐驼……其中，粮食和茶叶的市场流通量很大，是这一时期市场上的大宗商品。

农产品是土地的实物收益，宋代拥有土地所有权的有三个阶层，一是地主，地主通过购买（也有部分来自强占掠夺）获得超过其耕种能力的土地，将土地租赁给无地的农户耕种，靠收取地租营生；二是自耕农，自耕农拥有小块土地，靠耕种土地保障家庭生存和发展的需要；三是国家，政府掌握着一定数量的国有土地，如官田、营田、屯田、学田、职田等。地主和国有土地的经营方式一般是将土地分成小块，分别租赁给无地农户（客户）耕种，自耕农则主要以耕种自己的土地为生。可以看到，无论土地所有者是谁，土地的实际生产经营单位都是一家一户的小农。这不是宋代特有的现象，纵观中国两千多年的封建社会，都是以小农经济为基本经济结构。

一　小农经济理论

小农经济是一种什么样的经济？对这个问题的研究，理论界有两种相反的观点。以苏联学者柴雅诺夫为代表的学派认为小农的生产目的以满足家庭消费为主，等同于自给自足的自然经济，它追求生产的最低风险而非利益最大化，缺乏增加生产投入的动力机制，因而小农经济是保守的、落后的、非理性的低效率经济方式；[①] 与之相反的是以西奥多·舒尔茨为代表的经济学家，他们认为以家庭为单位的传统农业如同在特定资源和技术支持下的"资本主义企业"，追求最大利润，对价格反应灵敏，其生产要素的配置行为也符合帕累托最优原则，小农经济是"贫穷而有效率"的。[②]

我国学者郑风田博士在研究以上两种理论，并吸收西蒙的有限理性假说和新制度经济学派的制度变迁理论的基础上，提出了小农经济的制度理性假说，认为不同制度下，农民的理性有异质性。在完全自给自足的制度下，农民的理性是家庭效用最高；在完全商品经济的市场制度下，农民追求利润最大化，是理性的"经济人"；而在半自给自足的制度下，农民既为家庭生产又为社会生产，此时的农民理性行为具有双重性。[③]

小农经济的制度理性假说为我们分析小农经济提供了新的视域。宋代经济制度和社会各种非正式制度发生了很大的变化，制度的变迁也同样深刻地影响到小农的生产经营行为。为此，本文以制度理性假说为研究方法，对宋代小农经济与农产品商品供给问题进行分析。

---

① A. V. Chayanov, "On the Theory of Noncapitalist Economic Systems," in Daniel Rhorner, Basile Kerblay, and R. E. F. Smith , eds. , *A. V. Chayanov on the Theory of Peasant Economic*, Homewood, Ⅲ: Richard D. Irwin, Inc. , 1966, pp. 1-28.

② T. W. Schultz, *Transforming Traditional Agriculture*, New Haven: Yale University Press, 1964.

③ 郑风田：《制度变迁与中国农民经济行为》，中国农业科技出版社，2000。

二　宋代制度变迁与小农生产经营行为调整

宋代是中国封建社会经济发生重大变化的时代，各种正式制度和非正式制度都发生了根本性的转变，这些直接或间接地影响着以家庭为单位的农户生产经营行为。

（一）土地制度变迁与小农的经济行为

土地是传统农业社会最重要的生产要素，土地制度是传统农业社会最为重要的经济制度之一。自北魏至唐朝中期，所推行的土地制度是均田制，实行“计口授田”。在均田制下，政府对农户所受土地的买卖有严格的规定，如北魏均田制规定：“诸桑田皆为世业，身终不还，恒从见口。有盈者无受无还，不足者受种如法。盈者得卖其盈，不足者得买所不足。不得卖其分，亦不得买过所足。”[①] 国家允许部分土地买卖，但并非为满足人们扩张土地的需求，而是“令其从便买卖，以合均给之数”，[②] 通过土地买卖达到“均田”的作用。到唐朝，土地买卖的限制有所放宽，“及口分田，卖充宅及碾硙、邸店之类”，[③] “自狭乡而徙宽乡者，得并卖口分田”，[④] 永业田可以“身死家贫无以供葬者，听卖永业田，即流移者亦如之”。[⑤] 但也只是在特殊情况下才可以买卖土地。

由于均田制下买卖条件十分苛刻，并且规定农户拥有土地总量（无论是购买获得还是分配获得）不能超过应受田之数，因此即使人们积累了很多财富，也不可能转化为土地投资。其他投资途径如投向手工业、商业更

① （北齐）魏收：《魏书》卷110《食货志六》，中华书局，1974，第2854页。

② （宋）马端临：《文献通考》卷2《田赋考二》，中华书局，2011，第41页。

③ （唐）长孙无忌等：《唐律疏议》卷12《户婚·卖口分田》，刘文俊点校，中华书局，1983，第242页。

④ （宋）欧阳修、宋祁：《新唐书》卷51《食货一》，中华书局，1975，第1342页。

⑤ （唐）杜佑：《通典》卷2《食货二》，中华书局，1988，第31页。

不现实，因为在当时的历史条件下，手工业、商业并不发达，从事这方面的经营也会被人们轻视。投资渠道不通畅使广大自耕农失去了以更多劳动付出获得农业产出增长的机会，取得更多财富收入的希望也落空，只能进行以满足家庭生活消费为目的的生产。因此，均田制的制度安排使广大小农将其生产目标确定为满足家庭生活需要并略有盈余，这是典型的自给自足的自然经济，符合柴雅诺夫对小农经济的描述。

唐朝中期“两税法”实施以后，土地制度逐渐改变，国家对土地采取“兼并者不复追正，贫弱者不复田业，姑定额取税而已”[①] 的政策，于是“田制不立”“不抑兼并”，土地私有产权完全确立。到宋代，土地买卖更加频繁。一些官吏豪绅大量购买土地，如比部员外郎郑平，“占籍真定，有田七百余顷”，[②] 王镐有“美田百顷”，[③] 而一些贫弱无助的下层农户遇到天灾人祸则不得不出售田产，正如袁采所说的：“贫富无定势，田宅无定主，有钱则买，无钱则卖。”[④]

由于土地是传统农业社会最重要的生产要素，谁拥有土地，谁就拥有财富和社会地位，而土地可以自由买卖，则为人们财富力量的转化和社会地位的改变提供了一个重要通道。于是，无论是土地所有者还是土地经营者，都具有增加土地生产要素投入促进土地产出增长的动力。自耕农希望多产粮食，获得更好的生活和更多的积蓄，将来购买土地上升为地主阶层；地主希望多产粮食多得分成，增长财富，壮大家业；佃农希望多产粮食多有留成，改善家庭生活和为将来购买土地成为自耕农做准备。这时的小农经济已经从自给自足向剩余产品商品化转变，并且有多生产农产品、

---

① （宋）马端临：《文献通考》卷 3《田赋三》，第 59 页。

② （元）脱脱等：《宋史》卷 301《吕冲传》，第 10022 页。

③ 《范仲淹全集·文集》卷 15《鄂郊友人王君墓表》，李勇先、刘琳、王蓉贵点校，中华书局，2020，第 324 页。

④ （宋）袁采：《袁氏世范》卷 3《治家·富室置产当存仁心》，第 62 页。

多向市场提供剩余产品的自主要求。

由此可以看到，同是小农，同样是小农经济体系，不同的土地制度安排对所有者和经营者的激励机制不同，就会形成不同的行为。宋朝农产品产出大规模增长，大量剩余农产品进入市场，这正是可以自由买卖的私有土地产权制度激励的结果。

（二）其他制度变迁与小农的经济行为

中国传统社会是以家庭为单位的小农经济结构，其生产活动主要是粮食生产和家庭纺织，也就是人们常说的耕织结合的经营模式。这种经营模式的生产目的首先是满足家庭成员的自我消费需要，这往往使人产生误解，以为小农经济是一种自给自足、不需要依赖市场甚至是排斥市场的经济。实际上，以家庭为单位的小农经济本身就与市场有着密不可分的联系，因为一个家庭由于人口数量的限制，能够生产的物质产品有限，并且有些需要专门技术才能生产的产品在家庭经济系统中存在很高的知识和技术壁垒，因此，小农经济必然地需要与外部市场进行联系，通过市场以家庭内部生产的农产品去交换家庭本身无法自我供给的产品。春秋战国秦汉时期，盐、铁是流通中的大宗商品，这是因为食盐和铁器是经营细小的农户家庭必备的食品和用品，不得不依赖于市场获取。李埏先生在论述中国使用铜钱的历史时指出，这是与小农家庭需要经常地与市场进行细碎交易相适应的一种货币制度。[①] 可见小农经济与市场是紧密联系的，而进入市场的小农必然会理性考虑自己的交易得失，买卖行为必然符合效用最大化原则。

因而，中国传统社会的小农是理性的生产经营者，其生产经营活动会随着社会条件的变化而进行调整，以更符合自己的经济利益。

---

① 李埏：《略论唐代的“钱帛兼行”》，《历史研究》1964 年第 1 期。

宋代是中国封建社会经济发展的繁盛时期，与之前朝代相比，宋代社会出现了一些有利于农业生产发展的新特点。

1. 城市急剧扩张，大城市人口剧增，中小城市发展也非常快，非生产性消费增长迅速，农产品的消费需求不断增长

《宋史》卷八五载，宋初都城开封的城周①为 20.4 里，大中祥符九年扩建，新城城周为 50.5 里。《咸淳临安志》卷一八载，南宋都城杭州在景福二年时城周已达 70 里，可见城市规模在不断扩大，这也意味着城市人口的不断增加和各种社会活动空间的扩展。开封和杭州是中古时期少有的人口数量超过百万的大城市，据吴松弟先生考证，汴京最盛时有 13.7 万户，约 150 万人；南宋临安城外有人口 40 余万，城内人口 80 万—90 万。②

如此众多的城市人口，粮食消费是一个不小的数目，按每人日食 2 升计算，150 万人的城市每天需要消耗 3 万石粮食，一年需要消耗 1095 万石粮食。开封和杭州作为政治中心，有大批受国家供奉的皇室、官僚和军队，他们消耗的粮食来源于政府拨付（政府拨付的粮食中，有一部分来源于两税，有一部分来源于政府和籴，和籴的粮食属于商品粮）。根据李晓的研究，政府直接拨付的供应能力仅为汴京城市消费需求的 59%，其余 41%需要依靠市场；在杭州，政府供给粮食则更少。③

因此两宋都城居民的粮食供应很大程度上依赖于市场，都城成为粮食商品化需求拉动地区。时人描述南宋杭州："杭州人烟稠密，城内外不下数十万户，百十万口，每日街市食米，除府第、官舍、宅舍、富室，及诸司有该俸人外，细民所食，每日城内外不下一二千余石，皆需之铺家。"④于是，广大农村的剩余粮食源源不断地通过中间商、批发商、零售商销售

---

① 城周指城市的周长，当时城市四周有城墙相围，城墙的长度也就是城市的周长。

② 吴松弟：《中国人口史》第 3 卷，复旦大学出版社，2005，第 574、584 页。

③ 李晓：《宋代工商业经济与政府干预研究》，中国青年出版社，2000，第 102 页。

④ （宋）吴自牧：《梦粱录》卷 16《米铺》，大象出版社，2019，第 371 页。

到城市居民手中，形成一个颇具规模的粮食流通网络，“然本州所赖苏、湖、常、秀、淮、广等处客米到来，湖州市米市桥、黑桥，俱是米行，接客出粜……又有新开门外草桥下南街，亦开米市三四十家，接客打发，分俵铺家。及诸山乡客贩卖，与街市铺户，大有径庭。杭城常愿米船纷纷而来，早夜不绝可也”。[①]

其他一些重要城市如扬州、潭州、福州、广州、建康等的人口也迅速增长，商业活动增多，消费需求十分旺盛，为农村剩余农产品转化为商品提供了市场。如繁华程度仅次于杭州的建康府南京，“金陵古帝王州，民物所萃，食焉者众，生之者寡，岁仰籴客贩。长江天险，舟至不时，价辄翔踊”，[②] 可见城市对商品粮的依存度非常高。

2. 大规模的政府采购

宋朝实行雇佣兵制度，常年拥有数量庞大的军队，形成了巨大稳定的非生产性消费群体。庞大的军需消费单纯依靠政府两税收入难以满足，于是政府大量向百姓和籴和买粮食、布帛及其他物资。大规模的政府采购，创造了一个巨大的农产品市场，使大量剩余农产品转化为商品，甚至在某些地方政府的强制性购买中，部分非必要产品也转化为商品。在丰收年间，政府会大量收购剩余粮食，如建隆年间：“河北谷贱，添价散籴，以惠贫民。自后诸道丰稔，必诏诸道漕司增价和籴。”[③] 若边境有急需，即使是歉收年成，也不得不向百姓和籴。元丰元年，王安石上奏：“河东十三州二税，以石计凡三十九万二千有余，而和籴数八十二万四千有余，所以岁凶仍输者，以税轻、军储不可阙故也。”[④] 蔡襄《论兵十事》中也统计了

---

① （宋）吴自牧：《梦粱录》卷 16《米铺》，第 371 页。

② （宋）刘宰：《漫塘集》卷 22《建康平止仓免回税记》，《景印文渊阁四库全书》，台北：台湾商务印书馆，1986，第 1170 册，第 583 页。

③ （清）徐松辑《宋会要辑稿·食货四一》，第 6909 页。

④ （元）脱脱等：《宋史》卷 175《食货上三》，第 4242 页。

宋英宗治平年间粮食、绢帛、草料等二税的直接收入与购买数额，其中粮食二税收入18073940石，购买所得为8869635石；绢帛二税收入2763592匹，购买所得为5981943匹。[①]

政府为了解决兵粮不足和运输困难问题，还充分利用商人“入中”间接购买粮草，史载：“国初辇运香、药、茶、帛、犀、象、金、银等物赴陕西变易粮草，岁计不下二百四十万贯。”[②] 庆历七年，三司使张方平言：“比岁以来，三路入中粮草，度支给还价钱，常至一千万贯上下，边费如此，何以枝梧？”[③] 可见，通过“入中”政府获得的商品粮数量也很多。

3. **宋代对商人限制政策的放松以及商业行为的不断规范，促进了商业发展**

中国很早就有了职业分工，在传统的“士、农、工、商”四民划分中，商人被列为最末一等，而到宋代，商人已经“同是一等齐民”。[④] 越来越多的人成为职业商人，以至于出现“贾区夥于白社，力田鲜于驵侩”[⑤]的现象。还有一些人兼业从商，如“仕宦之人粗有节行者”，在宋朝初期还“皆以营利为耻”，到北宋中期，“今乃不然，纡朱怀金，专为商旅之业者有之。兴贩禁物，茶、盐、香草之类，动以舟车，懋迁往来，日取富足”。[⑥]

为了促进商业的发展，政府还制定法规防止垄断，维护市场的公平竞争。《宋刑统》规定：“诸卖买不和，而较固取者（较，谓专略其利，固，谓

---

① （宋）蔡襄：《蔡中惠集》卷22《论兵十事》，上海古籍出版社，1996，第389页。

② （宋）李焘：《续资治通鉴长编》卷471，元祐七年三月甲申朔条，第11237页。

③ （宋）李焘：《续资治通鉴长编》卷161，庆历七年十二月庚午条，第3898页。

④ （宋）黄震：《黄氏日抄》卷78《又晓谕假手代笔榜》，张伟、何忠礼主编《黄震全集》，浙江大学出版社，2013，第2197页。

⑤ （宋）夏竦：《文庄集》卷13《贱商贾》，《景印文渊阁四库全书》，台北：台湾商务印书馆，1986，第1087册，第168页。

⑥ （宋）蔡襄：《端明集》卷22《废贪赃》，《景印文渊阁四库全书》，台北：台湾商务印书馆，1986，第1090册，第510页。

障固其市），及更出开闭，共限一价（谓卖物以贱为贵，买物以贵为贱）。若参市（谓人有所卖买，在旁高下其价，以相惑乱），而规自入者，杖八十。已得赃重者，计利，准盗论。”[①] 宣和四年，有司奏请：“其四方商旅、村户时暂将物色入市货卖，许与买人从便交易，行户不得障固。如违，依强市法科罪。”[②] 政府的这些规定，有利于营造一个公平交易的环境，保护小商人和消费者的利益，对促进商业发展有积极作用。

4. 唐宋以后各阶层人士和周边少数民族对茶叶的需求不断增长，促进了茶叶这一经济作物的生产迅速增长

入唐以后，饮茶逐渐成为社会风尚，到宋代这种风尚更为普及。上层人士以品茗为高雅，“天下之士，励志清白，竞为闲暇修索之玩，莫不碎玉锵金，啜英咀华。较箧笥之精，争鉴裁之别，虽下士于此时，不以蓄茶为羞，可谓盛世之清尚也”。[③] 普通百姓也“夫茶之为民用，等于盐米，不可一日以无”。[④] 西北少数民族地区，则因肉食、乳酪的饮食结构对茶有特殊的需要，以至于“恃茶为命”，[⑤] “日不可缺”。[⑥] 因此，茶叶的消费需求十分巨大。

这些新特点的出现，其实可以归结为正式制度和非正式制度的变迁。如以前政府消费的物资完全依靠强制性赋税征收制度获取，而到宋代，政府消费物资中的一部分通过政府采购的方式获得，这是财政制度的一个重大改革，属于正式制度变革；再如城市人口增长缘于政府官僚人数的增长

---

① （宋）窦仪：《宋刑统》卷26《杂律》，薛梅卿点校，法律出版社，1999，第484—485页。

② （清）徐松辑《宋会要辑稿·职官二七》，第3723页。

③ （宋）赵佶：《大观茶论》，（宋）蔡襄等：《茶录（外十种）》，唐晓云整理校点，上海书店出版社，第39—40页。

④ （宋）王安石：《临川先生文集》卷70《议茶法》，中华书局，1959，第743页。

⑤ （宋）罗愿：《新安志》卷7《洪尚书》，《宋元方志丛刊》第8册，第7698页。

⑥ （清）徐松辑《宋会要辑稿·职官四三》，第4148页。

和手工业者、商人的增长，这是国家采取了有利于工商业发展政策的结果，这也属于正式制度方面的变化；而社会舆论对商人的认同和对特殊商品的消费偏好等则属于非正式制度变化的方面。正是这些正式制度和非正式制度的变迁，为广大小农通过市场获取经济利益创造了条件：政府采购以及消费者对茶叶等经济作物的偏好为广大农户的剩余农产品和农业中的商品生产开辟了市场；商人群体的崛起和政府法规对交易双方利益的保护在一定程度上降低了交易费用，有利于广大农户生产的农产品顺利进入市场。

（三）制度变迁下小农生产经营行为的新特点

自由买卖的土地制度激发了小农的生产积极性，而政府采购制度和有利于商业发展的各种措施又为农户的土地实物收益转化为货币财富提供了有利条件。在这样的制度安排下，小农的经营行为发生了以下变化。

1. 农业生产精耕细作，剩余粮食大量商品化

精耕细作是宋代农业生产的重要特点。陈旉《农书》是一部指导农业生产活动的著作，反映了当时农业生产讲求精耕细作的状况。书中认为，务农的出发点是精耕细作，反对广种薄收的粗放经营，“凡从事于务者，皆当量力而为之，不可苟且，贪多务得，以致终无成遂也”，[①]“农之治田，不在连阡跨陌之多，唯其财力相称，则丰穰可期也审矣”。[②]并提出了农业生产要重视水利灌溉和因地制宜，对土地进行深耕，按照节气安排农业生产活动，以及施肥、薅草、病虫害防治、农作物的复种组合与土地的充分利用等具体的精耕细作方法。农业生产中资本投入增加也是精耕细作的重要表现。铁犁牛耕有利于土壤深翻，促进禾苗生长，

---

① （宋）陈旉撰，万国鼎校注《陈旉农书校注》卷上《财力之宜篇第一》，农业出版社，1965，第23页。

② （宋）陈旉撰，万国鼎校注《陈旉农书校注》卷上《财力之宜篇第一》，第24页。

还可以阻隔杂草生长，保持土壤肥力，是农业精耕细作的重要方式。宋代广大农户积极投资购买耕牛，即使没有能力购买耕牛，也采用租赁的方式租借耕牛进行农业生产。政府也采取多种措施支持农业生产，如通过信贷支持农户买牛，甚至主动在耕牛多的地区买牛供应耕牛缺少的地区，“淳化五年，宋、亳数州牛疫，死者过半，官借钱令就江、淮市牛”。[①] 政府还出租耕牛给佃户使用，“绍兴二年四月，诏两浙路收买牛具，贷淮东人户”。[②] 可见农户对农业生产的资本投入在增加，这些举措促进了农业生产的精耕细作。

精耕细作促进了粮食产量的提高，这样就使土地所有者的农业收益在满足自我消费需求的同时，有更多的剩余农产品投向市场。和籴是剩余粮食商品化的重要渠道。有关资料记载，元丰元年，和籴 82.4 万石；[③] 绍兴二十九年，和籴 230 万石；[④] 乾道元年，和籴 108 万石；[⑤] 乾道五年，和籴 130 万石；[⑥] 开庆元年，和籴 550 万石；[⑦] 咸淳五年，和籴 148 万石。[⑧] 可见农户出售的粮食数量是十分巨大的。

2. 一些地区的农户不自觉地按照绝对利益理论选择农业经营方向，其生产行为是以市场为导向的商业性行为

绝对利益理论是亚当·斯密提出来的。他认为每个国家或地区都有对自己有利的自然资源和气候条件，如果各国或各地区都按照对各自有利的生产条件进行生产，然后将产品进行交换，互通有无，将会使各国、各地

① （元）脱脱等：《宋史》卷 173《食货上一》，第 4159 页。

② （元）脱脱等：《宋史》卷 173《食货上一》，第 4170 页。

③ （元）脱脱等：《宋史》卷 175《食货上三》，第 4242 页。

④ （元）脱脱等：《宋史》卷 175《食货上三》，第 4249 页。

⑤ 据《宋会要辑稿》食货四〇、四一计算得出。

⑥ （清）徐松辑《宋会要辑稿·食货四〇》，第 6903 页。

⑦ （元）脱脱等：《宋史》卷 175《食货上三》，第 4251 页。

⑧ （元）脱脱等：《宋史》卷 175《食货上三》，第 4250 页。

区的资源、劳动力和资本得到最有效的利用，也会大大提高劳动生产率和增加物质财富。但是，绝对利益理论的运用有一个前提条件——双方可以自由地交易他们的产品。如果没有商品的自由流通，就不可能获得地域分工带来的益处。

宋人并不了解绝对利益理论，但是生产经验告诉他们，土地最适宜种植什么农作物。更重要的是，他们生产的产品可以通过商业网络与其他商品联系起来，即他们的产品能够在市场上顺利出售，他们生活需要的其他必需品可以通过市场买到。因此，他们不自觉地按照绝对利益理论进行生产的地域分工，实行专业化生产，从而促进了土地资源的合理化配置和劳动生产率的提高，同时获得了经济效益。如湖州农户“以蚕桑为岁计”；[①] 严州“谷食不足，仰给它州，唯蚕桑是务”；[②] 太湖洞庭山区“然地方共几百里，多种柑橘桑麻，糊口之物，尽仰商贩”，以至于“米船不到，山中小民多饿死”；[③] “蜀之茶园，皆民两税地，不殖五谷，唯宜种茶。……民卖茶资衣食，与农夫业田无异”。[④] 居住在大城市和大都会周边的农户，往往根据城市消费需要，大量生产城市所需的蔬菜、柴薪等农副产品，如周必大《二老堂杂志》卷四载，南宋临安“盖东门绝无居民，弥望皆菜园”，颍昌府“城东北门内多蔬圃，俗呼‘香菜门’”。[⑤] 这些经济作物的专业化生产，正是广大小农为追求经济利益而进行的生产经营的调整。

3. 农户的流动性增强

宋朝史料中经常可以看到关于“浮客”“流民”的记载，这些流动人

---

① （宋）谈钥：《嘉泰吴兴志》卷20《风俗》，《宋元方志丛刊》第5册，第4859页。

② （宋）刘文富：《淳熙严州图经》卷1《风俗》，《宋元方志丛刊》第5册，第4286页。

③ （宋）庄绰：《鸡肋编》卷中《中原避祸南方者遭遇之惨》，萧鲁阳点校，中华书局，1983，第64页。

④ （元）脱脱等：《宋史》卷184《食货下六》，第4498页。

⑤ （宋）庄绰：《鸡肋编》卷上《风和纪元及陶瓦圈古井》，第34页。

口一般是失去土地的客户以及有地但无法获得有效产出的自耕农，他们为获得更好的生存条件往往举家迁徙，到异乡靠租佃土地为生。这些流民的流动并不是盲目的，他们的流动轨迹大都是从战乱地区流向安定地区，从自然灾害经常发生地区流向风调雨顺、自然灾害相对较少发生的地区，从土地贫瘠地区流向土地肥沃地区。唐宋以后，经济重心从北方向南方转移就是人口流动的结果。农户流动追寻的是农业生产的经济效益，即在同样劳动投入下产出的增量，是规避生产风险的理性选择。当然，南宋以后，农户流动也有从发达地区向周边生产条件较差的山区移动的逆向流动，这主要是发达地区由于人口集聚，土地资源紧张，地租上涨，出现规模不经济而导致的区域扩散结果。

总之，宋代出现的正式制度和非正式制度的变迁，创造了农产品的巨大市场需求。在需求的拉动下，以家庭为单位的小农经济已经不再以满足家庭生活需要为目的进行生产，广大农户在生产中不仅要获得家庭生活必需品，而且还要尽可能地生产剩余产品，通过出售农产品来提高家庭的生活质量和推动家庭可持续发展。专业化农业生产的出现更是农业商品生产集中的体现。当然，由于商品性农产品的生产主要出现在经济相对发达的南方地区，以提供剩余产品为追求的农户的商业性生产也有不稳定性和追求风险最小化的特点，故不能将宋代农业生产中出现的这些变化看作商品经济条件下小农的纯市场行为。但有一点是可以肯定的，即这些农户追求农业生产的经济利益，他们的生产经营行为部分地受到市场的驱动或左右。因此，宋代的小农经济有别于之前朝代的小农经济，可以将宋代小农经济界定为市场影响下的具有自我供给和市场供给双重供给行为的经济。

三　小农经济下宋代农产品双重供给行为的经济分析

不可否认，在宋代广大自耕农、佃农生产活动的最基本需求还是满足家庭生活需要，保证交纳农业税和地租后的农产品能够满足家庭需要是生产的本质内容。农业生产结构仍然以粮食生产为主导，家庭生产活动是耕织结合的传统模式。粮食消费依赖于市场的农户毕竟是少数，并非农业经济的主流，粮食生产自给是广大农户的基本状况。

在农产品无法转化为商品的情况下，农户的剩余产品只能作为调剂丰歉年成的自我消费，因此，农业各种生产要素的投入在满足家庭需要的产出点时就停止了，有部分潜在生产能力不能开发出来。当剩余农产品可以在市场上出售，农户在利益的驱使下将不断开发利用闲置的资源，甚至进一步增加生产要素投入，以获得经济收入。从微观来看，是单个小农家庭的农产品总产出增加了；从宏观来看，是农产品的总供给增加了。这一过程可以用经济曲线来呈现（见图 1、图 2）。

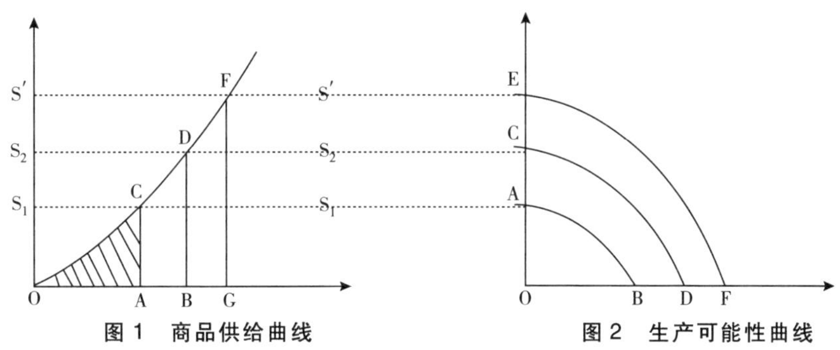

图 1　商品供给曲线　　**图 2　生产可能性曲线**

图 1 纵轴表示生产供给量，横轴表示综合生产要素投入，OA 表示提供家庭自给消费需要量所需投入的生产要素，OB 表示小农现有生产要素的最大投入量，OG 表示可利用的社会闲置生产要素。S_1S_1 表示农户可自我供给的农产品供给量，S_2S_2 表示有剩余产品的供给量，S′S′表示充分利用社会闲置资源后的总供给量。

在自给型的单一供给机制下，农户只需要投入 OA 的生产要素，就可以生产出满足家庭生活需要的农产品，农业总供给为 OCA。这意味着农户拥有的生产要素并没有完全地被利用，或者资本被闲置，或者劳动有闲暇，或者土地没有被充分利用。当社会提供了农产品商品化的条件，农户的生产行为由自给型转向自我供给和市场供给的双重供给，农户充分发掘现有生产要素的潜力，地尽其用，物尽其所，精耕细作，辛勤耕耘，使农产品的总供给曲线上升到 S_2S_2，ODB 为总供给量，其中 CDBA 为剩余供给量，也就是农产品商品化部分。如果市场需求旺盛，农产品商品化的交易费用降低，必然会进一步拉动农产品商品供给的增长，广大农户会充分利用社会闲置资源，尽量增加生产要素的投入，以获得更多的剩余产品投放市场。在社会闲置资源得到利用时，社会总供给曲线会逐渐上升向 S′S′靠近，总供给也向最大供给量 OFG 靠近。图 2 是与社会总供给相对应的生产可能性曲线。EF 是社会资源完全得到利用下的生产可能性曲线，这是宋代可能达到的最大限度产量。在自给型供给制度下，总产出只能达到 AB 这条曲线上的任何一点，远远低于生产可能性边界；当自给型制度向双重供给制度转变，总产出曲线向外扩张达到 CD 曲线，甚至超过 CD 曲线向 EF 曲线靠近。这反映了制度变迁对农产品供给变化的影响。

图 1、图 2 清晰地呈现了小农农产品由自给自足型向自我供给的同时又积极向市场提供农产品的双重供给行为的演变过程。正是因为宋代制度中出现了促进农业劳动生产效率增长的因素和有利于农产品商品化的需求拉动因素，才刺激了广大小农对土地增加劳动投入和资本投入，精耕细作，以获得更多农产品产出。宋代小农的供给行为具有双重供给性，在满足自我家庭消费的同时又积极向市场提供剩余农产品，并主动以市场为导向生产经济作物。

北宋社会阶层变动与免役法制度创新

北宋免役法改革是中国古代赋役制度的重要变革。现有的研究成果主要集中于对免役法改革作用和意义的评价。如以漆侠先生[①]和邓广铭先生[②]为代表的学者，肯定了免役法改革的进步性。而王曾瑜先生则认为免役法实际上增加了赋税，是统治者敛财的方式。[③] 进入新世纪，有学者采用新理论重新审视免役法改革。如傅允生先生从制度创新的角度重新评价免役法的积极作用，[④] 游彪先生也强调了免役法使原来享有免职役特权的人逐渐被纳入助役，符合公平原则。[⑤] 无论从公平赋税角度，还是从赋役货币化角度，或是增加国家财政收入角度来看，免役法变革无疑极具进步性和创新性。尽管免役法推行的时间不长，但免役法改革绝非国家财政状况恶化的应对之举，也非缓和阶级矛盾的暂时之策。之所以在北宋中期出现免役法变革这一重大制度创新，与唐宋时期新兴财富力量的崛起壮大有极为密切的关系。本文将对这一问题加以阐述。

---

① 漆侠：《王安石变法》，上海人民出版社，1979。

② 邓广铭：《北宋政治改革家王安石》，河北教育出版社，2000。

③ 王曾瑜：《王安石变法简论》，《中国社会科学》1980 年第 3 期。

④ 傅允生：《制度变迁与经济发展：王安石青苗法与免役法再评价》，《中国经济史研究》2004 年第 2 期。

⑤ 游彪：《关于宋代的免役法——立足于“特殊户籍”的考察》，《中国史研究》2004 年第 2 期。

一 免役法变革与富民阶层兴起

北宋时期，向民户征调职役（又称差役），主要从事地方性公共事务的服务工作。《宋史·食货志》载："役出于民，州县皆有常数。宋因前代之制，以衙前主官物，以里正、户长、乡书手课督赋税，以耆长、弓手、壮丁逐捕盗贼，以承符、人力、手力、散从官给使令；县曹司至押、录，州曹司至孔目官，下至杂职、虞候、拣、掏等人，各以乡户等第定差。"[①]差役的征调按户等来摊派，据漆侠先生考证，衙前、里正之职役通常由第一等户承担（有些地区也向二、三等民户摊派），耆、户长之职役由第二等户承担，弓手、壮丁、承符、人力、手力、散从官职役则通常由第四、五等户承担。[②] 户等高的民户承担的差役通常为管理型服务，社会地位较高，但责任重大；户等低的民户承担的差役为劳务型服务，社会地位较低，责任较小。

在这些役职中，以衙前之役最为困重。衙前"主典府库或辇运官物"，[③] 即运输和保管官府物资。一旦物资在运输和保管中被抢、被盗或因自然灾害损失，应役者需承担无限连带责任，风险很大。衙前之役由第一、二等民户承担，他们是从小农中分化出来的富有者，属于新兴地主。由于他们有一定的财力，政府便将衙前这类责任重大、需要付出一定人力和财力才能办好的差事派给他们完成。但由于缺乏经验、风险过大等，承担衙前等差役的民户"往往破产"，[④]"衙前之害，自熙宁以前，破败人家，甚如兵火，天下同苦之久矣"。[⑤] 为了规避差役，有人求死，有人析居，

① （元）脱脱等：《宋史》卷177《食货上五》，第4295页。

② 《宋史论集》，中州书画社，1983，第1—20页。

③ （元）马端临：《文献通考》卷12《职役考一》，第343页。

④ （元）马端临：《文献通考》卷12《职役考一》，第343页。

⑤ 《苏辙集·栾城集》卷37《论差役五事状》，陈宏天、高秀芳点校，中华书局，1990，第643页。

“闻京东民有父子二丁将为衙前役者，其父告其子曰‘吾当求死，使汝曹免于冻馁’，遂自缢而死。又闻江南有嫁其祖母及与母析居以避役者，又有鬻田减其户等者”。[①] 衙前差役成为上等民户不堪承受的沉重负担。

“为天下民困，由吏役烦重”，[②] 改革差役法的呼声很高。在这样的背景下，熙宁四年十月，王安石的免役法正式实施。变差役为募役，是免役法的核心内容。“凡当役人户，以等第出钱，名免役钱。”[③] 政府用收取的免役钱雇人承担原来由衙前、里正、户长所承担的役职。募役法实行以后，衙前、承符、手力等职不再按户等轮番差派，而是招募民户应役。在应役期间，会得到一定的雇值，作为为政府服务的报酬。其他诸如耆长、壮丁之类职役，“以今所措置最为轻役，故但轮差乡户，不复募人”，[④] 被轮差的民户免去缴纳役钱。

可见，免役法改革的主要受益者是原承担衙前、里正等职的第一、二等民户，并非“天下民”。为什么第一、二等民户的利益得失如此重要，需要政府进行制度创新加以调整？这与唐宋以后财富力量的崛起和壮大有密切关系。

按照宋朝的户等制度，一、二等民户通常是家产较为丰裕、拥有较多土地的乡村地主。“乡村上三等并坊郭有物业户，乃从来兼并之家也。”[⑤] 有别于旧的士族地主的是，这些乡村地主没有显赫的家族势力和世袭财产，而是出身低微，更没有士族地主所拥有的政治经济特权，主要靠个人努力经营来积累财富。随着财富的增长，他们的经济实力不断增强，逐渐由平民上升为新兴地主。这是唐宋以后新崛起的一股财富力量。林文勋先

① （元）脱脱等：《宋史》卷 177《食货上五》，第 4298 页。
② 《范仲淹全集·文集》卷 20《论复并县札子》，第 399 页。
③ （元）脱脱等：《宋史》卷 177《食货上五》，第 4300—4301 页。
④ （元）脱脱等：《宋史》卷 177《食货上五》，第 4304 页。
⑤ （清）徐松辑《宋会要辑稿·食货四》，第 6045 页。

生指出，“唐宋社会商品经济迅速发展，必然引起财富两极分化，而这种分化则直接导致了财富力量的崛起”，并“在社会流动和分层中，兴起了一个新兴的阶层——富民”。[①]

有宋一代，以乡村地主为主体的富民阶层的经济实力不断发展，他们在社会经济中的作用也日益加强。一个最重要的表现是，富民对国家赋役的贡献权重日益上升。宋朝的两税为田赋，官户、形势户等特权地主阶层是大土地所有者，但他们往往凭借其特权隐田漏税。按《文献通考》所言，超过70%的田亩被特权地主隐瞒下来而不纳税。[②] 富民也拥有一定数量的田产，漆侠先生认为第一等户的田产在400亩以上，二等户的田产在150—400亩，三等户的田产在100—150亩。[③] 但富民没有特权，只能按章纳税。事实上，富民是缴纳两税的中坚力量。富民阶层对国家财政的重要贡献，苏辙看得十分清楚，他在《诗病五事》中指出，富家大姓“州县赖之以为强，国家恃之以为固”。[④] 南宋叶适也有论述：“富人者，州县之本，上下之所赖也。富人为天子养小民，又供上用，虽厚取赢以自封殖，计其勤劳亦略相当矣。”[⑤]

而差役法的实行，严重挫伤了富民生产经营的积极性。定居于乡村的富民，一旦被轮差，“一家作衙前，须用三丁，方能充役，本家农务则全无人主管”，[⑥] 影响了正常的农业生产经营活动。更严重的是，富民为了规避差役，采取消极的方式从事生产经营活动。欧阳修曾指出：“今天下之

① 林文勋：《商品经济：唐宋社会变革的根本力量》，《文史哲》2005年第1期。

② “田之无赋税者，又不止于十之七而已。”（元）马端临：《文献通考》卷4《田赋考四》，第102页。

③ 漆侠：《宋代经济史》，第503—516页。

④ 《苏辙集·栾城三集》卷8《诗病五事》，第1230页。

⑤ （宋）叶适：《水心别集》卷2《民事下》，《叶适集》第3册，第657页。

⑥ （宋）郑獬：《论安州差役状》，曾枣庄、刘琳主编《全宋文》卷1473，第68册，第65页。

土不耕者多矣，臣未能悉言，谨举其近者。自京以西土之不辟者，不知其数，非土之瘠而弃也，盖人不勤农，与夫役重而逃尔。”[①] 熙宁元年，知谏院吴充指出：“民间规避重役，土地不敢多耕，而避户等；骨肉不敢义聚，而惮人丁。故近年上户浸少，中下户浸多。役使频仍，生资不给，则转为工商，不得已而为盗贼。”[②] 反对王安石变法的司马光也深知差役法之弊病，“置乡户衙前以来，民益困乏，不敢营生，富者反不如贫，贫者不敢求富。臣尝行于村落，见农民生具之微而问其故，皆言不敢为也。今欲多种一桑，多置一牛，蓄二年之粮，藏十匹之帛，邻里已目为富室，指抉以为衙前矣，况敢益田畴，葺间舍乎？”[③] 在差役制度下，一旦成为富民，就必须承担差役，就面临着损失几代人辛苦积累起来的家庭财产的风险，个人积累财富的努力就成为无效的努力。作为理性的经济人，富民必然减少或放弃努力，小富即安，甚至追求贫穷。差役法使富民主动抑制追求财富的动机转而追求贫穷，导致富民阶层的经济力量逐渐削弱。而一旦整个富民阶层走向衰败，受到损失的不只是某些家庭，还有整个国家的财政收入和国民经济。

王安石变法，欲“因天下之力以生天下之财，收天下之财以供天下之费”，[④] 在经济政策上十分重视国家财政收入的增长。他要“举天下之役，人人用募，释天下之农，归于畎田”，[⑤] “所宽优者，皆村乡朴蠢不能自达之穷甿”，[⑥] 实质就是要创造一个富民富国的经济环境。中国传统社会是一个农业社会，正如威廉·配第所言“土地是财富之母，劳动是财富之父”，农业经济是国民财富增长的基础。减轻乡村地主的差役负担，让他们更积

---

① 《欧阳修全集·居士集》卷45《通进司上书》，中华书局，2001，第641页。

② （元）脱脱等：《宋史》卷177《食货上五》，第4299页。

③ （元）马端临：《文献通考》卷12《职役考一》，第345页。

④ （元）脱脱等：《宋史》卷327《王安石传》，第10542页。

⑤ （宋）王安石：《临川先生文集》卷41《上五事札子》，第440页。

⑥ （元）脱脱等：《宋史》卷177《食货上五》，第4299—4300页。

极地进行土地生产经营，让乡村富民群体不断壮大成长，才是国家赋税不断增长的源泉。

值得一提的是，司马光作为反对免役法变革的重要人物，并非反对差役改募役。早在英宗时期，他就切陈衙前差役害民之苦，提出了募人为役的主张："臣愚以为，凡农民租税之外，宜无所预。衙前当募人为之，以优重相补。"① 司马光之所以对免役法提出激烈的反对意见，马端临在《文献通考·职役考》中分析道："按温公此奏，言之于英宗之时，所谓募人充衙前，即熙宁之法也。然既曰募，则必有以酬之，此钱非出于官，当役者合输之，则助役钱岂容于不征？而当时诸贤论此事复断断不可也，何也？盖荆公新法大概主于理财，所以内而条例司，外而常平使者，所用皆苛刻小人，虽助役良法，亦不免以聚敛亟疾之意行之，故不能舞弊，然遂指其法为不可行，则过矣。"② 宋神宗死后，免役法变革流产，差役法恢复执行，但其实施方式已经异于前期。司马光上奏章要求恢复差役之法，其中写道："今莫若直降敕命，尽罢天下免役钱，其诸色役人，并依熙宁元年以前旧法人数，委本县令佐揭簿定差。其人不愿身自供役，许择可任者雇代，有逋逃失陷，雇者任之。"③ 可见，募役是允许的，只不过是由政府募役改变为应役者自行雇人履行其责。之所以允许民间自行募役，一方面可以解放应役者劳力，使他们专心务农；另一方面，让熟悉业务、有管理经验的人员专职从事公共管理事务，工作效率高且不容易出错，可规避风险。可见，无论是免役法变革之时，还是免役法变革失败之后，统治集团都已经意识到保护富民的重要性，并采取了积极举措减轻民户的差役负担，切实保护富民的利益。

"州县赖之以为强，国家恃之以为固"的富民，在社会经济生活中的

---

① （元）马端临：《文献通考》卷 12《职役考一》，第 345 页。

② （元）马端临：《文献通考》卷 12《职役考一》，第 345—346 页。

③ （元）脱脱等：《宋史》卷 177《食货上五》，第 4313 页。

重要作用不仅体现在赋税贡献方面，在承担社会公共事务、提供地方性公共产品和社会福利方面亦发挥着重要作用。他们在很大程度上填补了政府在基层社会管理、控制、服务方面的薄弱环节，成为政府控制基层社会的重要补充力量，也是促进基层社会稳定的重要力量。

在传统中国社会，国家的政治权力和政府管理体系只发展到县级。县级以下的广大乡村社会，则基本上处于宗族和乡绅的控制之下。广大乡村的公共管理事务历来都是指派不需支付俸禄的非专业人员管理，即从那些没有免赋免税特权的富民中选派人员来负责。他们要做诸如协助州县官吏征税，保管、运输官府财物，维持地方秩序，进行户籍登记、土地清查，负责高官迎来送往等工作。富民义务承担了很多基层管理职能，大大降低了国家的管理成本。此外，政府还经常借助民力来提供地方性公共产品和社会福利。如政府在修建地方性农田水利设施、道路、庙宇楼馆等时，遇到资金缺乏的情况，常常组织民众“有钱出钱，有力出力”。富民的经济条件较好，必然是“出钱”的主体。乾道二年浙西治海田修堤坝水闸，地方官吏主张“然工力稍大，欲率大姓出钱，下户出力，于农隙修治之”。[①] 公共产品是具有正外部效应的产品，受益者是广大百姓。富民为基层社会公共产品供给做出贡献，弥补了政府在公共产品供给方面的不足，促进了地方社会经济发展，增加了社会福利。

发生自然灾害时救济灾民，是政府维护社会稳定和促进社会公平的重要手段，也是政府不可推卸的职责。宋廷在赈灾救济中，也十分重视、依赖富民的经济力量。对于这个问题，林文勋先生等已在其新著《唐宋乡村社会力量与基层控制》中详加论述，并指出：“从北宋到南宋，富民在社会灾荒救济中的作用一直在不断加强，到南宋时期，富民已在很大程度上

① （元）脱脱等：《宋史》卷 173《食货上一》，第 4185 页。

取代了国家而成为灾荒救济的主角。”[①] 在此不再赘述。

二 免役法与宋代经济关系调适

免役法变革的第二个内容是征收助役钱。北宋时期，有一些民户有免除差役的特权。这些民户是官户、坊郭户、寺观户、未成丁、单丁、女户。熙宁二年实行的免役法规定：“凡当役人户，以等第出钱，名免役钱。其坊郭等第户及未成丁、单丁、女户、寺观、品官之家，旧无色役而出钱者，名助役钱。凡敷钱，先视州若县应用雇直多少，随户等均取；雇直既已用足，又率其数增取二分，以备水旱欠阁，虽增毋得过二分，谓之免役宽剩钱。”[②] 原免差役的民户需要交纳一定数量的助役钱，实质上是废除了他们免差役的特权，实行以钱代役。

关于助役钱的征收，游彪先生认为其具有均平赋役的重要意义。笔者认为这一论断极为精深。至于为什么北宋中期会出现赋役制度重大变革，“产生类似近代资本主义纳税原则的社会实践活动”,[③] 游彪先生尚未论及。笔者认为，这是唐宋时期商品经济发展对社会关系的重新规范和整合的结果。由于官户、寺观户等特殊阶层所拥有的经济特权与商品经济平等原则相背离，商品经济的发展必然要求废除这些阶层的减免赋役等经济特权，与普通民户共同承担赋役义务。随着商品经济的发展，主要从事工商业的坊郭户的财富实力日益增强，已经不属于减免赋役的弱势群体之列，因而免役法的改革将这一群体纳入了征收免役钱的范围之内。

首先，我们来看官户。

宋朝的官户指的是品官之家，即官僚阶层。中国传统社会，“溥天之

① 林文勋、谷更有：《唐宋乡村社会力量与基层控制》，云南大学出版社，2005，第95页。

② （元）脱脱等：《宋史》卷177《食货上五》，第4300—4301页。

③ 游彪：《关于宋代的免役法——立足于“特殊户籍”的考察》，《中国史研究》2004年第2期。

下，莫非王土，率土之滨，莫非王臣”，[①] 统治者是凌驾于一切之上的最高权威。作为统治者的代言人——官僚阶层，也因此被赋予了一些特殊权力，有别于普通民众。不同的历史时期，官僚阶层的政治经济特权不同。从魏晋南北朝到唐宋时期，官僚阶层的结构和权力特征均发生了重大转变，主要表现为门阀士族从强盛转向式微，新兴的庶族地主通过科举制度逐渐进入官僚体系，官僚阶层的流动性促使官僚阶层拥有的政治、经济等特权逐渐弱化和丧失。这一时期之所以出现这一重大社会转变，主要推动力量是商品经济的发展。商品经济以其所具有的平等性、开放性、流变性和分化性等内在特点，对原官僚体制中的特权制度产生巨大的冲击力和瓦解力，导致中国传统社会中官僚阶层的结构和权力特征发生重大转变。[②] 而正是因为这一重大社会变革的影响和作用，才产生了宋神宗时期官户须纳助役钱的制度创新。

魏晋南北朝时期，官吏可以按官品占田，庇荫奴婢，减免赋役。《隋书·食货志》载：“都下人多为诸王公贵人左右、佃客、典计、衣食客之类，皆无课役。”[③] 唐代前期规定，流内九品以上的官员“为不课户”，[④] 具有免除税役的特权。中唐时期，中国的赋役制度发生了重大变革——以两税法取代租庸调制。两税法实行后，品官开始负担两税和杂徭。宋代承袭此制，官户和普通民户一样，须交纳两税，也须承担科配、和买。《文献通考》卷 4《田赋考》载，宋建隆年间，“诏令逐县每年造形势门内户（原注：系见任文武职官及州县势要人户）夏、秋税数文帐，内顽猾逋欠

① 《诗经》，王秀梅译，中华书局，2015，第 488 页。

② 林文勋、何伟福、张锦鹏：《中国传统社会变革的主要特征》，《思想战线》2005 年第 4 期。

③ （唐）魏徵：《隋书》卷 24《食货志》，中华书局，1973，第 674 页。

④ （唐）杜佑：《通典》卷 7《食货七·丁中》，第 155 页。

者，须于限内前半月了足”。[①] 政府严禁官户任意逃避赋税义务，但保留了免除差役的特权。

宋神宗年间，王安石推行的免役法改革要求官户交纳助役钱。虽为“助役”，实质上是取消了官户的免役特权，但毕竟官僚阶层不同于普通百姓，“若官户、女户、寺观、未成丁减半”，[②] 只是部分取消原免役特权。即便如此，也已经是对过去的官僚特权体系重拳一击了。

其次，我们来看寺观户。

寺观户属于宗教团体。这是一个十分特殊的团体，由于它具有很强的社会影响力和民心凝聚力，历朝历代的统治者都十分重视与宗教团体的关系。历代王朝都对寺院给予特殊政策，在税和役方面予以减免，使其成为少纳税不服役的特殊群体。随着商品经济的发展，平等的意识逐渐使人们意识到寺观户拥有特权的不合理性，如宋祁就曾猛烈抨击佛教徒“不徭不役，坐蠹齐民”。[③] 而民户为了避役纷纷逃入寺观，更使统治者认识到了问题的严重性。《宋朝事实类苑》卷2《祖宗圣训》中载：“东南之俗，连村跨邑去为僧者，盖慵稼穑而避征役耳。泉州奏，未剃僧尼系籍者四千余人，其已剃者数万人，尤可惊骇。”[④] 免役法变革废除了寺观户免差役的特权，这同样也是商品经济发展的结果。

再次，我们来看坊郭户。

坊郭户是指居住在城市里的民户，这些民户主要由商人和手工业者组成。中国传统社会按“士、农、工、商”划分职业等级，工商业者处于社会的末流，职业地位低贱，受人们的歧视。在实行差役法时期，坊郭户不需要承担差役。之所以免去其差役，理由只有一条，那就是宋初政府认为

① （元）马端临：《文献通考》卷4《田赋考四》，第89页。

② （宋）李焘：《续资治通鉴长编》卷227，熙宁四年冬十月壬子朔条，第5522页。

③ （元）脱脱等：《宋史》卷284《宋祁传》，第9595页。

④ （宋）江少虞：《宋朝事实类苑》卷2，上海古籍出版社，1981，第23页。

坊郭户与女户、单丁一样，经济条件差，无能力承担差役。

事实上，当时的政府大大低估了工商业的发展。唐宋时期，随着商品经济的发展，工商业者的力量不断壮大，逐渐成为一支不可忽视的财富力量。唐朝就出现过富商邹凤炽和王元宝之流。《新唐书·李德裕传》载："二省符江淮大贾，使主堂厨食利，因是挟资行天下，所至州镇为右客，富人倚以自高。"[①] 表明唐朝中后期已经出现了财富实力雄厚的大商人。如果说唐朝以工商致富者还仅是少部分，那么到北宋中期，富裕的工商业者已经形成一个规模颇大的群体。在北宋都城汴京，"京城资产，百万者至多，十万而上，比比皆是"。[②] 这些被人们称为"豪猾兼并之家"的卑贱之人，却"居物逐利，多蓄缗钱至三五十万以上，少者不减三五万"。[③] 商品经济的发展刺激了城市的扩张和发展，城市人口增长很快。赵冈先生等估计南宋城市人口比例已经占到了21.06%，[④] 吴松弟先生估计宋朝坊郭户占总户数的16.3%，[⑤] 斯波义信先生估计宋朝城市人口占总人口的20%左右。[⑥] 尽管学者的估计各有差异，但宋朝城市人口规模较大，城市化水平加快是不争的事实。

可见，在北宋中期，无论从数量规模还是经济实力来看，坊郭户已经不再是力量单薄、财产微薄、对社会经济影响微不足道的群体，而是成为财富实力雄厚、群体力量不断增强、日益在经济社会生活中发挥重要作用的新兴财富力量。在这种情形下，如果继续免除其差役并将其视为弱势群体，必然导致赋役负担不公。早在免役法改革之前的英宗年间，司马光就

---

① （宋）欧阳修、宋祁：《新唐书》卷180《李德裕传》，第5333页。

② （宋）李焘：《续资治通鉴长编》卷85，大中祥符八年十一月己巳条，第19556页。

③ （宋）宋祁：《乞损豪强优力农札子》，曾枣庄、刘琳主编《全宋文》卷490，第23册，第249页。

④ 赵冈、陈仲毅：《中国经济制度史》，第223页。

⑤ 吴松弟：《中国人口史》第3卷，第618页。

⑥ 〔日〕斯波义信：《宋代商业史》，庄景辉译，台北：稻禾出版社，1997，第332—335页。

提出差派坊郭户以弥补衙前役不足的思路："臣愚以为，凡农民租税之外，宜无所预，衙前当募人为之，以优重相补，不足，则以坊郭上户为之。彼坊郭之民，部送纲运，典领仓库，不费二三，而农民常废八九，何则？儇利、戆愚之性不同也。其余轻役，则以农民为之。"① 这段话充分说明坊郭户不仅完全具备了承担衙前重役的能力，而且在资财管理方面能力较强。因此，在免役法改革时，按户等高低对坊郭户征收免役钱是顺应社会发展的必然。在改革中，也考虑到了坊郭户户等有高下、财力有大小的差异，将坊郭户分为十等，分别多寡出助役钱，且"乡户自四等、坊郭自六等以下勿输"。②

最后，我们来看看未成丁、单丁和女户。

熙宁二年以前，未成丁、单丁、女户、乡户四等以下民户和客户，是免征差役的民户。未成丁、单丁、女户有一个共同点，就是家庭结构不完整。这些家庭，通常劳动力少、弱，生活较为困难，"女户、单丁，盖天民之穷者也"。③ 四、五等户，是拥有少量土地的自耕农，生活贫困，常常入不敷出。真德秀在《申尚书省乞拨和籴米及回籴马谷状》中描述南宋中期以后五等户的状况："若五等下户，才有寸土，即不预粜，其为可怜更甚于无田之家。盖其名虽有田，实不足以自给。"④ 这不是南宋的特例，而是宋朝五等户的普遍情况。客户"则无产而侨寓者也"，⑤ 他们靠租种地主土地为生，财产微薄，是社会中的贫困群体。北宋差役法的征收原则主要是按财产多寡摊征。这些民户经济状况差，负担能力有限，大多数是社会中的弱势群体，免除这些民户的差役符合能力负担原则。

---

① （元）马端临：《文献通考》卷12《职役考一》，第345页。

② （元）脱脱等：《宋史》卷177《食货上五》，第4300页。

③ （宋）赵汝愚：《宋朝诸臣奏议》卷110，上海古籍出版社，1999，第1197页。

④ （宋）真德秀：《申尚书省乞拨和籴米及回籴马谷状》，曾枣庄、刘琳主编《全宋文》卷7158，第312册，第406页。

⑤ （清）徐松辑《宋会要辑稿·食货一二》，第6240页。

但这一原则也为一些上等民户提供了规避差役的空间。有田产、宅院者很难将这些不动产隐瞒而降低户等逃避差役，于是千方百计析户分居，以逃避差役。“百姓毁坏支体，熏灼耳目，嫁母分居，贱卖田宅以自脱免，非一家也。”[①] 仁宗天圣元年，全国有户数 9898121 户，口数 50911718 口，到神宗熙宁二年，全国有户数 14414043 户，口数 46136460 口。从天圣元年开始，户数一直呈上升趋势，而口数则某些年份呈下降之势，某些年份呈缓慢增长之势。[②] 之所以出现这种反常现象，与民户逃避差役，分户析产有密切关系。为了堵塞这一政策漏洞，王安石的免役法规定这些民户必须交纳一定数额的助役钱。而对于薄产的四、五等户和无产的客户，法律明确规定免征助役钱。可见，对单丁、女户等征收助役钱，主要是为了防止一些有承担差役能力的民户逃避其义务。

从直接效果上看，征收助役钱使国家财政收入有了一个新来源。熙宁九年，“是岁，诸路上司农寺岁收免役钱一千四十一万四千五百五十三贯、石、匹、两：金银钱斛匹帛一千四十一万四千三百五十二贯、石、匹、两，丝绵二百一两”。[③] 元丰七年，“天下免役缗钱岁计一千八百七十二万九千三百，场务钱五百五万九千，谷帛石匹九十七万六千六百五十七，役钱较熙宁所入多三之一”。[④] 虽不排除改革者在设计方案时有增加财政收入的意图，但在这一阶段产生向免差役户征收助役钱这一制度变革，是唐宋商品经济进一步发展的结果。

总之，北宋中期，富民已经作为一个新的社会阶层而崛起，在国民经济和社会生活中日益发挥着重要作用，是国家财政收入之所依，是国家基层管理的重要补充力量。任何人都不敢忽视这股力量的作用。因此，统治

① 《苏辙集·栾城集》卷 35《陈州为张安道论时事书》，第 615 页。

② 路遇、滕泽之：《中国人口通史》，第 504 页。

③ （元）脱脱等：《宋史》卷 177《食货上五》，第 4308 页。

④ （元）脱脱等：《宋史》卷 177《食货上五》，第 4310 页。

集团需要重视他们的利益诉求，需要主动变革不合理的制度来维护他们的利益，需要采取积极的措施来支持富民阶层的成长壮大。另一方面，随着唐宋商品经济的进一步发展，商品经济的平等性和流动性冲击了旧的等级制度和特权制度，使原来官僚阶层所享有的种种政治特权和经济特权逐渐丧失，政府才有可能实施向官户、寺观户等原来的特权阶层征收助役钱的变革。也正是商品经济的发展，使主要从事工商业活动的坊郭户成为新兴的财富力量，他们理应与乡村富民一样，承担相应差役义务。免役法变革，正是在唐宋商品经济大发展，社会阶层发生变动这一大背景之下发生的。

交易费用视角下南宋“亲邻权”的演变及调适

引　言

通常我们将“交易”“交换”“买卖”视为可互换的概念，事实上，它们之间有细微的差别。我们可以从“买卖的交换”和“买卖的交易”这两个限定性概念来理解三者之间的关系，“买卖的交换”主要以物品在所有者之间发生的流通与转移为对象进行考察，而“买卖的交易”则是以物品的财产权利转移为对象进行考察。如田宅这类不动产，“买卖”的结果没有使其实体在空间上发生任何改变，只是财产权利发生了改变。这类商品的“买卖”较可移动商品，面临着更多的限制。在一个信息不充分、人口流动性小的社会里，大多数不动产的买者和卖者具有本地化特点，这与市场大小、竞争充分与否无关，而是与交易费用有关。交易费用①又称交易成本，主要由搜寻交易对象及与交易对象进行信息交换的成本、决策和签订契约的成本、监督交易契约正常实施的成本以及违约所造成的损失等组成。威廉姆森（Oliver Eaton Williamson）

---

① 1937年，科斯（Ronald Harry Coase）在《企业的性质》一文中首先提出“交易费用”这一概念（R. H. Coase, “The Nature of The Firm,” *Economic*, Nov., 1937, pp. 386-405）。之后，新制度经济学主要代表人物诺斯、威廉姆森等学者阐述和发展了这一概念，并将其一般化，形成了交易费用理论（参见〔美〕罗纳德·科斯《企业、市场与法律》，盛洪、陈郁译校，上海三联书店，1990；〔美〕奥利佛·威廉姆森、斯科特·马斯滕编《交易成本经济学——经典名篇选项》，李自杰、蔡铭等译，人民出版社，2008；〔美〕道格拉斯·诺思《经济史中的结构与变迁》）。

的交易成本经济学理论，将人们的每次交易都视为一种契约。由于人的有限理性，人们在交易中不可能预见未来各种或然状况并以双方都没有争议的语言写入契约中，因此契约天然是不完全的。由于每个人都有机会主义倾向，缔约双方都会利用契约的不完全性来谋取自己的利益，因此不可避免地会出现违约情况。这就需要一种治理结构来“注入秩序、转移冲突、实现双方共同利益”。[①] 正式制度的产生、实施和完善实质上都是为降低交易费用所做的努力。

中国是一个传统农业社会，土地等不动产产权交易在中国传统社会中十分频繁。在田宅交易中，买卖先问亲邻之俗长期存在，甚至它至今仍然在某种程度上影响着乡村社会。这一规范最早产生于何时难以断定，但学界普遍认为，在唐朝中后期以前，它作为一种习惯法早已存在，并且在乡村社会中起到积极规范作用。到五代时，“亲邻之法”已经进入国家法律体系，并在宋元时期成为一个重要的法律制度，在司法实践中被普遍运用。而到了明清时期，先问亲邻又再次蜕变为习惯法。从习惯法到成文法再到习惯法，或者说是从非正式制度到正式制度再到非正式制度，是中国古代社会“亲邻权”（或称“亲邻优先权”）独特的演变历程。这一演变是基于什么样的历史逻辑或社会经济规律，是这一命题最具有研究价值的内容。关于“亲邻权”的研究，主要体现在以下几个方面：一是“亲邻权”的起源及演变过程；[②] 二是“亲邻权”的法律特征与乡民关系；[③] 三

---

① O. E. Williamson, “The Theory of the Firm as Governance Structure: From Choice to Contract”, *Journal of Economic Perspectives*, Vol. 16, No. 3, 2002, pp. 171–195.

② 相关研究参见柴荣《中国古代先问亲邻制度考析》，《法学研究》2007 年第 4 期；韩伟《习惯法视野下中国古代“亲邻之法”的源起》，《法制与社会发展》2011 年第 3 期；魏天安《论宋代的亲邻法》，《中州学刊》2007 年第 4 期；姜密《宋代“系官田产”研究》，中国社会科学出版社，2006；等等。

③ 相关研究参见莫家齐《南宋土地交易法规述略——〈名公书判清明集〉研究之一》，《法学季刊》1987 年第 4 期；张韬略《不动产物权变动中的官方法律与乡土习惯——以“亲邻先买”、“亲女不分遗产”为例》，《华侨大学学报》2010 年第 4 期；刘云生、宋宗宇《中国古代优先权论略——序位·要件·效力·限制》，《重庆大学学报》2003 年第 3 期；等等。

是“亲邻权”作为成文法出现的社会文化环境与经济因素。[①] 前两个方面主要是历史事实的呈现和法律学理的分析，第三个方面探究了历史事实的生成机制。另有不少法制史的系统性研究成果对“亲邻之法”进行专门篇章的分析。[②] 从现阶段相关研究来看，多数研究成果将其简单地以宋以后商品货币关系进一步发展导致宗法关系逐步淡化概而论之。[③] 因此，有必要进一步从学理上予以讨论。

本文主要从交易费用视角考察“亲邻之法”在南宋时期的演变。本文认为，“亲邻权”是一种人格化交易，而这种人格化交易导致不动产交易中交易费用高，从而对社会效率产生巨大的耗散效应。在提高效率的价值法则的要求下，其必然随着社会与经济的发展不断弱化乃至最后消失。从五代后期“亲邻权”成为国家成文法之后，经过几百年的司法实践，无论国家层面还是民间层面都意识到了它所带来的诸多效率耗散，因此在南宋时期就已经出现了有关“亲邻权”的法律调整，这一调整的旨向便是降低交易费用，改善经济环境，节约社会成本。

一　田宅买卖“亲邻权”与人格化交易

宋人郑克曰：“卖田问邻，成券会邻，古法也。”[④] 这里所言“古法”

---

① 相关研究参见李锡厚《宋代私有田宅的亲邻权利》，《中国社会科学院研究生院学报》1999年第1期；高楠《宋代的私有田宅纠纷——以亲邻法为中心》，《安徽史学》2004年第5期；陈志英《宋代民间物权关系的家族主义特征》，《河北法学》2006年第3期；等等。

② 相关研究参见郭东旭《宋代法制研究》，河北大学出版社，2000；郭东旭《宋代法律与社会》，人民出版社，2008；戴建国、郭东旭《南宋法制史》，人民出版社，2011；薛梅卿、赵晓耕主编《两宋法制通论》，法律出版社，2002；〔美〕韩森《传统中国日常生活中的协商》，鲁西奇译，江苏人民出版社，2009；吕志兴《宋代法制特点研究》，四川大学出版社，2001；等等。

③ 参见魏天安《论宋代的亲邻法》，《中州学刊》2007年第4期；姜密《宋代“系官田产”的产权变动与“亲邻关系”》，《河北师范大学学报》2008年第1期；靳小龙《隋唐五代亲邻关系与社会经济生活述论》，《西北师大学报》2005年第2期。

④ （宋）郑克：《折狱龟鉴》卷6《核奸·刘沆》，《景印文渊阁四库全书》，台北：台湾商务印书馆，1986，第729册，第927页。

既可以认为是自古以来约定俗成的民间习惯之法，也可以认为是之前朝代就有的成文之法。有关国家诏令规定“亲邻优先”最早见于史籍者，当为《五代会要》所载：“如有典卖庄宅，准例房亲、邻人合得承当。若是亲人不要及着价不及，方得别处商量，不得虚抬价例，蒙昧公私。有发觉，一任亲人论理，勘责不虚，业主、牙保人并行重断，仍改正物业。或亲邻人不收买，妄有遮吝阻滞交易者，亦当深罪。从之。”① 同书还有相关记载：各州市镇、郭下、草市“所有货卖宅舍，仍先问见居人；若不买，次问四邻；不买，方许众人收买”。② 说明至迟在五代后周时期，“亲邻权”已经被纳入成文法范畴。

为什么“亲邻权”由习惯法转化为国家成文法？这是因为唐朝后期商品经济恢复发展，社会上出现了大量的土地买卖行为，有关土地纠纷也不断出现，其中涉及“亲邻权”的问题很多，因而使这一习惯法上升为成文法，以规范交易活动，减少交易纠纷。对于这一问题，本文暂不做展开。本文重点探讨的是，“亲邻权”所具有的人格化交易特征与产生的交易费用问题，以及这一问题在南宋是如何在法律上进行调适的。

“优先权”是一种具有普遍意义的法律权利。在现代法制下，优先权一般行之于债权人、债务人和担保人之间，其基本准则是责任重者优先、契约约定者优先，是基于所有自然人、法人平等的身份而实施的经济权利优先。但是，中国古代实施的“亲邻权”则是以身份作为判断是否具有优先权的标准。这里的身份指的是基于血缘关系的“亲”，以及基于地缘关系的“邻”。“亲”因血缘的远近构成直系亲、近亲、远亲，因此具有血缘关系的身份使其拥有优先购买权，且依据血缘亲疏形成的身份等级构成了优先权序。同样，因地缘关系形成的“邻”，也因空间的接近性而获得优

① （宋）王溥：《五代会要》卷26《市》，中华书局，1985，第319页。

② （宋）王溥：《五代会要》卷15《户部》，第198页。

先购买权。

在“亲邻优先”制度下，因身份等级而获得优先购买权的“亲”和“邻”，在土地和住宅等不动产交易中不需要任何努力就获得了“优先”之利，显然这是一种人格化交易而非市场化交易。这种人格化交易使不动产的交易成本大大增加了。

首先是交易之前告知亲邻需花费大量时间。

根据太宗雍熙三年（986）诏，出卖产业应“据全业所至之邻，皆须一一遍问。候四邻不要，方得与外人交易”。① 在一个流动性不大的社会里，一一问遍邻居，似乎也不算难事，但是也不排除亲戚邻居因外出等特殊原因没有问询到的情况。在所征询的亲邻中，若不止一家有购买意愿，哪家优先也是个问题。况且，即便问遍亲邻，当时均无人有意购买，但若无亲邻们的签字（时称“批退”），这一问询结果也仍留有后患：即便交易完成若干年后，后起意于此产业的亲戚或邻居仍然可以自己不曾被征询而伸张权利，从而质疑交易契约的有效性。

南宋时就有不少已售卖多年的土地房产，后有亲戚或邻居以“亲邻权”举证，要求获得土地产权的案例。如《名公书判清明集》（以下简称《清明集》）记载：

> 吕文定、吕文先兄弟两人，父母服阕，已行均分。文先身故，并无后嗣，其兄文定讼堂叔吕宾占据田产。今索到干照，系吕文先嘉定十二年典与吕宾，十三年八月投印，契要分明，难以作占据昏赖。倘果是假伪，自立卖契，岂应更典？县尉所断，已得允当。但所典田产，吕文定系是连分人，未曾着押，合听收赎为业，当元未曾开说，

① （清）徐松辑《宋会要辑稿·食货六一》，第7463页。

所以有词。当厅读示，给断由为据，仍申照会。[①]

地方官员审理此案，认为典卖契约没有争议，关键是典卖人“未曾着押”，也就是在典卖之前没有遵循“亲邻权”向吕文定走亲邻批退程序，因此，该交易被认定是违法交易。由此可见，在亲邻权制度下，买卖土地者要维护交易的合法性，首先必须在交易前征询所有亲戚、邻居的购买意向并令其签署文书，同时还需有中间人在场做证。这一程序复杂费事，隐患很多，平添了一笔不小的交易费用。

其次，亲邻有优先购买权，增加了购买者的经济成本及违约风险。

最早见之于成文法的“亲邻权”法令规定：“若是亲人不要及着价不及，方得别处商量。”[②] 据此，有学者指出中国古代的“亲邻权”法律制度，既维护了宗法家族利益和家族亲戚关系，符合中国传统文化的法律逻辑，又不违背基本的等价交易的市场逻辑。[③]

事实果真如此吗？生活在南宋初期的袁采告诫家人：“凡邻近利害欲得之产，宜稍增其价。不可恃其有亲有邻，及以典至买，及无人敢买，而扼损其价。万一他人买之，则悔且无及，而争讼由之以兴也。”[④] 这一忠告，显然是考虑到“亲邻权”问题可能引发的产权争议，所以告诫亲人子孙，买地的时候要“稍增其价”，以比市场价稍高的价格来购买，这样周边的亲戚邻居“无人敢买”，交易才能顺利完成。否则，虽然当时能按市场价或者低于市场价买到土地，但有可能因此埋下隐患，“争讼由之以兴也”。

不过，以比市场价高的价格收买田宅也有违法的嫌疑。法令在规定了

---

① 《名公书判清明集》卷4《吕文定诉吕宾占据田产》，中国社会科学院历史研究所宋辽金元史研究室点校，中华书局，1987，第106页。

② （宋）王溥：《五代会要》卷26《市》，第319页。

③ 吕志兴：《中国古代不动产优先购买权制度研究》，《现代法学》2000年第1期。

④ （宋）袁采：《袁氏世范》卷3《治家·邻近田产宜增价买》，第61页。

亲邻“着价不及，方得别处商量”的同时，还特别指出“不得虚抬价例，蒙昧公私。有发觉，一任亲人论理，勘责不虚，业主、牙保人并行重断，仍改正物业”。[1] 也就是说，即便交易双方按高于市场的价格成交，也有“虚抬价例，蒙昧公私”之嫌，有“亲邻权”的一方完全可以此为依据向官府诉讼，判定其交易违法。

可见，“亲邻优先权”的存在使大多数不动产交易被限定在亲邻之间完成，否则买者和卖者都可能陷入旷日持久的官司之中。一旦出现诉讼，要当事者举证没有“虚抬价例”也是十分困难之事。其中要增加很多时间成本、信息成本、关系成本等，这些都增加了交易成本。

即便交易的价格合理，也有一些卖者利用“亲邻权”来推翻已经达成的交易，损害买者的合法权利。如《清明集》中有这样一个案例：

陈子万家业破荡已久，忽用计脱赎去三十年已卖与陈定僧父田契。据此田直官会三百贯，今自宝庆二年三月取赎，至宝庆三年正月，止有官会一百二十贯交付，尚有官会一百八十贯止立虚批，即无一钱可还。定僧既未得钱，子万亦未当管业。今已凭此契立户头矣，又将此田卖与杨世荣矣，又凭此契执亲邻赎定僧别田矣。且子万既能赎田，既能起立户头，则所赎之田合自保守，今乃朝赎而暮卖，朝起户而暮出业，此何为者耶？盖此田既卖与杨世荣，则是杨世荣之业矣，子万既已无业，乌有所谓邻哉？在法：交易钱止有一百二十日限。陈子万赎田经隔一年，交钱未足，不合便将别人田卖与杨世荣，不合妄执亲邻。杨世荣不合谋业，用钱资给子万赎田，又资给子万执邻。两名各勘杖一百，备到钱、会本合没官，又恐杨世荣当来偶不知情，钱还世荣，田还定僧，各令责领入案。刘氏所买田，乃是问定僧交易，在子万既无业，不知以何为

① （宋）王溥：《五代会要》卷26《市》，第319页。

亲，以何为邻，合还刘氏管业，契并还给。[①]

在这个案例中，当事者有四人：陈子万、陈定僧、杨世荣、刘氏。陈子万将田典与陈定僧，在官方法定的取赎期内未完全缴纳赎金。在陈定僧将这块田产卖给刘氏之时，陈子万拿着杨世荣给他的赎地费，并以“亲邻优先权”作为依据，要求将此地卖给杨世荣。这块土地交易过程中之所以会出现纠纷，就是因为有“亲邻权”可主张，且涉案人数较多。可见“亲邻权”增加了交易纠纷发生的可能性，也增加了社会诉讼成本和个人交易费用。

这样的案例并非个案，《清明集》中就有不少记载。如另一个案例“妄赎取同姓亡殁田业”，在该案中，江通宝生前将田产典与江朝宗。江通宝死亡四十八年后，一个自称江通宝直系子孙者江文辉执赎买伪契伸张该田产权。在该案的审判中，官府并没有否定自称直系子孙的江文辉优先赎买田产的权利，而是以江文辉所执赎回田契是伪契，且该田产超过了法定三十年回赎期而不支持其主张。从这个案例中，我们看到因“亲邻权”所引起的产权归属纠纷问题可持续三十年乃至更长时间，说明不动产交易所隐含的契约风险是长久存在的，而不仅仅是交易过程中是否“问遍亲邻”，是否按照规范走了亲邻批退这一程序。

最后，“亲邻权”加剧了亲邻利益纠纷，在一定程度上推涨了亲邻关系矛盾，增加了社会成本和社会耗散。

随着民间田宅等财产流转加快，宋代出现了健讼之风，尤以南宋为盛。相关史料中多有“健讼”“顽讼”“嚚讼”“争讼”“好讼”“兴讼”“喜讼”“妄讼”等记载。有学者通过研究，发现当时的民间诉讼，其手段之多、范围之广，为前朝所罕见。[②] 在这些名目繁多、争执旷日持久的诉

---

① 《名公书判清明集》卷9《妄执亲邻》，第310页。

② 邓建鹏：《健讼与息讼——中国传统诉讼文化的矛盾解析》，《清华法学》2004年第1期。

讼案件中，以财产纠纷为多，而这些财产纠纷通常发生在亲邻之间，特别是兄弟姊妹、叔侄等血缘很近且生活在同一村落的亲人之间，而且难以调解，以至于争讼多年，久不能决。

在《清明集》中，涉及财产纠纷的案例一共有101个，[①] 其中有11个案例涉及“亲邻权”问题，它们分别是卷4《户婚门·争业上》“吕文定诉吕宾占据田产”“使州索案为吴辛讼县抹干照不当”“漕司送邓起江淮英互争田产”“漕司送下互争田产”条中的4个案例；卷6《户婚门·赎屋》“执同分赎屋地”条中的1个案例；卷9《户婚门·取赎》“亲邻之法”“有亲有邻在三年内者方可执赎”“妄执亲邻”“过二十年业主死者不得受理”“伪作坟墓取赎”条中的5个案例；卷9《户婚门·坟墓》“禁步内如非己业只不得再安坟墓起造垦种听从其便”条中的1个案例。这些亲邻权纠纷的案例约占该书涉及财产纠纷案例总数的11%，可见当时社会上亲邻权纠纷案例并不少见。有因亲邻权纠纷引起的自家兄弟矛盾积怨太深，乃至发生斗殴事件。如“漕司送邓起江淮英互争田产”一案中，争执田产的双方“其间因夺花利，互相殴击，彼此各有词说”。[②] 财产纠纷和诉讼对邻里之间的情感伤害甚深，“与宗族讼，则伤宗族之恩；与乡党讼，则损乡党之谊。幸而获胜，所损已多；不幸而输，虽悔何及”。[③]

因亲属关系复杂或“清官难断家务事”，相关诉讼案件常常屡断不从、申诉不断升级，“尝谓乡民持讼，或至更历年深，屡断不从，固多顽嚚”。[④] 如《清明集》中有“邓起江淮英互争田产”和“余焱讼黄子真盗买叔余

① 王为东：《南宋民事审判依据的分类考察——以〈名公书判清明集〉为中心》，《中州学刊》2009年第4期。

② 《名公书判清明集》卷4《漕司送邓起江淮英互争田产》，第119页。

③ 《名公书判清明集》卷4《妄诉田业》，第123页。

④ 《名公书判清明集》卷4《漕司送下互争田产》第120页。

德庆田产”两案例,[1] 皆经县、州多次审理未决，诉讼至漕司，大大增加了社会成本。

官府在处理亲人之间的纠纷时，有时考虑亲情关系，不以法律为准绳，而是以息诉为目标。“如里巷间、朋友亲戚间有讼，或是一家兄弟骨肉自有讼，某曲某直，虽是见得分晓，直者不必甚胜，曲者不必甚负，宁为民间留有余不尽之意，使亲戚依旧成亲戚，朋友、里巷依旧成朋友、里巷，自家骨肉依旧成兄弟骨肉。”[2] 本意为好，但这种不以法律为准绳的判案原则，虽在某些个案中行之有效，若成为一种普遍的行为，却是以损害国家法律、社会公理为代价的。

由此可见，在“亲邻权”法律制度下，不动产所产生的交易费用由以下几个方面构成。一是时间成本。“亲邻优先权”导致不动产交易中渗入不少人格化交易的因素，造成民间田宅交易双方当事人需要花费大量时间告知亲邻，并以书面的方式进行一项必要的法律程序：亲邻批退。显然这会增加不少时间成本。二是违约风险和诉讼成本。交易达成后，还会因为“亲邻权”的存在而使交易的诉讼风险和违约风险增大。宋代有关亲邻权纠纷的案例更多是发生在典卖（活卖）过程中，因典权时效长，在此期间会发生复杂的典权转移，从而使亲邻权的问题变得复杂，出现“公说公有理、婆说婆有理”的现象。此外，这些纠纷的产生在很大程度上伤害了本应和睦相处的亲人、邻居之间的感情，使乡村社会关系紧张。甚至一些亲兄弟在均分家产时就眈视着自家兄弟财产，企图利用“亲邻优先权”将其纳买：“兄弟同居，甲者富厚，常虑为乙所扰。十数年间，或甲破坏而乙乃增进，或甲亡而其子不能自立，乙反为甲所扰者有矣。兄弟分析，有幸

① 《名公书判清明集》卷4《漕司送邓起江淮英互争田产》《漕司送下互争田产》，第119—120页。

② 高玉玲：《论宋代的民事息讼——以〈名公书判清明集〉为考察中心》，《安徽师范大学学报》2012年第6期。

应分人典卖，而己欲执赎，则将所分田产丘丘段段平分，或以两旁分与应分人。而己分处中，往往应分人未卖，而己分先卖，反为应分人执邻取赎者多矣。”[1] 在袁采所举的这个欲兼并自家兄弟田产最后反被兼并的例子中，我们既看到了亲情关系的淡薄，又看到了因“亲邻权”的存在田宅交易对象被限制的结果。从经济范畴上看，“亲邻权”使不动产交易处于一个不完全竞争市场之中。

二　南宋人格化交易限制与交易费用调整

作为事后调节的法律制度，在其缺陷日益暴露的实施过程中，自身也在积极地自我调适。在宋代，随着时间的推移和司法实践的不断积累，对于“亲邻权”这项因嵌入了文化因素而使本应维护公平交易的法律增添了人情色彩的制度，国家的法律也在逐步对其增加限制条件，以将其限定在一个有限的行使范围内。在南宋，我们也很清晰地看到“亲邻权”条款在法律条文上的修改和司法运用中的调适。

第一，进一步限制了具有“亲邻权”的法律主体。

早在北宋初年，国家法律就着手明确“亲”和“邻”在优先权上的次序。太祖开宝二年（969），开封府规定：“凡典卖物业，先问房亲；不买，次问四邻。其邻以东、南为上，西、北次之。上邻不买，递问次邻；四邻俱不售，乃外召钱主。或一邻至著两家已上，东、西二邻则以南为上，南、北二邻则以东为上。”[2] 这条诏令明确亲与邻、邻与邻的优先次序是房亲优先、四邻次之，并明确了东西南北邻里的优先次序。

至熙宁、元丰年间，对问邻的对象进行明确规定，但实施的时间不长，到宋哲宗绍圣元年（1094），再次启用熙宁、元丰之制：“元祐敕，典

---

① （宋）袁采：《袁氏世范》卷1《睦亲·分业不必计较》，第10页。

② （清）徐松辑《宋会要辑稿·食货三七》，第6805页。

卖田宅，遍问四邻，乃于贫而急售者有害。乞用熙宁、元丰法，不问邻以便之。应问邻者，止问本宗有服亲，及墓田相去百户（步）内与所断田宅接者，仍限日以节其迟。”[①] 这条诏令对亲邻的边界做了进一步限定：亲为“本宗有服亲”者，邻为“墓田相去百步内与所断田宅接者”。缩小了法律上有优先权的“亲邻”范围。

这条诏令中所涉及的“亲”与“邻”，事实上仍然十分众多。所谓“本宗有服亲”者，根据古代丧礼制度，按血缘关系远近排序的亲属服丧制度为“五服”，即斩衰、齐衰、大功、小功、缌麻五个等级。也就是说，父系和母系三代内的亲属都有不动产交易优先购买的权利。对“邻”的界定，北宋初年是指靠近田宅四方的邻里，绍圣元年对“邻”的认定则为距离所交易田产百步以内的墓田田主。这似乎在“邻”的限定上又有缩小，但笔者认为，这应是增加了不接邻的墓地主人为“邻”，并没有将田宅四周毗邻的邻里不作为“邻”看待，因为直到南宋民间仍然存在“凡是南北东西之邻”皆“亦欲取赎”[②] 的情况。

至南宋，法律对“亲”和“邻”有了更为明确的和限制性的规定。《清明集》卷9载：

亲邻之法

照得所在百姓多不晓亲邻之法，往往以为亲自亲，邻自邻。执亲之说者，则凡是同关典卖之业，不问有邻无邻，皆欲收赎；执邻之说者，则凡是南北东西之邻，不问有亲无亲，亦欲取赎。殊不知在法所谓应问所亲邻者，止是问本宗有服纪亲之有邻至者，如有亲而无邻，与有邻而无亲，皆不在问限。见于庆元重修田令与嘉定十三年刑部颁

① （元）马端临：《文献通考》卷5《田赋考五》，第113页。

② 《名公书判清明集》卷9《亲邻之法》，第308—309页。

降条册，昭然可考也……[①]

这一记载表明，南宋时期法律对“亲邻权”的适用范围规定较北宋绍圣年间又进一步缩小了范围：过去，五服之内的房亲、东西南北四周的邻里，或与田产在一百步距离之内但不接邻的墓地主人，都拥有“亲邻权”；而今所指的亲邻关系，系特指既有血缘关系又与所交易田地四至有交界关系者。从“亲”或“邻”到“亲”且“邻”，这大大缩小了“亲邻权”的适用范围，是对“亲邻权”的一个重要限制。在做此限制之前，在一个普通家庭中，有“亲邻权”的法律主体至少有二十人，但是，当法律对其做了“亲”且“邻”这一必要条件的限制后，可行使“亲邻权”者只有三五人。尤其在以典就卖的情况下，典主的先买权又高于亲邻的先买权，使亲邻优先权大大削弱了。[②]

第二，明确规定了“亲邻权”的诉讼时效。

五代时期法律对“亲邻权”做出明文规定，但对亲邻的适用范围和亲邻优先权的诉讼时效并没有做出明确规定。北宋时期，法律对“亲邻权”中的亲邻关系做出了明确规定，也规定了需“限日以节其迟”。[③] 南宋绍兴二年（1132）闰四月十日诏：“典卖田产，不经亲邻及墓田邻至批退，并限一年内陈诉，出限不得受理。”[④] 明确规定了“亲邻权”的诉讼时效是一年。后来，宋廷对其进行了调整，规定亲邻优先权追诉法律时效期是三年：

有亲有邻在三年内者方可执赎

① 《名公书判清明集》卷 9《亲邻之法》，第 308—309 页。

② 郭东旭：《宋代买卖契约制度的发展》，《河北大学学报》（哲学社会科学版）1997 年第 3 期。

③ （元）马端临：《文献通考》卷 5《田赋考五》，第 61 页。

④ （清）徐松辑《宋会要辑稿・食货六一》，第 7471 页。

> 准令：诸典卖田宅，四邻所至有本宗缌麻以上亲者，以帐取问，有别户田隔间者，并其间隔古来沟河及众户往来道路之类者，不为邻。又令：诸典卖田宅满三年，而诉以应问邻而不问者，不得受理……如是有亲而无邻，及有亲有邻而在三年之外，皆不可以执赎……①

南宋时期不仅明确规定了“亲邻权”的诉讼时效，而且在不动产交易的其他程序中也明确规定了期限或诉讼时效。若有超出规定期限或未在诉讼时效内提出申诉，即视为有效交易，法律不再支持当事者的法律请求。如断卖的产权交割期限为三个月，即在订立交易契约之日起三个月内完成产权的交割，若买者未在这一期限内全额支付货币，即视为该交易契约无效。在典卖中，由于典卖方未得完全产权只是部分转移产权，法律规定在三十年内，典卖者或典卖方具有“亲邻权”的房亲可以提出回赎权。若超过期限，法律即视产权完全归属于典买方，可由典买方依完全产权自行处置。在不动产纠纷的诉讼时效规定中，对“契要不明”且业主已经死亡的情况，官府规定其诉讼时效是二十年。② 这一系列有关产权交割期限和诉讼时效的明确，有利于减少交易纠纷，也有利于在司法实践中公正裁决。总体来说，这些法律规定降低了不动产交易过程中产生的交易费用。

结　论

总之，“亲邻权”问题，是一种嵌入文化因素的经济现象，反映了中国传统文化对商品经济发展无时无刻不在的影响。这种貌似不违背市场交易原则的法律，实质上仍然属于人格化交易的范畴，大大增加了交易成

① 《名公书判清明集》卷9《有亲有邻在三年内者方可执赎》，第309页。

② 《名公书判清明集》吴肃、吴荣、吴桧互争田产案中载：“准法：诸理诉田宅，而契要不明，过二十年，钱主或业主死者，官司不得受理。”（第112页）

本，制约了土地交易的发展。“亲邻权”所产生的交易成本主要体现为：交易之前须告之周边亲戚邻里，并且在亲邻之间以文书形式行批退程序，以示权利主体放弃其权利，这需要花费大量时间成本；交易达成后，因“亲邻权”的存在以及亲邻关系的复杂性，往往出现种种始料不及的发生在亲邻之间的诉讼，这大大增加了交易的诉讼风险和违约风险。“亲邻权”是一种身份特权，而这种身份特权中弥漫着亲情关系和人情关系。“亲邻权”试图通过法律关系强化和凝聚熟人社会的关系网络，但事实上这一权利加剧了熟人社会之间的关系张力，从而导致了事与愿违的种种社会问题。

面对日益增长的土地交易和人们对交易非人格化的要求，南宋法律及其相应的司法实践逐渐加强对人格化交易的限定，如限定可伸张“亲邻权”的群体，从“亲”或“邻”到“亲”且“邻”的变化，使可伸张“亲邻权”的群体大大缩减，限制在一个较为狭窄的范围内。无论在“问亲邻”环节还是因“亲邻权”而引起诉讼的可能性，都会因将“亲邻权”权利主体适用人群限定在一个较小范围内而大大降低其时间成本和诉讼成本。对“亲邻权”以及其他相关不动产交易程序诉讼时效的限定，降低了不动产交易风险，也使司法实践更加有法可依，有制可循。这些法律调整，也是尽量降低这一人格化交易所产生的交易费用的有效制度安排。

由此可见，中国古代不动产交易中的“亲邻权”，自唐代由习惯法上升为成文法后，在宋代经历了由指向泛化、时间限定模糊的法律，向不断地限定和缩小适用对象并且限定较短诉讼时效的法律变迁，这一变迁较为集中地体现在南宋时期。这一变迁轨迹表明，在南宋诉讼实践中，当局者日益意识到嵌入文化的法律制度对公平交易所产生的阻碍，故不断对其适用对象和范围进行调适，以在不改变法律基本准则的情况下，最大限度地降低文化因素对交易公平原则的影响。法律制度的这些变迁，实质上是向着降低交易费用的方向努力。

北宋时期商税波动及其原因分析

一　北宋商税的周期波动

商税是国家对进入市场交易的商品按照一定的比例强制征收的赋税，是反映特定时期商品贸易发展变化的经济指标。中国历史上很早就有征商税的记载，反映了中国古代商品经济发展的悠久历史。进入宋代，政府首次制定系统的商税制度，在各州、府、县、镇、渡口、墟市、草市等有商品集中交易的地方和商人通行的地方设置了场务、税务、税场等征税机构，对在市场上销售的商品或道路过往的商品征收商税。“凡布帛、什器、香药、宝货、羊彘，民间典卖庄田、店宅、马、牛、驴、骡、橐驼及商人贩茶盐，皆算。”[①] 其他诸如蔬菜、柴薪、粮食、鱼鸭等百姓日常细碎交换的商品也经常成为征收的对象。宋代商税的征收，分为住税和过税两种，分别按照商品总价值的3%和2%以货币的方式征收从价税。也有部分商品以实物征税，大多是当地征税机关日常需要的物品。“有官须者十取其一，谓之抽税”，[②] 一般按照10%的比例抽税，这类商品不多。

根据全汉昇先生和郭正忠先生对相关史料的收集与考证，可将北宋时期的商税岁入列为表1。

---

① （元）马端临：《文献通考》卷14《征榷考一》，第402页。

② （元）马端临：《文献通考》卷14《征榷考一》，第402页。

表 1　北宋商税岁入情况

单位：万贯

时间	商税岁入
至道中（995—997）	400
景德中（1004—1007）	450
天禧五年（1021）	1204
庆历前期（1041—1045）	1975
约庆历年间（1041—1049）	2200
皇祐年中（1049—1054）	786.39
嘉祐三年至六年（1058—1061）	700
嘉祐六、七年（1061、1062）	708.31 或 709.54
治平年中（1064—1067）	846.39
熙宁十年（1077）	770.21 或 768.40

注：表中数字前六项商税数据引自全汉昇《唐宋政府岁入与货币经济的关系》（《中央研究院历史语言研究所集刊》第 20 本，1948 年），后四项所引商税数据来自郭正忠《两宋城乡商品货币经济考略》（经济管理出版社，1997）第 128 页中所列举的考证数据，其中嘉祐六、七年和熙宁十年的数据是经过对《宋会要辑稿》商税额进行考证和铜铁钱比例分别按照 3∶1 和 2∶1 折算得出的数据。对于《宋会要辑稿》商税额中"旧额"的年代以及四川铜铁钱折算方法，史学界有不同的观点，笔者认同郭正忠先生的观点。但笔者并不认同郭先生认为龚鼎臣《东原录》中"士熙道管三司商税案，言：'天下诸商税钱，每岁二千二百万贯。自嘉祐以来，只收得七百万贯。每岁亏一千五百万贯。'"中 2200 万贯的税钱是至和二年至嘉祐二年的推论，根据笔者对至和二年至嘉祐二年相关史料的研究，这一时期既无重大的社会变革引起生产力变化，又无军费开支突然增长的条件，也没有对禁榷商品的重大制度变革、严重的水灾，更没有农业生产的丰收，相反还有部分地区有严重的水灾和地震灾害的发生。因此，不具备商品贸易大幅度增长的条件，只有庆历年间因西北用兵，大量和籴、和买军用物资，才可能出现贸易额的大幅度增长。故该数据引全先生的观点。

可见，宋代商税岁入在不断增长的同时，出现了明显的周期变化：从天禧年间开始，商税岁入出现了快速增长的情况，到庆历年间达到顶峰，其间，商税岁入比至道年间增长了 450%，而进入皇祐年间，商税岁入回落，并在以后的十几年间保持低速增长的态势。这种情况反映了北宋时期商品经济总体向前发展的同时，具有周期波动的特征。由于历史资料的有限性，笔者只能勾勒出一个商税（或商品经济）周期变化曲线，这一周期变化大约经历了 60 年。

二 影响商税周期波动的因素

商税是对交易商品征收的赋税，商税岁入的变化反映了社会商品贸易总量的变化。北宋商税呈现不断增长的发展态势，反映了宋代商品经济不断发展的过程，这一过程也突出地体现在城市经济发展、农村市场扩大、贸易网络扩张、手工业发展和商业性农业发展等多方面。可以说，商税呈现不断增长的趋势是符合宋代经济发展规律的。

是什么因素引起北宋商税周期波动？北宋时期市场发育还不十分充分，影响经济周期波动的因素更多地来自外部因素而非经济运行的内部机制。一般而言，政治、军事、经济政策、自然灾害等会对经济发展产生重要影响。

为此，在考察北宋商品经济周期波动因素时需要对北宋社会变革、经济政策调整以及战争、自然灾害这几个方面进行分析，探讨这些可能的影响因素中到底有哪些因素引起了北宋时期商税的周期性波动。

（一）税收政策

税收政策是重要的国家经济政策，税收政策的调整对经济活动会产生重要的影响，如增税和降税会对私人投资产生直接影响。又如，货币税收替代实物税收，会直接刺激生产者的市场活动和产品的商品化进程。

宋代的税收制度沿袭唐朝中期实施的两税法。在交纳两税时，有夏税斛斗和夏税钱、秋税斛斗和秋税钱之分，有一部分以实物定税，还有一部分以现钱定税。唐朝中期，商品经济刚刚开始恢复发展，以钱纳税不切实际，夏秋税钱多折纳绸、绢、绵、帛本色。宋代以后，随着商品经济向纵深发展，以货币纳税的可能性增加。如果两税收入用钱交纳的比例增多，就意味着广大百姓需要将其生产的粮食、绢帛等农产品和手工业品拿到市场上出售，这样，市场上的商品供给会大幅度增加，商品交易数量会大大增长。

在宋代税赋征收中，已经出现了以钱纳税的情况。如熙丰年间，“州县又或令民输钱，谓之‘折斛钱’，而籴贱颇用伤农”。[①] 政和三年，“转运使王璹复言官失租赋，诏依元丰法，第折以见钱，凡得三十万缗”。[②] 在福建地区，“琼州、昌化军丁税米，岁移输朱崖军，道远，民以为苦”。[③] 为了方便百姓输纳，“二州丁税米止令输钱于朱崖自籴以便民”，[④] 反映了宋代政府征收货币租税的事实。但一些地区仍然实行税钱折纳实物征收，“咸平三年始令州军以税钱、物力科折帛绢，而于夏科（料）输之”。[⑤] 大中祥符九年，“诏诸路支移税赋勿至两次，仍许以粟、麦、荞、菽互相折输”。[⑥] 在经济发达的南方地区，也有赋税折征实物的记载，“福、歙州税额大重，福州则令以钱二贯五百折纳绢一匹，歙州输官之绢止重数两”。[⑦] 虽然以钱纳税的数额应该比唐朝有所增加，但从有关纳税资料来看，并没有可以表明在某些时期（如庆历年间）以钱纳税的数额剧增或剧减的记载。因此，税收政策不是影响短期或中期商品供给波动的主要因素，但它在一定程度上对促进商品供给增长起到积极的推动作用。

（二）社会变革

社会变革必然导致制度变迁。由于不同的制度安排会直接影响经济资源的配置效率，因而每一项重大的社会变革都会对社会经济产生重大而深远的影响。商品经济的效率来自市场机制的自发调节，而市场机制要发挥

---

① （元）脱脱等：《宋史》卷174《食货上二》，第4209页。

② （元）脱脱等：《宋史》卷174《食货上二》，第4213页。

③ （元）脱脱等：《宋史》卷174《食货上二》，第4209页。

④ （元）脱脱等：《宋史》卷174《食货上二》，第4209页。

⑤ （清）徐松辑《宋会要辑稿·食货六四》，第7751页。

⑥ （元）脱脱等：《宋史》卷174《食货上二》，第4205页。

⑦ （宋）沈括：《梦溪笔谈》卷11《官政一》，金良年点校，中华书局，2015，第111页。

作用必须有自由经济的环境。从商品经济发展进程来看，如果社会变革是有利于经济的自由发展，那么，这项社会变革就会直接推动商品经济发展；相反，如果社会变革中强调国家对经济的管制和干预，那么这项变革就会抑制商品经济的发展。

宋朝有两次重大的社会变革都是发生在北宋中期，一次是庆历新政，另一次是王安石变法。庆历年间，朝廷面临着内外矛盾迅速激化的局势，为了缓和社会危机，宋仁宗任用范仲淹、富弼等人进行改革，称为“庆历新政”。新政主要是对行政管理制度进行改革，其中有“厚农桑”与“减徭役”两项涉及发展农业经济和减轻劳动者负担的改革措施，但在具体实施中，“减徭役”在部分地区推行，“厚农桑”并没有得到有效实施。而且，庆历新政只进行了一年，因反对势力的激烈反对而很快流产。由于庆历新政时间短，经济方面的改革力度小，对社会经济的影响不明显，因此，庆历新政不是促进庆历年间商品贸易发展、商税迅速增长的原因。

王安石变法是北宋时期影响最为深远的一次重大变法。熙宁二年（1069），宋神宗任用王安石为参政知事，开始变法，先后颁布和实施了均输法、市易法、免行法、青苗法、募役法、方田均税法、农田水利法、保甲法以及科举改革和整顿学校等措施，对市场、农业、赋役、军队、教育进行了一系列制度改革，对北宋的政治、经济、文化等方面产生了深远而广泛的影响。

以“富国强兵”为目标的王安石变法，反映在经济上，既有促进农业生产发展和经济货币化的有利于经济发展的方面，也有缩减社会需求，强调国家干预，抑制私人资本和民间商业发展的不利于商品经济发展的方面。

从有利方面看，主要表现为以下几个方面。（1）均平农业税赋和加强农田水利建设有利于农业生产的发展。在方田均税法的实施中，通过重新丈量土地核定农业税，在一定程度上均平税赋，使过去豪民兼并大量土地却隐匿纳税、普通百姓“贫瘠地薄而税重”[1] 的情况得到了缓解，在一定程度上刺激了广大农民的生产积极性，有助于农业生产的发展。在农田水利法实施中，全国各地兴起水利工程建设热潮，对当时的农业生产发展起到了重大的推动作用。（2）募役法和免行法的实行有利于货币化经济的发展。募役法规定原来各纳税户每年的无偿劳役可以“计产赋钱，募民代役”；[2] 免行法规定过去各商铺无偿供应官府的物资，可以向官府交纳免行役钱而不必输送实物。这些措施有效地推动了货币经济的发展，促使各行各业投身于市场，直接进行商品生产或积极将剩余产品转化为商品，谋取货币收入。

从不利方面看，主要表现为以下几个方面。（1）压缩国家财政支出的同时相应缩减了社会的消费需求。为了减少国家税赋支出，王安石进行了军队改革，裁并人员，精简军队，并推行兵民合一的“保甲法”，“使与募兵相参，则可以消募兵骄志，省养兵财费”，[3] “所供保甲之费，才养兵十之一二”。[4] 这些措施的实施达到了减少国家财政支出的目的，但从商品经济发展角度来看并无益处。在宋代农业人口是主体，广大农民的生活以自给自足为主，只有少部分生活用品通过市场获得；非农业人口虽然依赖于市场获取生活资料，但由于人口比例不大，购买力低，来自民间的消费需求并不大。政府在市场上购买各种军需物资，构成了市场需求主体，对推动产品商品化和活跃市场交易起着积极的作用，一旦政府消费缩减，社会需求必然随之萎缩，导致交易减少并市场萧条。（2）强调国家对商业的垄断，限制自由竞争和私人资本的发展，不利于商品经济发展。王安石推行的市易法，在重要城市、市镇设置市易务，规定当地百姓和外来商贩须到

① （清）徐松辑《宋会要辑稿·食货一》，第5947页。

② （宋）李焘：《续资治通鉴长编》卷227，熙宁四年冬十月壬子朔条，第5521页。

③ （宋）李焘：《续资治通鉴长编》卷221，熙宁四年三月丁未条，第5392页。

④ （元）脱脱等：《宋史》卷192《兵六》，第4778页。

设市易务的城镇售卖货物给市易务，然后市易务再将收购的货物“均分赊请”给各行铺，由他们售卖，并按规定向市易务缴纳售卖货物的利息。在设置市易务的地方，商人和广大百姓的交易活动都完全控制在政府手中，限制了自由竞争和商人的经营活动，损害了商品交易者和消费者的利益。“市易之设，本汉平准，将以制物之低昂而均通之。其弊也，以官府作贾区，公取牙侩之利，而民不胜其烦矣。”① 市易法的实施也的确达到了抑制商人的效果，“今修市易法，即兼并之家，以至自来开店停客之人并牙人，又皆失职”。② 此外，均输法的实行限制了商人从事长途贩运的经营空间，青苗法实施中政府提供的低息借贷也冲击了私人借贷的发展。

由此可见，王安石变法既有推动商品经济发展的有利方面，也有抑制商品经济发展的负面效应，但从总体上来看，王安石变法强调国家干预经济，限制自由商业的发展。因此，这场持续十多年的轰轰烈烈的变革，虽然对商品经济的发展起到了一定的推动作用，但其作用不应被夸大。

（三）战争因素

宋朝自建立以后，一直处于与辽、夏、金、蒙对峙的局面，边境战争时断时续，战争的危机时刻威胁着朝廷。阶级矛盾也时有激化，出现了几次大规模的农民战争。

北宋战争可以分为三个阶段。（1）北宋初期的内外战争。北宋建立后，随即发动了统一战争，经过16年完成了国家统一；太平兴国四年和七年发动了对辽战争，先后失败；淳化四年，王小波、李顺起义，持续了两年后被镇压；雍熙三年冬到至道三年，辽朝对宋发动了三次大规模攻势，宋军节节败退，最后于景德元年签订了屈辱和约《澶渊之盟》，宋朝进入

① （元）脱脱等：《宋史》卷186《食货下八》，第4547页。

② （宋）李焘：《续资治通鉴长编》卷236，熙宁五年闰七月丙辰条，第5738页。

了相对和平稳定的时期。（2）北宋中期与西夏的战争。宝元二年，西夏起兵进犯，先后经历了延州之战、好水川之战、定川寨之战三次大规模战役和多次小规模交战，宋军一败再败，庆历四年双方议和。（3）北宋后期的内外战争。北宋后期，方腊、宋江起义，经历一年多的时间，于宣和三年被剿灭；宣和七年以后，金朝分兵两路南下，先后攻破太原、真定重镇，渡过黄河，最后于靖康二年攻下开封，北宋灭亡。

宋代国家的军费支出主要有三项。（1）军队将士的给养。宋朝政府规定，根据军队将士职位级别的高低，政府每月给予相应的货币俸禄以及粮食、食盐、酱菜等食物供应和绢绸、被褥等日用品。（2）军队的武器装备制造。宋朝政府专门设立了官营手工作坊制造武器装备。在和平时期，兵器作坊裁减生产产量，“仁宗时，天下久不用兵。天圣四年，诏减诸路岁造兵器之半”。[①] 在战争年代，兵器作坊会增加产量以应战争需要，“［庆历］二年，诏鄜延、环庆、泾原、秦凤路各置都作院，赐河北义勇兵弓弩箭材各一百万”。[②]（3）战马的支出。在古代，战马是必备的战斗装备。宋朝有“规制备具”的马政，对军马的购买、饲养繁殖、管理和调配都进行有序的管理。国家财政每年用于买马、养马的支出也是一个不小的数额。大中祥符元年，“凡内外坊、监及诸军马凡二十余万匹，饲马兵校一万六千三十八人。每岁京城草六十六万六千围，麸料六万二千二百四石，盐、油、药、糖九万五千余斤、石”。[③] 可见，养马的费用是一项不小的支出。军马的来源主要是通过市场购买，为此，在咸平元年，“创置估马司。凡市马，掌辨其良驽，平其直，以分给诸监”。[④]

宋朝的养兵政策与之前朝代发生了很大的变化。在唐朝两税法实行以

① （元）脱脱等：《宋史》卷 197《兵一一》，第 4911 页。

② （元）脱脱等：《宋史》卷 197《兵一一》，第 4911 页。

③ （元）脱脱等：《宋史》卷 198《兵一二》，第 4929 页。

④ （元）脱脱等：《宋史》卷 198《兵一二》，第 4928 页。

前，国家实行兵役制，实行两税法以后，百姓无服兵役的义务，而将代役钱并入两税。为了保障国家疆域安全和国内安定团结，必须通过招募建立常备军，由国家财政支出提供军队给养和军人俸禄。唐朝中期开始实行募兵制，北宋沿袭唐五代制度，继续实行募兵制。在募兵制度下，国家必须常年供养一定规模的军队，当边境出现战事时，军队规模还需扩大，军用物资的消耗也会相应增加。由于北宋时时受到西北少数民族政权军事进攻的威胁，需要常年保持大规模的常备军队，而且在战争发生时，更需要扩充招募士兵，扩大军队规模，由此军费开支急剧增长。

在北宋中期，宋与西夏进行了长达八年的战争，军费支出急剧增长。《续资治通鉴长编》卷 140 庆历三年四月记载的主要交战区在用兵前与用兵后的军费变化情况（见表 2），就是一个典型的证明。

表 2 西北三路战争前后钱帛粮草出入对比

单位：万贯

地点	战争前（宝元元年）		战争期间（庆历三年）	
	收入	支出	收入	支出
陕西	1978	1551	3390	3363
河北	2014	1823	2745	2552
河东	1038	859	1176	1303

庞大的军队规模和频繁的战争，创造了巨大的军用物资需求市场。政府主要以实物的方式向军队提供给养和装备，其中部分实物支出来自国家以实物方式征收的赋税，但由于国家以实物征收的两税收入有限，政府通过和籴、和买形式向广大百姓购买军需物资。元丰元年，王安石上奏："河东十三州二税，以石计凡三十九万二千有余，而和籴数八十二万四千有余，所以岁凶仍输者，以税轻、军储不可阙故也。"①

北宋中期与西夏的战争期间，政府向民间购买商品数量巨大。如"康

① （元）脱脱等：《宋史》卷 175《食货上三》，第 4242 页。

定初，陕西用兵，马不足，诏京畿、京东西、淮南、陕西路括市战马”。[①] 康定元年二月，“出内藏库缗钱八十万付陕西市籴军储”。[②] 庆历元年五月，“出内藏库缗钱一百万，助三司给陕西军费”。[③] 庆历二年，“诏河北缘边州军置场买马”。[④] 当战争结束，国家军费支出减少后，政府用货币向百姓购买军需物资的数量也大大减少。《宋史·食货志》载：“自西边用兵，军须绸绢，多出益、梓、利三路，岁增所输之数；兵罢，其费乃减。”[⑤] 与此相印证，《续资治通鉴长编》记载了庆历四年在益州、梓州减少购买绢绸的事实：“益、梓路转运司岁市绫绵、鹿胎万二千，特与减半。”[⑥] 同时还缩减漕运军需粮食，“省广济河催纲朝臣一员，仍减岁漕军储二十万石”。[⑦]

可见，宋代募兵制度和频繁的战争，推动了产品商品化，促进了社会贸易增长，从而刺激了商品供给总量激增。庆历年间是商税总额大幅度增长的时期，同时也正是宋与西夏交战时期。这次战争不仅时间长，而且战线长，大战频繁，宋与西夏交界的保安军、渭州、延州、麟州、府州、丰州等许多边境州府成为战场，宋朝也动用了大量的人力、物力和财力为战争服务。由此可以判断，庆历年间商税的大幅度上升与战争有着直接的联系。而嘉祐以后商税额的大幅度下降，也与宋夏战争结束后国家安定，军需支出减少，政府购买军用物资数量大幅度下降有密切的关系。

（四）自然灾害

宋代是一个以农业为主导产业的社会，在宋代的商品供给中，农产品

① （元）脱脱等：《宋史》卷198《兵一二》，第4934页。

② （宋）李焘：《续资治通鉴长编》卷126，康定元年二月辛丑条，第2977页。

③ （宋）李焘：《续资治通鉴长编》卷132，庆历元年五月甲子条，第3127页。

④ （宋）李焘：《续资治通鉴长编》卷135，庆历二年三月甲子条，第3228页。

⑤ （元）脱脱等：《宋史》卷175《食货上三》，第4233页。

⑥ （宋）李焘：《续资治通鉴长编》卷153，庆历四年十一月壬午条，第3721页。

⑦ （宋）李焘：《续资治通鉴长编》卷147，庆历四年三月辛未条，第3556页。

或以农产品为原料的手工业品占有很大比重。光、热、水、土是农作物生长的基本条件，因而，农业生产活动深受气候等自然条件的影响。如果一年中气候变化正常，满足农作物不同生长时期对光、热、水的要求，就能保证这年农作物的丰产；反之，则十分不利于农作物的生产，就会导致农作物的歉收。自然灾害也会影响农业生产的收成。在自然灾害频繁的年份，农业生产歉收，农产品产出低，农户不仅不可能有更多的剩余产品流向市场，而且还会遭受饥荒的威胁；在风调雨顺的年份，农户就可能生产出更多的农产品，有更多的剩余产品转化为商品。可以判断，自然灾害与商税和社会商品贸易总量变化呈负相关。

宋代是自然灾害频发的时期。根据邓拓先生的研究，两宋自然灾害频度之密，与唐代相同，而其强度和广度甚于唐代。[①] 对农业生产活动影响较大的自然灾害有水灾、旱灾、蝗灾、寒流，严重的自然灾害会直接导致饥荒的发生。为了能够更清晰地了解宋代自然灾害对农业的影响，笔者对《宋史·五行志》中北宋时期各年份有关水灾、旱灾、霜雪冰雹灾害、蝗灾发生所影响的地区进行了详细的统计，并将各年各地饥荒的记载与自然灾害对照进行研究，发现北宋自然灾害频繁发生有两个典型时期。

第一个时期是北宋初期。从960年到1020年这一段时期，几乎每3—5年就有一次大范围的灾荒。水灾是这一时期的主要自然灾害，旱灾、蝗虫灾害也时常发生，对农业生产影响很大，自然灾害造成了几乎每3年一次的部分地区饥荒。1020年以后，北宋进入了自然灾害相对减少的时期，尽管在这一时期，部分地区也时有各种自然灾害发生，但灾害影响范围小，对全局影响不大。

第二个时期是熙丰年间（1068—1085年）。这一时期全国大部分地区连年出现的旱灾和蝗虫灾害，严重影响了农业生产发展，许多地区农业连

① 邓云特：《中国救荒史》，商务印书馆，2011，第25页。

年歉收，造成大面积的饥荒。元丰以后，北宋又进入相对风调雨顺的时期，水旱灾害只在部分地区短时期出现，影响范围小，对农业生产的全局性影响不大。

将北宋时期自然灾害发生的频度与同时期商税周期变化情况进行对比可以发现，商税的增降与自然灾害高度相关。北宋前期，商税岁入呈现缓慢增长的特征，而同时期正是自然灾害频繁，农业生产遭受严重影响的时期。进入北宋中期，商税岁入出现了急剧增长的势头，天禧五年商税已经达到了1204万贯，进入庆历年间，商税岁入更是飙升到2200万贯，而这一时期也正是自然灾害较少发生的时期。皇祐年间，商税出现大幅度下降，进入嘉祐六、七年，商税岁入回落到700万贯左右，治平年间商税略有增长，达到846万贯左右，而进入熙宁年间商税又略有回调。熙宁时期的商税总额没有出现明显上升，应该与这一时期全国大范围连续几年的旱灾和蝗灾有重大关系。

三　对北宋商税变化的思考

通过对税赋、社会变革、战争、自然灾害四个方面的考察，可以看到北宋商税岁入周期变动与战争和自然灾害显著相关，与这一时期的税赋政策和社会变革相关性不大。笔者将这两个因素的变动过程用曲线坐标图表示出来，并将北宋商税变动曲线叠加上去，这两个因素的影响作用就更为直观（见图1）。

在图中，A_1是战争曲线，三个高峰时期分别是：北宋前期两次对辽战争和镇压王小波、李顺起义，北宋中期宝元二年到庆历年中的对西夏战争，北宋后期宣和初年的镇压方腊、宋江起义和宣和末年间并延续到北宋灭亡的与金朝的战争。A_2是自然灾害曲线，为了研究方便，自然灾害曲线采用反向描述：处于纵坐标低位的表示自然灾害频繁，处于纵坐标高位的

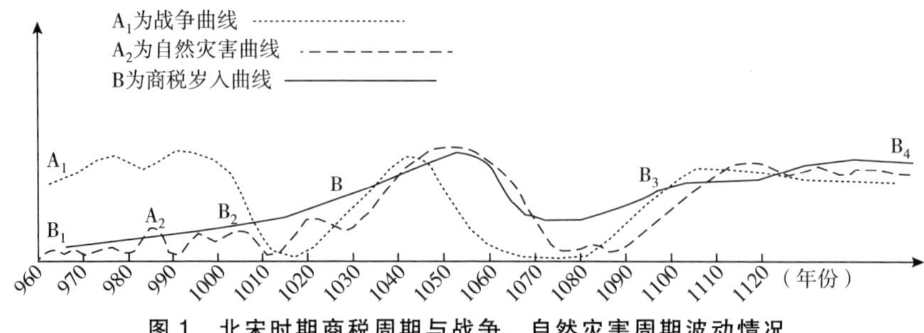

图 1　北宋时期商税周期与战争、自然灾害周期波动情况

说明：其中 B_2—B_3 为实际商税曲线，B_1—B_2、B_3—B_4 为估测商税走势曲线。

表示自然灾害少。因此，从自然灾害曲线可以看到 1020—1070 年、1090—1127 年这两段时期是自然灾害少，农业生产活动受自然灾害影响小的时期。B 是商税岁入曲线，B_2—B_3 是根据考证的历史数据画出的曲线，剩余部分是在战争曲线和自然灾害曲线影响下估测的商税岁入曲线的可能走势。

图 1 反映了商税岁入曲线与自然灾害、战争曲线具有同频波动的特点。如庆历年间由于自然灾害发生少，保证了农业生产只要有更多的农业劳动、土地、资本投入，就可以生产出更多农产品，就可能有更多剩余农产品转化为商品；而同时期战争又使国家的军队给养支出增大，政府需要通过大规模的和买、和籴获得保证战争顺利进行的军队粮食等物资，政府大规模的采购，推动了农产品和手工业品的商品化。因此，这一时期成为商品贸易的高峰时期，商税收入自然迅速增长。宋夏战争以后，北宋进入了相对安定时期，军队支出大幅度下降，同时没有战争威胁的军队除了日常的战备训练外，还可以进行生产自给。因而，国家采购大幅度削减，造成了嘉祐时期商品供给总额大幅度下降，形成了第一个周期波动。进入熙宁时期，全国性的旱灾和蝗灾对农业生产造成了很大打击，因而这段时期并没有出现大幅度的商品贸易增长变化。

北宋后期自然灾害发生少，农业生产风调雨顺，农业部门有条件提供大量的剩余农副产品投向市场，而国家又处于内外交困的战争时期，以满足军需为主的政府采购必然大幅度增长，为剩余产品的商品化提供了很好的机会，因此，北宋后期具备了商品供给能力强和市场需求旺盛的条件，有可能形成一个新的商税增长的高峰时期，即图 1 中的 B_3—B_4 曲线，这也是北宋商品经济波动的第二个周期。

以上的分析反映了自然灾害和战争是影响北宋商品经济周期波动的主要因素，这两个影响经济发展的外部因素蕴含着深刻的经济意义。

其一，农业部门对北宋商品经济发展的贡献率高。宋代市场上流通的商品有食品、丝、麻、毛纺织品、日用器具、文化用品、祭祀用品、床上用品、装饰用品、药品、奢侈品以及各类生产资料等等，这些商品中，有很多是农业部门直接产出品（如各种食品）和农业部门提供原材料的商品(如纺织品、纸张、草药)。大多数商品是从农村墟市、草市中通过商人的力量流转到以城市为主体的消费市场中，农业部门的大量剩余产品进入市场流通，出现了商业性农业这一新经济因素。宋代大宗商品有粮食、茶叶、纺织品、食盐等，其中农产品和以农产品为原料加工的商品在大宗商品中占有很大比例。由于农业生产受自然灾害影响较大，风调雨顺时，市场上的商品供给呈现增长态势，商税岁入迅速增长，反之，商税岁入下降。可见，农业部门对宋代商品经济发展的贡献率是很高的，没有宋代农业的发展，就不可能有宋代商品经济的发展。

其二，政府作为最大的市场消费主体支撑着北宋商品经济的繁荣。商品经济是交换的经济，商品经济发展，不仅要有商品供给增长的物质基础，还要有相一致的商品需求，才能通过市场交易实现商品供需统一。战争之所以成为北宋商税岁入变动的重要因素，就在于战争刺激了社会需求的增长，而这种需求来自政府。在小农经济为主体、城市功能具有政治性和经济性的宋代社会，如果没有宋朝政府对农产品、纺织品的大规模采购，社会商品的流通总量会大幅度下降，粮食、绢帛之类的商品也不可能成为这一时期的大宗商品。可见，民间商品消费需求力量是十分微弱的，政府作为最大的消费主体支撑了北宋商品经济的发展，这就使北宋的商品经济发展具有强烈的政府色彩和政府干预性，导致北宋的商品经济虽然有很大的发展，但经济的市场化进程却十分缓慢。

论宋代榷盐制度对商品经济发展的影响

什么是禁榷？宋人王观国指出：“《前汉·武帝纪》：天汉三年二月，初榷酒酤……韦昭注曰：以木渡水曰榷，谓禁民酤酿，独官开置，如道路设木为榷，独取利也。颜师古注曰：榷者步渡桥……禁闭其事，总利入官，而下无由以得，有若渡水之榷，因立名焉。”[①] 可见禁榷制度是国家对某些特定商品实行专营的制度，是一种政府垄断经营的行为。

对重要商品实施禁榷是中国古代经济的特色之一。春秋时期管子向齐桓公献策“官山海”，大约是最早实施禁榷制度的记载。[②] 汉武帝时期，“使（孔）仅、咸阳乘传举天下盐铁”，“愿募民自给费，因官器作鬻盐，官与牢盆……敢私铸铁器鬻盐者，钛左趾，没入其器物”。[③] 国家开始大规模对盐、铁、酒实行禁榷。从此以后，许多朝代在不同程度上实行禁榷制度。盐一直是主要禁榷商品，如西汉的禁榷商品主要有盐、铁、酒；唐朝的禁榷商品主要有盐、茶、酒；宋朝实施禁榷的商品很多，有盐、茶、酒、铜、铁、铅、锡、金、银、香药等，其中榷盐在整个宋代禁榷制度中占有重要地位；明清以后，除对盐实行禁榷之外，其他商品都已经放开自由经营。

长期以来，人们对禁榷制度多加批评，认为国家对重要商品的垄断专

① （宋）王观国：《学林》卷9《榷》，田瑞娟点校，中华书局，1988，第297页。

② （春秋）管仲：《管子·海王》，李山、轩新丽译注，中华书局，2019，第932页。

③ （汉）班固：《汉书》卷24《食货下》，中华书局，1962，第1165—1166页。

营排斥竞争，限制商人活动，抑制商品经济发展。然而，实施禁榷制度最广泛的宋代社会，恰恰是中国古代商品经济繁荣时期，这提醒我们需重新思考禁榷制度与商品经济的关系。由于榷盐制度是禁榷制度的核心内容，而且宋代榷盐制度在不断变革，可以说宋代榷盐制度集中体现了中国古代禁榷制度的基本运作方式，具有代表性。因而，本文拟以宋代榷盐制度为视角，透视禁榷制度与商品经济的关系。

一 盐成为主要禁榷商品的原因

为什么盐长期以来成为政府垄断专营的商品？这是由盐的商品特性所决定的。

第一，消费需求大，弹性小。食盐是人们日常生活中的重要消费品。“十口之家，十人食盐，百口之家，百人食盐”，[①] 对盐的消费需求量大且稳定，缺乏适宜的替代商品，所以盐属于需求缺乏弹性的商品。商品缺乏弹性意味着商品需求变动受价格影响较小，较高的垄断价格对商品的需求不会产生明显的负影响，有显而易见的预期经营利润。

第二，供给容易形成垄断。从理论上讲，某个厂商如果控制了生产产品所必需的基本要素的全部供给，他就有可能成为垄断者。盐是一种矿产品，蕴藏在地下、内陆盐湖和海洋里，其供给受到资源储藏的地域限制，具有自然垄断性，并需要一定的开采加工技术条件，国家容易对其供给地区和生产活动进行控制，且对其进行垄断经营的成本小、收益大。

第三，产品差异化小。盐主要作为日常饮食调味品和工业原料，无论是生活性消费还是生产性消费，人们对盐产品的要求是纯正无杂质，几乎没有产品差异化方面的要求，因而人们对盐的选择无偏好，有利于对盐实行垄断经营。

---

① （春秋）管仲：《管子·海王》，第934页。

任何制度的实施都是有成本的。但由于盐在产品供给方面具有自然垄断的特性和产品无差异特性，政府对盐进行垄断经营的制度成本较低；同时，由于盐的消费需求弹性小和消费无偏好的特性，政府实行垄断经营的预期收益可以得到保证。因而，长期以来盐成为重要的禁榷商品。

二　禁榷环节与盐的商品化过程

宋朝盐的生产销售有四种运营方式："民制—官收—官运—官销"、"民制—官收—官运—商销"、"民制—官收—商运—商销"和"民制—商收—商运—商销"。在前三种运营方式中，生产形式不变的情况下，运输、销售主体都可能发生变化，唯有收购主体不变，一直是由政府收购；第四种运营制度，表面上看政府已不介入任何产销环节，实则不然，商人要获得盐的运销权必须到指定地点买钞引，凭钞引到盐产地支盐，生产者也不能随意将盐出售给无钞引的商人。这就是禁榷的核心所在："榷"这座桥，架设在生产者和商人、消费者中间。生产者生产出的产品转移到消费者手中，需要通过这座桥；商人经营这类商品，也需要这座桥才能得到商品。而建造这座桥的是政府，政府作为这座桥的专有权持有者，要求生产者将所有的商品销售给政府，同时，政府又通过自己的分销渠道或利用商人的力量将这些商品销售给消费者，从中获取专卖带来的高额利润。

商品经济是以交换为目的的经济。生产者的产品必须通过市场交换让渡其使用价值，获得其货币形式的交换价值，才实现了生产的目的，使产品获取商品属性。马克思说过，从产品到商品，这是"惊险的一跳"。生产者生产出来的产品如果不能送达消费者手中，或者因种种因素消费者不能接受，那么产品仍然是产品，尽管它是为销售而生产，为市场而生产，但它只能在生产者的仓库中成为一堆无用之物。因此生产者必须将产品销售出去，才能实现产品向商品的转化。

产品向商品转化的必要条件是产品找到适合的买主。在现代社会里，厂商生产出产品可以通过网络化、社会化的流通系统将产品送达消费者手中，也可以通过各种媒介将商品信息广而告之，传递给消费者，刺激消费者的购买欲望。然而在交通通信不便、商品信息扩散不畅、商业网络不发达的传统社会，生产者生产出来的产品要找到合适的买主，会遇到很多困难。如在当地草市、墟市往往因交易范围狭小而无法寻找到对产品有需求的买主，如果将产品送往其他市场则因要支付很高的运输费用而得不偿失。唯一可以使产品商品化的途径是商贩到当地收购产品。但对于一些交通不便、商业相对不发达、商人活动不活跃的地区来说，商人到来时间的不确定性增加了产品出售的风险和储存成本。因此高额的交易成本，在很大程度上限制了产品的商品化。

榷盐制度规定手工业者生产的盐必须全部交售给国家，不得擅自私存销售，国家法律也有对贩卖私盐者有严厉的惩罚。在这种制度下，只要生产出来的盐都由国家全部收购，生产者不必担心和承担产品的市场风险，也不必支付销售过程中的各种成本，对于生产者来说，免除了寻找市场、进行交易的各种成本支出，节约了交易费用。可见，政府收购所有盐，使盐完成了从产品向商品的第一步转化，客观上对盐的商品化起到了促进作用。

三　官营营销网络与盐的商品化

官府收购所有盐，完成了生产环节向流通环节的转移，实现了产品向商品转化的第一步，但还未完全实现产品的商品化，因为政府不是最终消费者，只是一个中间商，政府必须将所收购的盐销售给广大百姓，才算最终完成盐产品的商品化。因此，盐的销售环节十分重要。

宋朝实行官运官销的时期，政府设置了相应的盐营销机构，负责盐的运输销售。具体情况如下。

宋代主管财政经济的最高管理机构称为三司，三司有专门管理盐、茶等禁榷商品的部门，负责全国盐、茶等商品的计划管理，各路食盐的支取额和销售课额由三司审核确定。三司在不同的产盐区设置不同名称的销售管理机构，直接负责所辖地区的食盐销售。如成立于熙宁八年（1075）的“提举卖解盐司”，也称“提举出卖解盐司”，负责解盐的销售；又如广东、广西两路合并的“提举广南路盐事司”，“就梧州置司，专管两路卖盐”。[①]所谓“卖盐”，主要是负责各辖下销盐机构请盐的批发和转支。

各路销盐机构由漕司负责。各路漕司获得支盐凭证后，到指定地点支取食盐转运到各路漕司所属盐仓，并将其销售给所属各州军县，“福建盐货、漕司悉贮于海仓，令剑、建、汀、邵上四州取而鬻之，以供岁用”。[②]

路级以下的州郡，通常不设专职卖盐机构，由通判厅兼理。州下之县，则多由县丞或主簿负责其事。[③] 也就是说，各州县行政官员自行置场设局，进行销售。

食盐官营营销网络可描述为：

提举卖解盐司

三司—提举盐事司—各路漕司—各州、军—各县、镇

……

专设经营管理机构　　　　由当地官吏兼营销售

从中央到地方，从盐产地到销售地，形成了一个完善的食盐营销网络，其中漕司以上的销盐机构是独立设置的专营部门，州县以下的销售机构是地方行政机构兼职。各州县一般在州、县城内和人口密集的镇上置铺出售，乾道年间，南剑州、邵武军“只于州县市井置都盐坊卖盐，不许于

① （清）徐松辑《宋会要辑稿·职官四三》，第4132页。

② （宋）李心传：《建炎以来系年要录》卷173，第3322页。

③ 郭正忠：《宋代盐业经济史》，人民出版社，1990，第411页。

乡村创置。每州军通不得过二坊，县不得过一场坊”。[①] 湖州归安县“卖茶盐场，在施诸镇”。[②] 地方官吏为了节约经营成本，一般不是天天售盐，而是规定一个售卖食盐的日期，建安县“泄卖盐货，每月以九日鬻大上供盐，二十一日鬻小上供盐”。[③]

由州县行政机构承担食盐的最终销售环节，做到了使用较低的经营成本就将食盐的营销网络遍布全国。在各地官员售盐课额和与此相结合的赏罚制度的配合下，食盐源源不断地由产盐区运到各销售地，分销到广大百姓手中。虽然宋代民营商业资本有较大的增长，商人的经济实力不断增强，但如此庞大，遍及每一个角落的营销网络的建立，民营商业资本是难以做到的。因此可以认为，禁榷制度在产品转化为商品的这一运销环节，客观上起到了一定程度的推进作用。

当然，也要看到，官府垄断商品批发环节并延伸到运输、销售环节，虽然可以利用网络化的行政系统来运销商品，节约经营成本，但是也存在相当的弊病。对于官府中参与食盐运销的各环节的人员来说，他们只是完成工作任务，而非在经营中获得经济利益，这些官员普遍存在缺乏工作热情和责任心的现象，由此出现运营效率低下、积压损耗严重等问题。

为了解决榷盐中存在的问题，政府逐渐放松了对食盐销售环节的严格控制，允许商人参与专卖商品的经营，其中钞盐法就是利用商人销售食盐的一种运作方式。钞盐法是官府控制禁榷商品批发环节，以保证国家垄断利润不流失的一种经营方式，同时也是政府利用行政力量，以买钞引的形式特许商人经营权，规范商人的经营以使国家获得垄断利润的运营制度。政和三年（1113），政府制定了十六条对通商地区的食盐销售进行管理的

① （清）徐松辑《宋会要辑稿·食货二七》，第 6603 页。

② （宋）谈钥：《嘉泰吴兴志》卷 8《公廨》，《宋元方志丛刊》第 5 册，第 4726 页。

③ （清）徐松辑《宋会要辑稿·食货二三》，第 6480 页。

措施，对商人的支盐地点、购买价格、包装运输、销售期限、销售地点等都有明确的规定："……措置十六条，裁定买官盐价，囊以三百斤，价以十千……（盐囊）官制鬻之，书印及私造贴补，并如茶笼篰法，仍禁再用。受盐、支盐官司，析而二之，受于场者管秤盘囊封，纳于仓者管察视引据、合同号簿。囊二十，则以一拆验合同递牒给商人外，东南末盐诸场，仍给钞引号簿，有欲改指别场者，并批销号簿及钞引，仍用合同递牒报所指处给随盐引，即已支盐，关所指处籍记。中路改指者仿此，其引缴纳，限以一年，有故展毋得逾半年，限竟，盐未全售者毁引，以见盐籍于官，止听鬻其处，毋得翻改。"①

食盐的运输、销售等环节允许商人参与，在运输、零售环节上就打破了垄断，商人之间的竞争和最终销售环节的自主经营在一定程度上克服了官府完全垄断经营所带来的弊端。商人在获利动机驱使下，相互竞争，想方设法地在规定销售区域内推销其商品，增强了禁榷产品转化为商品的能力。政府在保持其市场垄断特权的前提下部分引入竞争机制和民间资本，对扩大盐的销售起到了很好的效果。

四　榷盐制度对经济效率的抑制

在宋代社会，由于交易费用高、民间商业资本规模不大等因素的限制，产品转化为商品的自主能力有限，虽然政府对所有生产出来的盐进行收购和利用行政网络营销盐的榷盐制度客观上对盐产品的商品化起到了推动作用，但也要看到，榷盐制度实质上是国家垄断的贸易制度。垄断是对经济资源的独占，是以行政配置资源代替市场配置资源，价格、利润、竞争等经济杠杆对垄断条件下的盐业经营无法发挥其应有的调节作用，对生产、流通、消费等各环节都会产生不同程度的消极影响，不利于社会资源

---

① （元）脱脱等：《宋史》卷182《食货下四》，第4450—4451页。

的有效配置和社会福利的增进。

1. 以行政命令代替市场经营，使禁榷产品的生产经营存在严重的效率抑制

这种效率抑制表现在以下两个方面。第一，官府对从事禁榷产品生产的生产者规定每年的生产定额，虽然能够保证禁榷商品的既定供给目标，但与在利润刺激下主动形成的供给能力相比，则会少得多。因为生产者增加产量的经济收益并不明显，所以生产者往往就以完成任务为目标，不愿意更多地增加投入扩大再生产。因此，禁榷制度下实际供给能力低于潜在的供给能力。

第二，政府作为经营主体所形成的所有者缺位，致使经营人员权责缺乏约束，经营效率低，资源浪费严重。榷盐制度从产权关系上来看，是对盐产品的国家垄断经营，资产全部属于国家，其资产收益和经营风险也由国家承担。而国家的经营活动是由专职和兼职的行政官员来完成，这些行政官员为国家效劳获得俸禄，但不能从经营中取得剩余索取权，因而经营是否获利与自己没有直接的关系。这种产权安排造成所有者处于缺位状态，对经营者的激励和约束也只能利用政绩表彰、职位提拔或相应的行政处分来实施（而这种激励和惩罚方式又存在很大的主观性），缺乏内化的利润增长动机激励和风险压力。因此，各级行政官员在盐的经营中，或为完成或超额完成政府规定的定额，不顾实际市场需求和经济利益强制生产和销售，或寻求各种无法完成任务的理由，推脱逃避责任。如在收购环节，产盐区的地方官员为了超额完成指标，不断向“亭户”“畦户”“井户”增加盐“课额”，收购更多的盐，以至于很多产盐区有大量积盐。“解州盐池见管盐货万数浩瀚，可得十年支遣。”[①] 太平兴国四、五年间，知利丰监刘式奏称：“臣前在潭州，见茶积成山，或不能泄，岁久则皆焚弃。

① （清）徐松辑《宋会要辑稿·食货二三》，第6508页。

今利丰监积盐复多，有司无术以御之，但坐守视之耳！”[①] 雍熙四年，“潮州上言，有盐六十四余万石，岁又纳三万三千石，所支不过数百石，徒劳修仓盖覆，仅同无用之物”。[②] 可见食盐积贮不是个别现象，而是普遍存于各大盐产区。据郭正忠先生考证，宋代各大盐产区的积盐占盐总产量的15%—67%。[③] 又如，在运输环节，由于纲运人员以完成任务为目标，而非以将货物运到销售地出售获利为目标，一旦在运输中出现道路阻碍，便有充足的理由停止运输或延迟运输时间，这往往给生产者和消费者造成严重损害。明道二年（1033），“比岁运河浅涸，漕輓不行”，以至于“远州村民，顿乏盐食”，而同一时期产盐区“淮南所积一千五百万石，至无屋以贮，则露积苫覆，岁以损耗”。[④]

2. **损害消费者利益**

在盐的销售中，政府为了获取更多利润，对经营机构和地方官员规定了销售指标，并且根据任务完成情况考核地方官员的业绩。如“殿最法”和“元丰赏格”就是据此评选官员的优劣典型和对超额完成任务的官员给予经济奖励。在物质奖励和精神激励下，一些地方官员不顾广大民众的现实需要，强迫百姓购买，对食盐进行销售抑配：“盐价既增，民不肯买，乃课民买官盐，随贫富作业为多少之差。买卖私盐，听人告，重给赏，以犯人家财给之。买官盐食不尽，留经宿者，同私盐法。”[⑤] 在广南，则按主、客户每月配盐：“琼州、昌化、万安、朱崖军民户乡村坊廓第一至第三等，每丁逐月买盐一斤，第四、第五等及客户、僧道、童行，每丁逐月

---

① （宋）刘敞：《公是集》卷51《家传·先祖磨勘府君家传》，中华书局，1985，第607页。

② （清）徐松辑《宋会要辑稿·食货二三》，第6499页。

③ 郭正忠：《宋代盐业经济史》，第616页。

④ （元）脱脱等：《宋史》卷182《食货下四》，第4439页。

⑤ （元）脱脱等：《宋史》卷181《食货下三》，第4421页。

半斤，不以日月为限，岁终买足。”[①]

即便没有销售抑配，官府制定的销售价格也往往高于竞争条件下的市场价格。“自开宝以来，河北盐听人贸易，官收其算，岁额为钱十五万缗。上封者尝请禁榷以收遗利，余靖时为谏官，亟言：‘……今若榷之，价必腾踊，民苟怀怨，悔将何及。……’”[②] 可见，禁榷的盐价高于商人经销的价格。其原因在于通商条件下，商人之间在食盐销售中有一定的竞争，竞争形成的市场价格与当地购买力相适应，而垄断价格由经营者单方面制定，往往超出消费者的购买力。

此外，一些官员利用手中职权中饱私囊。如在食盐运输中，从事运输的官吏往往将优质食盐私自扣留，进行私贩，而将沙土掺入其他食盐中，以充填原来数额，以致食盐苦恶，质量低劣。明道二年，参知政事王随指出：“淮南盐初甚善。自通、泰、楚运至真州，自真州运至江、浙、荆湖，纲吏舟卒，侵盗贩鬻，从而杂以沙土。涉道愈远，杂恶殆不可食，吏卒坐鞭笞，徒配相继而莫能止。”[③] 可见，榷盐制度严重损害了消费者利益，使消费者不得不支付高价购买质量低劣的商品。

3. 排斥商人和自由竞争

由于盐是广大百姓必需的日用消费品，丝织品生产中也需要盐作为辅助原料，称为“蚕盐”，其消费市场很大。盐的流通环节完全垄断经营，排斥商人进入这一领域，这在消费需求有限的宋代社会，很大程度上限制了商人活动范围和商人力量壮大，更限制了自由竞争市场机制的形成。即便是允许商人参与运输和销售，政府也通过购买特许经营权的控制来获取盐的批发利润和限制商人的活动，市场机制无法充分发挥其配置资源、调

① （清）徐松辑《宋会要辑稿·食货二四》，第 6524 页。

② （元）脱脱等：《宋史》卷 181《食货下三》，第 4428 页。

③ （元）脱脱等：《宋史》卷 182《食货下四》，第 4439 页。

节市场的作用。

总之，从榷盐制度的运作过程可以看到，在禁榷制度下，国家垄断禁榷商品的收购环节，生产出来的所有禁榷产品都被国家收购，促进了产品向商品的转化；政府通过专设的销售机构或各级行政管理系统分销产品，并通过强制抑配等措施，最大限度地将产品销售给消费者。不可否认，这些措施对促进产品商品化、推动商品贸易活跃具有促进作用。但这一切的经营活动，都不是市场机制自动配置的结果，而是政府行政操作的结果，是以资源配置扭曲、损害商品生产者和消费者的利益为代价的。表面上看，商品购销两旺，交易活动十分活跃，而实际上，市场发育十分迟缓，价格机制、利润机制并未在禁榷商品的经营中起到应有的调节作用。因此，尽管禁榷制度在客观上有促进产品商品化和交易发展的作用，但是仍然改变不了抑制商品经济发展的本质特征。

唐宋经济史著作的勃兴及其史学价值

唐宋两代是中国历史上的重大变革时期，成为中国封建社会前后两期的分水岭。这一社会变革反映在学术领域，展现出许多与前代学术明显不同的特征，其中一个突出的表现就是关于各种经济门类的撰述犹如雨后春笋般出现，呈现蓬勃的发展势头。虽然唐宋时期的学者没有使用“经济史”概念，但已经具有从社会经济的各个方面考察历史的自觉意识。唐代史家杜佑撰《通典》，其《食货典》包括田制、水利田、屯田、乡党、赋税、户口、钱币、漕运、盐铁、鬻爵、榷酤、算缗、杂税、平准、轻重各项内容；宋末元初史家马端临撰《文献通考》，有关食货的内容包括田赋、钱币、户口、职役、征榷、市籴、土贡、国用八考。以上大致反映出唐宋史家对社会经济史的认识与撰述的范围。在这种社会氛围中，唐宋两代学者撰写了大量关系国计民生的经济史著作，其数量远远超出唐以前历代学者同类著作的总和，而且涉及的内容非常广泛，包括会计、田赋、货币、屯田、水利、市易、均输、朝贡、漕运、矿冶、茶盐、救荒等名目。下面依据两《唐书》、《宋史》和《四库全书总目》的记载，择要述其梗概。

邦计国用经济史著作。唐宋时期中国封建社会经济的发展，体现在国家经济制度上，即有了更加明确和更为细致的规定。反映这类内容的著作主要有：曹璠《元和国计图》10 卷，李吉甫《元和国计略》1 卷，盛度《庸调租赋》3 卷，佚名《经费节要》8 卷，李维《邦计汇编》1 卷，丁谓《景德会计录》6 卷，佚名《庆历会计录》2 卷，田况《皇祐会计录》6

卷，韩绛《治平会计录》6卷，李常《元祐会计录》3卷，王珪《在京诸司库务条式》130卷，曾布《熙宁新编常平敕》2卷，蔡确《元丰司农敕令式》17卷，吴雍《都提举市易司敕令》并《厘正看详》21卷，佚名《元祐诸司市务敕令格式》206册，秦桧等《绍兴重修常平免役敕令格式》54卷，吕祖谦论、门人编《东莱先生西汉财论》10卷。

农业经济史著作。唐宋立国的基础仍然是小农经济，以农业为主的自然经济占据主导地位。但是，与前代农业经济相比，此时最显著的变化是商品经济成分迅速增长，大量的剩余农副产品进入市场。以桑麻、竹木、果蔬、花卉等经济作物为主体的商品性种植业，在农业经济中占有一定的比重。反映这类内容的著作主要有：武则天《兆人本业》3卷，薛登《四时记》20卷，王旻《山居种莳要术》1卷，李绰《秦中岁时记》1卷，陆龟蒙《耒耜经》1卷，韩鄂《四时纂要》5卷，徐锴《岁时广记》120卷，陈元靓《岁时广记》4卷，真宗《授时要录》12卷，李淑《耕籍类事》5卷，丁谓《农田敕》5卷，汪椿《古今屯田总议》7卷，陈靖《劝农奏议》30篇，林勋《本政书》10卷，陈旉《农书》3卷，曾之谨《农器谱》3卷，王居安《经界弓量法》1卷，孙光宪《蚕书》3卷，秦湛《蚕书》1卷，赞宁《笋谱》1卷，吴良辅《竹谱》2卷，陈仁玉《菌谱》1卷，蔡襄《荔枝谱》1卷，佚名《荔枝故事》1卷，韩彦直《永嘉橘录》3卷，陈思《海棠谱》3卷，张峋《花谱》1卷，仲休《花品》1卷，张宗诲《花木录》7卷，欧阳修《洛阳牡丹记》1卷，王观《扬州芍药谱》1卷，史铸《百菊集谱》6卷，史正志《菊谱》1卷，王贵学《兰谱》1卷，范成大《范村梅谱》1卷，陈翥《桐谱》1卷。

手工业经济史著作。唐宋农业经济的发展进一步促进了手工业生产规模的扩大，不仅建筑、冶金、酿酒、纺织、制盐、造纸等行业更加发达，而且出现制茶、制糖、制香、制墨、制砚等行业，独立生产的手工业阶层日益壮大。反映这类内容的著作主要有：李诫《营造法式》34卷，张甲

《浸铜要录》1 卷，朱翼中《北山酒经》3 卷，窦苹《酒谱》1 卷，沈立《锦谱》1 卷，楼璹《耕织图诗》1 卷，李承之《江湖淮浙盐敕令赏格》6 卷，佚名《编类诸路茶盐敕令格式目录》1 卷，高聿《盐池录》1 卷，陆羽《茶经》3 卷，温庭筠《采茶录》1 卷，毛文锡《茶谱》1 卷，丁谓《北苑茶录》3 卷，蔡襄《茶录》2 卷，佚名《茶法易览》10 卷，王灼《糖霜谱》1 卷，丁谓《天香传》1 卷，洪刍《香谱》5 卷，陈敬《香谱》4 卷，苏易简《文房四谱》5 卷，李洪《续文房四谱》5 卷，蔡襄《墨谱》1 卷，李孝美《墨苑》3 卷，晁氏《墨经》1 卷，米芾《砚史》1 卷，高似孙《砚笺》1 卷。

城市经济史著作。唐宋时期社会经济的发展促进了地域性经济中心的产生，城镇数量大幅度增加。由于城市人口急剧膨胀，从事工商业的人数不断增多，中国传统的政治型城市向经济型城市转化，加速了中国城市商业化的进程。反映这类内容的著作主要有：宋敏求《长安志》20 卷、《东京记》2 卷，孟元老《东京梦华录》10 卷，耐得翁《都城纪胜》1 卷，《西湖老人繁胜录》1 卷，吴自牧《梦粱录》20 卷，周密《武林旧事》10 卷。

商业贸易经济史著作。唐宋时期社会经济结构发生了重大变化，商业贸易和市场规模迅速扩大，富人阶层和商人群体开始崛起，国内外贸易（包括朝贡贸易）更加频繁，货币需求量急剧增长。反映这类内容的著作主要有：严守则《通商集》3 卷，洪遵《会稽和买事宜录》7 卷，赵勰《广南市舶录》3 卷，李德裕《黠戛斯朝贡图》1 卷，崔峡《列国入贡图》20 卷，宋敏求《朝贡录》20 卷，高少逸《四夷朝贡录》10 卷，李清臣等《元丰土贡录》2 卷，佚名《安南土贡风俗》1 卷，佚名《西南蛮夷朝贡图》1 卷，李孝友《历代钱谱》10 卷，封演《钱谱》1 卷，张台《钱录》1 卷，于公甫《古今泉货图》1 卷，陶岳《货泉录》1 卷，杜镐《铸钱故事》1 卷，董逌《钱谱》10 卷，洪遵《泉志》15 卷。

治河赈灾经济史著作。唐宋时期经济重心逐渐南移，东南沿海一带社会经济迅速发展，成为北方粮食物资供给之地。为保证漕运畅通，北方的黄河诸水与南方三吴水利得到有效治理。兴修水利还与救荒赈灾相关联，成为唐宋朝廷经济政策的重要组成部分。反映这类内容的著作主要有：张动《直达纲运法》并《看详》131 册，王章《水利编》3 卷，佚名《水部条》19 卷，沈立《河防通议》1 卷，李垂《导河形胜书》1 卷，章惇《导洛通汴记》1 卷，佚名《宣和编类河防书》192 卷，李注《李冰治水记》1 卷，佚名《大禹治水玄奥录》1 卷，郏亶《吴门水利》4 卷，单锷《吴中水利书》1 卷，魏岘《四明它山水利备览》2 卷，富弼《救济流民经画事件》1 卷，董煟《救荒活民书》3 卷、《活民书拾遗》1 卷，刘珙《江东救荒录》5 卷。

上述各类经济史著作的增多，反映出整个社会对经济领域发生的巨大变革给予自觉重视和普遍关注，标志着当时学者对经济史著作价值的认识进一步提高。

唐宋时期经济史著作的勃兴，对中国传统史学产生了深远的影响。

第一，有关治河、漕运、农贸、工商、财政、救荒之类关系国计民生的历史撰述，有的萌生于唐代，有的兴起于宋代，至元明两代呈现明显增多的发展趋势，越来越受到史家的高度重视。以正史《经籍志》和《艺文志》中的“史部·故事类”记载为例，很能说明这个问题。两《唐书》无一记载，《宋史》占据十分之一以上，《明史》则占据半数之多，说明关注与撰写经济史著作的人数日益增加，成为“史学走向社会深层的又一个重要标志”。[1]

第二，杜佑《通典》确立“以食货为之首”（《食货典序》）的撰述思想和撰述体例以后，历代典制体史书奉为圭臬，成为中国史学的一个优

① 瞿林东：《中国史学史纲》，北京出版社，1999，第 635 页。

良传统。宋白等《续通典》、马端临《文献通考》、王圻《续文献通考》、清代官修《续通典》《续文献通考》《清通典》《清朝文献通考》、刘锦藻《清朝续文献通考》诸书均以食货内容为首，自觉地从历代社会经济的发展变化中考察历史，对社会经济发展史给予了高度重视。

第三，经济史著作的蓬勃发展，为唐宋以后历代正史《食货志》的撰述提供了丰富的史料。两《唐书》以前的历代正史，《食货志》绝大部分记载与农业经济相关的田制、赋税、户口、徭役等诸方面内容，而自《宋史》以后的历代正史，《食货志》记载的与国民经济相关的货币、商税、市舶、会计、漕运、水利、赈灾等各方面内容占据了大部分篇幅，极大地拓宽了史书《食货志》撰述的范围。

第四，唐宋以后经济史著作的勃兴，把中国史学的经世致用思想发展到一个新的阶段。在这一史学思想的影响下，宋、元、明、清学者撰写了大量的农政、盐政、茶政、马政、船政、漕政、荒政等经济史著作，不但清晰地反映出上述各个领域的历史发展状况，而且形成关注社会历史与国计民生的传统，极大地丰富了中国史学经世致用思想的内涵，具有重要的史学价值。

下编

富民阶层与宋代社会变迁

“富民社会”理论的学术研究回顾及展望

“富民社会”是林文勋提出的一个学术理论。该理论认为，唐宋时期中国社会发生巨大变化，这一变化主要表现为“富民”作为一个重要的财富力量成长起来，成为社会的中间层、稳定层、动力层，这一社会中坚力量推动着社会发生重大变化，使唐宋及以后的中国传统社会具有与以前社会不同的历史特征，可称之为“富民社会”。中国传统社会经历了“部族社会”（上古三代）、“豪民社会”（春秋特别是汉以后到中唐以前）、“富民社会”（唐宋至明清），并最终进入近代“市民社会”的历史过程。“富民社会”是中国传统社会演进的重要阶段。“富民社会”理论的提出，不仅对“唐宋社会变革”这一命题进行了新的阐释，而且对中国传统社会形态的历史演进阶段问题做出了新的回答。

林文勋对“富民”问题研究的最早观念形成于20世纪90年代末期，之后就一直将研究重点放在“富民”问题上，发表了一系列相关研究成果，并逐步形成了“富民社会”理论的初步框架。“富民社会”理论的提出，引起了学界的积极反响，或赞同之受其影响而近其研究趣向，或质疑之提出问题而推其研究深入，一时间“富民”研究成为一个学术热点。林文勋所提出的“富民社会”理论，是对中国传统社会历史大势再审视、再认识的一种理论和观点。重新审视中国传统社会中的诸多重大问题，是改革开放以来中国历史研究一直追索探究的方向。多视角、多理论的交锋交融才能构成学术研究的“立体式”和“全方位”，从这个意义上看，“富民社会”是对中国历史“横看成岭”或“竖看成峰”的一个视角。目前，林文勋及其团队成员仍然致力于推动“富民社会”理论体系的完善和深入。本文将对“富民社会”理论的研究情况做一回顾，并对“富民社会”理论取得的学术成果进行总结，进而探讨如何继续推进“富民社会”研究。

一　“富民”问题研究溯源

“富民社会”理论是由林文勋最先提出，但是“富民”研究并非林文勋的独创或由他发起，而是他从中国古代史分期问题、中国古代社会阶级关系和经济关系等重大问题的丰硕成果中汲取丰富营养，在会通融合的基础上创新的成果。

20世纪初期，中国面临着从传统帝制国家向现代民族国家转型的重大社会变革，进行社会革命的迫切要求刺激着历史学研究在理论上和方法上的革新。重新认识中国历史发展脉络、采用新研究范式进行研究成为这一时期中国史学研究的主要命题，也催生了20世纪20—30年代的“社会史论战”。在这一论战中，出现了不少运用马克思主义阶级分析法、社会形态划分方法研究中国古代阶级关系、经济关系和历史发展阶段的有影响的成果。在这些研究成果中，很多关注到了唐宋时期的“富室”、“富户”或地主阶级与之前朝代的差异。如蒙思明《元代社会阶级制度》一书指出，因经济积累之力形成的阶级制度并不因元朝代替宋王朝而消失，蒙古征服者只能利用汉人财富阶级的经济力量和潜在的社会力实施统治，从而开宗明义地指出“宋之阶级以经济为骨干”，直接将“富民”“富室”作为一个重要的社会群体加以分析。①

中华人民共和国成立以后，在马克思主义理论指导下，中国史学研究

① 蒙思明：《元代社会阶级制度》，哈佛燕京学社，1938。

出现了新气象。这一时期，唐宋以后有关“富民”“富室”的研究被置于两个维度考察：一是作为一种经济关系和社会关系来进行阐释，如关于地主阶级剥削性的成果；二是作为与封建制度异质的力量来进行探讨，如傅衣凌《明代江南富户经济的分析》《明代江南市民经济试探》，[①] 以及许涤新、吴承明主编的《中国资本主义发展史》。[②] 上述研究就是将“富民”“富户”作为与封建经济相异、与封建制度相对抗的经济力量进行分析。但是，六七十年代阶级斗争扩大化和意识形态标签化的政治风气也深刻地影响着历史研究，使这一时期对“富民”问题的讨论被限定于特定的研究框架和观点之中。

党的十一届三中全会以后，改革开放之风进入历史学研究领域。在对传统史观的反思和对商品经济问题的重视之下，关于地主经济的研究十分活跃。如李埏《关于地主阶级的几个问题》[③]、方行《略论中国地主制经济》[④]、李根蟠《关于地主制经济发展机制和历史作用的思考》[⑤] 等很多研究成果，从新的视角探讨地主经济、庶族地主问题。一些学者直接将“富民”作为论题来探讨。其中有洪沼的《明初的迁徙富户与粮长制》[⑥] 和李

① 傅衣凌：《明代江南富户经济的分析》，《厦门大学学报》（社会科学版）1956 年第 1 期，第 22—36 页；傅衣凌：《明代江南市民经济试探》，上海人民出版社，1957，第 24—56 页。

② 该书编写启动于 1960 年，经过“文化大革命”十年的停滞，于 1983 年完成编写，1985 年第 1 卷出版。

③ 李埏：《关于地主阶级的几个问题》，李埏主编《中国封建经济史论集》。此论文集收录的文章聚焦于讨论中国地主阶级的相关问题。

④ 方行：《略论中国地主制经济》，《中国史研究》1998 年第 3 期。其论文集《中国封建经济论稿》（商务印书馆，2004）中有“地主经济篇”4 篇文章讨论地主制经济，此文也收录于其中。吴承明写给方行的八封信件中也讨论过地主制经济问题，见《关于传统经济的通信》，《中国经济史研究》2012 年第 2 期。

⑤ 李根蟠：《关于地主制经济发展机制和历史作用的思考》，《中国史研究》1998 年第 3 期。

⑥ 洪沼：《明初的迁徙富户与粮长制》，《中国社会经济史研究》1984 年第 1 期。

龙潜《明初迁徙富户考释——兼论京师厢徭役制度》[①] 等。1995 年，黄启昌首次将“富民”看作一个阶层进行研究，提出了“富民阶层”这一概念，并对富民阶层群体特点及社会地位做了概略式探讨。[②] 与此同时，受日本学者影响，国内史学界对“唐宋变革”问题的讨论日趋热烈，推动了史学界对唐宋社会的研究走向更为深层的结构分析。[③] 此外，有关“地方精英”与“士绅”、“基层治理”等论题的探讨日益增多。[④] 这些研究成果无不凸显唐宋时期“富民”这一新兴力量在社会上所起到的重要作用。这些研究为林文勋及其团队开展“富民”研究提供了丰沃的理论资源。

二 “富民社会”理论的提出及发展

林文勋对“富民”问题的关注是从学界对“唐宋变革”这一论题的探讨进入的。自从日本学者提出“唐宋变革论”以后，这一论题就在国内引起了热烈而持久的讨论，唐宋社会是否发生了变革，发生了怎样的变革，成为 20 世纪中期至今中国古代史研究领域长期关注却没有得到根本解决的重大学术问题。这一学术论题之所以热度不衰，是因为这一问题直接影响我们对唐宋时期乃至整个中国古代历史的认识。林文勋认识到这一学术问

---

① 李龙潜：《明初迁徙富户考释——兼论京师坊厢徭役制度》，《中国社会经济史》1998 年第 3 期，第 54—64 页。

② 黄启昌：《富民阶层与宋代社会》，《求索》1995 年第 3 期，第 119—122 页。

③ “唐宋变革”相关研究的学术史回顾可参阅李华瑞《“唐宋变革”论的由来与发展》一文，分上、下篇首刊于《河北学刊》2010 年第 4、5 期，后收录于同名论文集《“唐宋变革”论的由来与发展》，天津古籍出版社，2010。

④ 相关成果见〔美〕包弼德《斯文：唐宋思想的转型》，刘宁译，江苏人民出版社，2000；〔法〕谢和耐《蒙元入侵前夜的中国日常生活》，刘东译，江苏人民出版社，1995；〔美〕孔飞立《中华帝国晚期的叛乱及其敌人》，谢亮生等译，中国社会科学出版社，1990；张仲礼《中国绅士——关于其在十九世纪中国社会中作用的研究》，李荣昌译，上海社会科学院出版社，1991；黄宽重《宋代的家族与社会》，台北：东大图书股份有限公司，2006；〔日〕柳田节子《宋元乡村制の研究》，创文出版社，1986；等等，还有不少相关研究成果不再一一列举。

题的重大性，从对“唐宋变革”的关注探究中切入“富民”问题研究。

林文勋对“富民”研究的观点最早见之于文本，可溯源至1999年在台湾大学参加“转变与定型：宋代社会文化史”学术研讨会上宣读的论文《唐宋时期财富力量的崛起与社会变革》。该论文提出了推动唐宋社会变革的社会动力是来源于中唐以后成长起来的财富力量——富民群体，而这一群体的崛起则是商品经济快速发展的结果。[①] 经过几年的酝酿，林文勋对“富民”问题学术思考所形成的论文陆续发表，仅在2004—2006年三年间，就有《商品经济与唐宋社会变革》[②]、《宋代富民与灾荒救济》[③]、《商品经济：唐宋社会变革的根本力量》[④]、《中国古代的“富民”阶层》[⑤]、《中国传统社会变革的主要特征》[⑥]、《中国古代史的主线与体系》[⑦]、《中国古代“富民社会”的形成及其历史地位》[⑧]、《历史哲学意义上的商品经济史研究》[⑨] 等论文发表，引起了学界的强烈关注。这些文章的主要观点在转载率和引用率方面颇为引人注目，相关的书评也接踵而至，有学者评价“‘富民’阶层的学术概念和‘富民社会’的学术体系，提供了一把解构

---

① 林文勋：《唐宋时期财富力量的崛起与社会变革》，《转变与定型：宋代社会文化史学术研讨会论文集》，台湾大学，2000。

② 林文勋：《商品经济与唐宋社会变革》，《中国经济史研究》2004年第1期，第43—51页。

③ 林文勋：《宋代富民与灾荒救济》，《思想战线》2004年第6期，第96—102页。

④ 林文勋：《商品经济：唐宋社会变革的根本力量》，《文史哲》2005年第1期，第40—42、47页。

⑤ 林文勋：《中国古代的“富民”阶层》，《历史教学问题》2005年第2期，第37—46页。

⑥ 林文勋：《中国传统社会变革的主要特征》，《思想战线》2005年第4期，第98—104页。

⑦ 林文勋：《中国古代史的主线与体系》，《史学理论研究》2006年第2期，第30—38页。

⑧ 林文勋：《中国古代“富民社会”的形成及其历史地位》，《中国经济史研究》2006年第2期，第30—37页。

⑨ 林文勋：《历史哲学意义上的商品经济史研究》，《云南大学学报》2006年第1期，第76—85页。

唐宋社会以来社会发展与变迁的钥匙”;[①] 有学者评价“富民社会”理论“从历史哲学的高度构建出唐宋社会变革的理论体系”。[②] 《历史教学》专门对林文勋做了一个专访，并在编者手记中指出，“林文勋的访谈录，真是让我们兴奋，谁说中国学者没有构建能力？林教授提出的‘富民社会’说，以及在这个基础，对中国古代社会从‘部落社会’‘豪族社会’‘富民社会’，再到‘市民社会’的解读，给了我们耳目一新的感觉。不管人们是否接受林教授的学说，但我们已经看到中国学者开始建构有自己特色的理论框架，学术界开始摆脱那种千人一面、万人一说，无个性、无特色的面孔。学术界百花齐放、百家争鸣的春天已经来临”。[③] 《唐宋乡村社会力量与基层控制》、《中国古代“富民”阶层研究》[④]、《唐宋社会变革论纲》[⑤] 是林文勋研究“富民社会”的三部代表性著作，其观点可综合如下。第一，唐宋社会发生的深刻变革，是商品经济作用的结果，商品经济始终是推动社会变革与进步的重要力量，商品经济的分化性、流变性和开放性，促使旧的社会关系瓦解，新的社会关系形成。第二，“富民”阶层是唐宋以后中国社会内部新兴的社会力量，它推动了租佃契约关系的确立和发展，推动了社会经济特别是乡村经济的发展，推动了乡村文化教育的发展，更重要的是，它对国家基层治理产生了重要影响。第三，“富民”阶层的崛起促使中国传统社会发生转型，即从春秋至中唐以前的“豪民社会”变革为唐宋以后的“富民社会”，这一社会形态一直延续到清代末期，

---

① 黄纯艳：《“富民”阶层：解构唐宋以来中国社会发展与变迁的一把钥匙——〈中国古代“富民”阶层研究〉读后》，《中国经济史研究》2009 年第 1 期，第 167 页。

② 涂丹：《林文勋〈唐宋社会变革论纲〉评介》，《中国社会经济史研究》2012 年第 1 期，第 106 页。

③ 林文勋、黎志刚：《从静止式、平面式研究到动态式、立体式研究——著名学者林文勋教授访谈录》，《历史教学》2006 年第 10 期，第 5—13 页。

④ 林文勋等：《中国古代“富民”阶层研究》，云南大学出版社，2008。

⑤ 林文勋等：《唐宋社会变革论纲》，人民出版社，2011。

直到中国近代化开启才走向终结。第四，流动性、市场化趋向和平民化趋向是“富民社会”的主要特征。社会阶层的流动性特别是“富民”群体的上下流动，使唐宋社会更具活力。经济要素的市场化运行、经济政策的市场化取向以及效率优先的政策导向是这一时期经济社会运行的重要特点。商品经济的平等性造就了唐宋社会的平民化趋向，科举制度成为重要的选官制度正是这一社会平民化特征的表现。第五，“富民社会”是中国传统社会极为重要的承上启下的历史阶段。“富民社会”不仅奠定了唐宋乃至元明清中国古代的社会结构，而且也直接影响到中国近代社会的发展与变化。

其中，《中国古代“富民”阶层研究》是林文勋在研究生教学活动中以问题讨论的形式而形成的一本著作，这一富有创新的学术观点和启发式的教学形式，吸引了一批学生追随着“富民社会”理论进行延伸性研究，[①]主要体现在以下几个方面。

第一，“富民”群体的构成及特征。“富民社会”理论是以“民”的变化为考察起点，即唐宋时期日益壮大的“富民”是由哪些群体组成，他们的群体规模如何，他们的财富力量和社会影响力如何，这是“富民社会”理论研究的问题起点，也是判断唐宋以后是否为“富民社会”的标准。为此，薛政超对宋代五等户各户等进行了深入的考证，认为宋代“富民”占上三等富户的九成二以上，为总户数的13.3%—33.9%，占有60%—70%的社会土地财富。[②] 随后，其在《勤俭信智与读书入仕：唐宋“富民”品质特征略论》一文中，讨论了“富民”阶层从财富力量向知识

① 根据统计，2003—2017年，云南大学中国史各专业的硕士研究生大约有9篇硕士论文是以“富民”为选题进行研究的，其他学校至少有5篇硕士论文是以“富民”为选题进行研究的。这些硕士论文，虽然未能对“富民社会”理论建构起到建设性作用，但至少说明了这个理论提出后在学界所受到的关注。

② 薛政超：《唐宋以来“富民”阶层之规模探考》，《中国经济史研究》2011年第1期，第153—164页。

力量的转向，以及维持“富民”阶层的必要品质特征。[①] 张锦鹏、杜雪飞指出，商人群体也是“富民”阶层的重要组成部分，国家因商人而改变的社会规制充分体现了商人群体的社会影响力。[②]

第二，“富民与国家”的关系。一个新的社会力量成长起来，必然会与传统制度产生摩擦，而国家作为制度制定者对这一新兴力量的认识与态度，决定了这一社会力量未来发展的空间与走向。为此，团队成员以“富民与国家”的关系作为重点研究方向，形成了一系列成果。其一，“富民”与国家土地制度、赋役制度的变革及调适。其中，薛政超《唐宋国家土地与赋役职能之转变：立足于“富民社会”的考察》[③] 和《论唐宋以来富民逃避赋役之影响》[④]、田晓忠《宋代的“富民”与国家关系——以税制改革为核心的考察》[⑤]、董雁伟《明代“富民”阶层与国家关系述论——基于明代赋役制度的考察》[⑥] 等文章均从赋役制度考察“富民”与国家的关系。其二，“富民”与国家基层控制方式的转变。曹端波《唐代富民阶层的崛起与乡村控制的变迁》[⑦]、张锦鹏《宋代乡村治理中政府与“富民”

① 薛政超：《勤俭信智与读书入仕：唐宋“富民”品质特征略论》，《历史教学》2017 年第 20 期，第 9—16 页。

② 张锦鹏、杜雪飞：《商人群体：唐宋富民阶层的重要财富力量——兼论商人群体的时代局限性》，《古代文明》2015 年第 3 期，第 94—104、114 页。

③ 薛政超：《唐宋国家土地与赋役职能之转变：立足于“富民社会”的考察》，云南大学博士后出站报告，2010。

④ 薛政超：《论唐宋以来富民逃避赋役之影响》，《求索》2016 年第 2 期，第 16—20 页。

⑤ 田晓忠：《宋代的“富民”与国家关系——以税制改革为核心的考察》，《中国社会经济史研究》2015 年第 3 期，第 19—27 页。

⑥ 董雁伟：《明代“富民”阶层与国家关系述论——基于明代赋役制度的考察》，硕士学位论文，云南大学，2008。

⑦ 曹端波：《唐代富民阶层的崛起与乡村控制的变迁》，《广西社会科学》2005 年第 8 期，第 92—94 页。

的博弈关系分析》[①]、田晓忠《宋代“富民”与国家的关系——从乡村组织及其头目分析说起》[②] 等则从国家利用“富民”进行乡村治理角度考察国家与“富民”的关系。其三，“富民”与社会福利制度供给。薛政超《唐宋“劝富济贫”救荒政策研究》[③]、祁志浩《宋朝“富民”与乡村慈善活动》[④]、黎志刚《清代社仓运行中的官民博弈——中央集权下的“富民”与国家关系》[⑤] 等研究则体现了“富民”在社会层面对国家基层治理的积极影响。上述微观实证研究得出了较为一致的结论，即唐宋“富民”阶层兴起，国家对“富民”的利用大于防范，国家利用“富民”的财富进行国家治理，利用“富民”的力量进行基层控制。

第三，“富民”与其他群体的关系问题。“富民”阶层既然是一个具有社会支配力的阶层，他们与其他群体所形成的经济关系和社会关系必然是这一时代的主要经济关系和社会关系，厘清这些关系有助于认识“富民社会”的本质。基于这一逻辑思路，团队成员亦对“富民”与其他群体的经济关系和社会关系展开了研究。黎志刚的博士论文《宋代民间借贷与乡村社会》从民间借贷存在的必要性和所起到的救济性作用方面，讨论了民间借贷对乡村社会稳定和发展的积极影响，重在分析“富民”阶层崛起后成为乡村社会“贫富相资”的重要维系力量。其刊布论文《宋代民间借贷与乡村贫富关系的发展——以“富民”阶层为视角的考察》亦是对这一问题

---

① 张锦鹏：《宋代乡村治理中政府与“富民”的博弈关系分析》，林文勋等：《中国古代“富民”阶层研究》，第 198—223 页。

② 田晓忠：《宋代“富民”与国家的关系——从乡村组织及其头目分析说起》，林文勋等：《中国古代“富民”阶层研究》，第 181—197 页。

③ 薛政超：《唐宋“劝富济贫”救荒政策研究》，《江西社会科学》2016 年第 2 期，第 97—105 页。

④ 祁志浩：《宋朝“富民”与乡村慈善活动》，林文勋等：《中国古代“富民阶层”研究》，第 224—237 页。

⑤ 黎志刚：《清代社仓运行中的官民博弈——中央集权下的“富民”与国家关系》，林文勋等：《中国古代“富民”阶层研究》，第 357—380 页。

的讨论成果之一。[①] 杨瑞璟的博士论文《宋代乡村社会经济关系研究》亦是以相同的学术逻辑进行研究的成果。[②] 薛政超探讨了“富民”阶层在乡村经济中所起的作用，认为“富民”已成为这一时期乡村经济社会关系的中心并主导着乡村社会关系。其中唐宋以后的租佃契约关系正是凸显“富民”中心地位的关键所在，它从经济层面保证了双方政治和法律地位上的平等。[③]

第四，“富民”的社会角色塑造。“富民”阶层这一新兴的社会力量，是如何在社会舞台上展示自己的力量，又是如何从一个财富群体上升为一个主导社会发展的阶层的？张锦鹏从社会关系重塑的角度分析认为，“富民”主要是通过投资、消费、售卖三种经济手段，把财富实力隐性地转化为社会话语权，从而逐渐发展成一个对社会发展进步有重要影响的中间阶层。[④] 高楠、宋燕鹏则指出，学缘网络的构建是“富民”进入士人社会的重要途径，这种建构实际上是为了提高“富民”自身及家庭的政治地位与社会地位。[⑤] 祁志浩则认为主动而广泛参与慈善活动成了“富民”阶层扩大自身在乡村社会生活影响力的重要途径，也是其最好、最明智的选择。[⑥] 林文勋、黎志刚在《南宋富民与乡村文化教育的发展》一文中进一步强调

---

① 黎志刚：《宋代民间借贷与乡村社会》，博士学位论文，云南大学，2012；黎志刚：《宋代民间借贷与乡村贫富关系的发展——以“富民”阶层为视角的考察》，《古代文明》2015年第3期，第105—111、114页。

② 杨瑞璟：《宋代乡村社会经济关系研究》，博士学位论文，云南大学，2014。

③ 详见薛政超《唐宋“富民”与乡村社会经济关系的发展》，《中国农史》2011年第1期，第84—96页；薛政超《再论唐宋契约制租佃关系的确立——以“富民”阶层崛起为视角的考察》，《思想战线》2016年第4期，第103—111页。

④ 张锦鹏：《财富改变关系：宋代富民阶层成长机理研究》，《云南社会科学》2016年第6期，第151—158页。

⑤ 高楠、宋燕鹏：《宋代富民融入士人社会的途径》，《史学月刊》2008年第1期，第44—49页。

⑥ 祁志浩：《宋朝“富民”与乡村慈善活动》，林文勋等：《中国古代“富民”阶层研究》，第224—237页。

了“富民”的文化属性，认为“富民”通过耕读传家维持社会地位，由此推动了乡村文化教育。[①]

第五，“富民”阶层成长与社会思潮变迁。社会思潮是一个时代变化的最强音符，它不仅揭示着社会变迁的趋向，而且反映了社会变迁中新旧交替引起的激荡。林文勋在对“富民”研究的早期就注意到了这一特点，他发表的《中国古代的“保富论”》一文阐述了宋以降古代思想家所主张的保护“富民”思潮，这是一种具有时代特征的经济思想，标志着中国古代经济思想的重大转型和社会深层变迁。[②] 在这一研究视角的引导下，研究团队也产出了一些相关成果。杨华星的博士论文《宋代收入分配思想研究》认为，宋代收入分配思想的特色在于出现了反传统收入分配思想，即从追求公平分配向维护个人财产的“保富论”思想转变，[③] 实现了林文勋观点的实证化和细部化。黄海涛《明清实学经济伦理思想研究》中专辟一章讨论“明清实学经济伦理与富民思想”，分析了明清实学经济思想中“富国论”转向“富民论”的时代背景，以及“富民思想”的政策实践与社会观念流布，并指出明清实学家“经世济民”旗帜和“学以致用”口号均反映了明清社会的本质是“富民社会”。[④] 此外，陈碧芬的博士论文《明清民本思想研究》亦论证了“富民”阶层成长与社会思潮变迁的关系。[⑤]

第六，“富民社会”发展的历史阶段性问题。“富民社会”是传统中国社会的一个历史演进阶段，它也必然遵循着产生、发展、繁荣并走向消亡的过程，“富民社会”如何发展，走向何方，也是“富民社会”理论提出者致力于解决的问题。林文勋、薛政超《富民与宋元社会的新发展》一

---

① 林文勋、黎志刚：《南宋富民与乡村文化教育的发展》，《国际社会科学杂志》2011 年第 4 期，第 39—48、9、15 页。

② 林文勋：《中国古代的“保富论”》，《历史教学》2006 年第 12 期，第 13—21 页。

③ 杨华星：《宋代收入分配思想研究》，博士学位论文，云南大学，2006。

④ 黄海涛：《明清实学经济伦理思想研究》，博士学位论文，云南大学，2007。

⑤ 陈碧芬：《明清民本思想研究》，博士学位论文，云南大学，2011。

文，通过对元代“富民”阶层持续发展并向“士绅化”发展的探讨，以及对国家与“富民”关系所呈现的诸多张力（赋役负担的“逃避与反逃避”、吏治上的“侵蚀与反侵蚀”、社会财富流转上的“兼并与反兼并”、社会发展与国家事务上的“干预与反干预”）的分析，得出了元代仍然属于“富民社会”并与之后的明清具有同质性的结论。[①] 在此文发表前，林文勋已有类似观点的合作文章问世，[②] 不过此文在学理逻辑上更具缜密性，观点论证更具实证性。

众多年轻学者和研究生正是在林文勋搭建好的这一理论地基和龙骨之上不断添砖加瓦，努力使其趋于合理化和完善化。而这些研究所指向的，一是试图从多维度认识“富民”与“富民”阶层。如有些研究试图从数量比例上和财富占有比重上去量化“富民”，亦有些研究试图从职业构成方面去认识“富民”，还有些研究试图从社会分层角度认识“富民”。二是从社会关系方面分析“富民社会”的特征。不少研究讨论了富民与国家的关系以及富民与其他群体或阶层的关系，这些研究成果均指向“富民”与国家是合作而非对抗的关系。可以说，这一认识既是对“富民社会”本质的揭示，也是对自宋以后帝制中国社会特质判断的新视角，即中国古代社会演进的另外一种形态——内生新兴力量与体制自我修调而形成的合力推动社会的进步。三是对“富民社会”走向问题的研究。社会系统犹如自然界中的生命有机体，有其产生、成长、成熟、衰退的生命周期，“富民社会”是传统中国社会的一个历史阶段，它如何兴起、走向何方、为何谢幕，这些问题是研究者不得不回答的问题。而这些成长和衰退的迹象，或从当时流行的社会思潮中得以呈现端倪，或从引领阶层的群体性转化的种种现象

---

① 林文勋、薛政超：《富民与宋元社会的新发展》，《思想战线》2017 年第 6 期，第 69—73 页。

② 林文勋、杨瑞璟：《宋元明清的“富民”阶层与社会结构》，《思想战线》2014 年第 6 期，第 1—7 页。

中得以呈现。

三　“富民社会”理论在学界引起的反响与激荡

“富民社会”理论提出以后，引起了学界的关注和呼应，也引起了学界的质疑与批评。如王曾瑜指出“如今的史学界，盛行所谓社会精英、主流社会之类动听的名词……其实无非是一双双势利眼，大致上认为社会上层的有钱有势者就是精英，至于无钱无势者的普通平民，当然就算不得精英。精英论在中华古史研究中的具体化，当然就是称颂士大夫、称颂富民一类”。[①] 张邦炜既不赞成“势利眼”之说，也不同意“中坚力量”之言，他认为既不能“见富民就骂”，也不能“见富民就捧”。“富民”的主体是勤劳致富的小富者，把真正创造社会财富的劳苦大众排除在外不符合历史实情。[②] 李振宏也刊文提出“唐宋以后中国社会是否真正形成了‘富民’阶层，是一个可以讨论的问题”，并说明了他质疑的理由：中国古代社会尚未形成一个独立于皇权控制之外的政治力量。[③] 出现这些质疑令人欣慰，它从一个侧面反映了“富民社会”理论所引起的学术关注甚是强烈，这些质疑声中指出的问题，也有助于“富民社会”研究者进行学术反思与探究。

对于“富民社会”理论，更多的学者把“富民”理论看作一个新的学术观点或一家之言，提出自己的学术观点与其对话，相得益彰，互为激荡，不断推进。邢铁《宋代乡村“上户”的阶层属性》和《社会等级结构的变化与“富民”阶层的凸现——宋代乡村“上户”的再认识》等文

---

① 王曾瑜：《论中国古代士大夫及士风和名节——以宋朝士大夫为中心》，《河北学刊》2011年第1期，第55—61页。

② 张邦炜：《宋代富民问题断想》，《四川师范大学学报》（社会科学版）2012年第4期，第129—135页。

③ 李振宏：《国际视野：中国古代史研究的路径选择》，《古代文明》2018年第1期，第6—11页。

章，强调宋代“上户”即学界所讨论之“富民”，只有财产而无政治特权，“富民”之富不仅在于财产之富而且在于文化之富，他们在宋代社会中起到主导作用。[①] 此文给予的学术响应，亦很好地支持了“富民社会”理论。

此外，一些具有敏锐学术嗅觉的青年学者关注到“富民”研究的意义，也纷纷以“富民”为研究对象展开探讨。如冯贤亮强调了明代江南“富民”在财富和知识方面的优势，使其影响力不再局限于经济和社会范畴，而是扩展到政治范畴，并且在国家与地方之间起到缓冲作用。[②] 台湾学者杨宇勋的研究则进一步将“富民”的影响力从经济层面扩大到文化层面，探讨了南宋时期“富民”主持的种种祠庙活动，实质上是“富民”将有形的经济财富转化为无形的社会地位，以填补基层社会的权力缝隙，其仪式活动不过是显示其资源权力的场域之一。[③] 刁培俊于2005年发表《宋代的富民与乡村治理》一文，分析了宋代依靠“富民”进行乡村基层治理的积极效果与“富民”对乡治的消极影响，提出了乡村“豪横”与“长者”并存的观点。[④] 此文在一定程度上是对“富民社会”研究偏重于对“富民”积极评价的一个矫正。台湾清华大学郑铭德的博士论文《义利之间：宋代士大夫眼中的富民》，讨论了宋代“富民”阶层崛起后，作为社会主流的士大夫是如何看待“富民”阶层的。在他看来，士大夫始终与“富民”保持着“义”“利”之边界，追求“利”的富民仍然在身份上和

---

① 邢铁：《宋代乡村“上户”的阶层属性》，《河北师范大学学报》（哲学社会科学版）2011年第5期，第122—127页；邢铁：《社会等级结构的变化与“富民社会”阶层的凸现——宋代乡村“上户”的再认识》，2008年“中国社会建设的历史与现实”学术研讨会提交论文，参见曹循、倪彬《“中国社会建设的历史与现实”学术研讨会综述》，《历史教学》2009年第2期。

② 冯贤亮：《明清江南的富民阶层及其社会影响》，《中国社会经济史研究》2003年第1期，第44—56页。

③ 杨宇勋：《试论南宋富民参与祠庙活动》，《淡江史学》2013年第1期，第109—133页。

④ 刁培俊：《宋代的富民与乡村治理》，《河北学刊》2005年第2期，第149—153页。

社会地位上受到社会挤压。[①] 不过，需要注意的是，这些与“富民”有关的研究所讨论的“富民”与林文勋所界定的“富民”在内涵和外延上有一定的差别。

从中国古代史研究发展看，“富民社会”理论并非林文勋发人先声。事实上，自20世纪90年代以来，重新建构中国古代史主线与体系的学术创新如火如荼，遍地开花。如王家范在《中国历史通论》中，以共同体权力配置为线索对中国古代史进行分期，把中国古代分为“部族时代、封建时代、大一统时代”。[②] 再如，有诸多命名为“××社会”的观点或理论涉及历史分期和时代特质的界定问题，如刘泽华的“王权主义”、冯天瑜的“地主社会”、葛金芳的“农商社会”、赵轶峰的“帝制农商社会”等，已经有学者对这些理论进行比较分析，在此不做赘述。[③] 近年来，李治安从国家政策转变的视角进行“融通断代”的思考，指出秦汉以降为“编民耕战”体制，中唐以后为“不抑兼并”制度，元明时期则具有“南北整合”的时代走向。[④] 这既是李治安多年治学的集成，也是近年来“富民社会”“农商社会”“帝制农商社会”等学术理论、思想观点共同探讨而激发出来的新论。

为了加强交流与碰撞，更好地推动各种理论研究的发展，葛金芳、赵轶峰、林文勋于2014年共同发起了“中国古代‘农商社会·富民社会’高端学术研讨会”。首届研讨会在昆明举行，20多人的小型圆桌学术会议

① 郑铭德：《义利之间：宋代士大夫眼中的富民》，博士学位论文，台湾清华大学，2009；郑铭德《宋代富民释疑》，《宋学研究集刊》第1辑，浙江大学出版社，2008，第197—220页。

② 王家范：《中国历史通论》，华东师范大学出版社，2000。

③ 参见薛政超《构建中国古代史主线与体系的新视角》，《史学理论研究》2017年第4期，第134—143页。

④ 李治安：《多维度诠释中国古代史——以富民、农商与南北整合为重点》，《中国社会科学评价》2016年第4期，第45—54页。

上，观点碰撞火花频现，质疑与回应高潮迭起，由此可见这些理论和观点的学术魅力所在。之后，这一研讨会以每年一次的形式在各大高校举行，已分别在云南大学、东北师范大学、首都师范大学、厦门大学举办，其参与人数日益增多，讨论议题不断拓展，讨论的问题也日益深化。

为了加强青年学子对中国传统社会的反思以及对中国古代社会特质的新认识，2017 年 7 月，“传统中国的社会力量与地方治理——第一届云南大学‘富民社会’学术研习班”在云南大学举行，来自全国各地高校和科研机构的青年教师、博士后、博士 60 余人参加了此次研习班。主办方邀请了葛金芳、李治安、李华瑞、邢铁、林文勋、刁培俊为学员进行授课，研习班学员在与专家面对面的讨论中，对“富民”阶层、“富民社会”、“农商社会”、“地方精英”、“基层控制”等问题有了更深入的理解。

在学界的呼应与质疑、辨析与讨论之中，“富民社会”理论传播得越来越广泛，这正如李治安所言：“是否愿意采纳‘富民社会’这一概念，学者们有充分的自由；但是‘富民’阶层及中唐以降的崛起，却是难以回避的事实。”[①] 在首届中国古代农商社会·富民社会研讨会成果《中国古代农商·富民社会研究》论文集的前言中，林文勋指出：“我们以‘农商社会’、‘帝制农商社会’、‘富民社会’说为专题讨论的主题，并不是说我们的认识与观点都是正确的……我们的目的是，一本太史公‘通古今之变’宗旨，突破中国古代史中以往断代研究的局限，对中国传统社会作更加深入系统的跨时段、整体性研究，力戒研究的‘碎片化’。”[②] “富民社会”理论的提出者，积极主动地推动这些问题不断深入，既体现了“富民社会”理论提出者的学术自信，也体现了这一理论需要不断发展和完善。

① 李治安：《多维度诠释中国古代史——以富民、农商与南北整合为重点》，《中国社会科学评价》2016 年第 4 期，第 45—54 页。

② 林文勋、张锦鹏主编《中国古代农商·富民社会研究》，人民出版社，2016，前言，第 4 页。

四　“富民社会”理论研究的总结与未来展望

林文勋以敏锐的学术洞察力，从“唐宋变革”论题切入“富民”问题研究，提出“富民社会”理论，从更为宏阔的学术视野关怀中国古代历史大势：以“横通”视角进行共时性分析，深入讨论了“富民”阶层成长带来的社会经济关系和阶级关系变化，提出宋代以后“富民”阶层在社会中起到中间层、稳定层和动力层的作用，是社会发展的中坚力量；以“纵通”视角进行历时性分析，以“民”的演变来把握中国历史发展的阶段性和未来趋势，指出中国古代社会经历了上古的“部族社会”、春秋至中唐以前的“豪民社会”、唐宋以后的“富民社会”并将走向未来的“市民社会”。“富民社会”理论体系的提出，其学术意义在于：“富民社会”理论是解构唐宋以后传统社会变迁的一把关键钥匙。该理论将宋元明清作为一个完整的历史时期进行研究，突破了断代研究的局限性，形成跨时段的贯通性研究，实现对这一历史时段的整体性把握。“富民社会”理论是重构中国古代史体系的重要基石。该理论从唯物史观出发，以“民”的演变来把握中国古代社会发展的阶段性，提出了部族社会—豪民社会—富民社会这一中国古代史新体系，完善了中国古代史体系的发展链条。

从“富民”阶层到“富民社会”，这一研究已经开展了十余年，林文勋基本上是沿着“微观—宏观—微观—宏观”的研究路径有计划地开展研究。

第一步，从微观研究入手提出“富民”阶层理论，提出唐宋以后中国社会兴起了一个“富民”阶层，并且较为深入地论证了“富民”阶层存在的事实。这一期间的研究，形成了《中国古代“富民”阶层研究》和《唐宋乡村社会力量与基层控制》两本著作。第二步，从微观上升到宏观，以“富民社会”为理论基石对“唐宋变革”这个学术命题进行新的阐释：这场变革就是从春秋至中唐以前的“豪民社会”走向唐宋以后的“富民社会”。在这一阶段的研究中，形成了著作《唐宋社会变革论纲》这一成果。第三步，再次从宏观回到微观，通过解剖个案和分析现象使“富民”研究获得更为实证化的事实和结论。这一阶段完成了国家社科基金课题“十至十九世纪富民与乡村社会变迁”的研究。第四步，再从微观研究走向宏观研究，这是当前正在推进的工作，即通过国家社科基金项目“中国古代‘富民社会’研究”对“富民社会”进行整体性研究，进一步形成完善中国古代“富民社会”理论体系。

以上“四部曲”的逐步推进，目标是要构建中国古代“富民社会”的理论体系。不可否认，这是一个宏大的工程，需要提出具有独创性的学术命题，形成若干有引领性、统摄性和指向性的学术论断，对所提出的论断进行深入而充分的实证研究，最后才能形成逻辑合理、论证充实的结论。目前，有关“富民社会”理论的研究已经形成了若干学术论断：其一，“富民”阶层是唐宋以后中国古代社会的新兴阶层，这个阶层代表了社会发展的新方向，给社会发展提供了新的活力；其二，“富民”阶层一经兴起便迅速成为中国古代社会的中间层、动力层和稳定层；其三，“富民”与国家的关系是唐宋以后中国古代社会最核心的关系；其四，“士绅社会”是中国古代“富民社会”的最高阶段也是最后阶段；其五，中国古代社会依次经历了上古的“部族社会”、春秋至中唐以前的“豪民社会”、唐宋以后的“富民社会”，进入近代的“市民社会”，这一社会演进即为中国古代史新体系。

由此可见，林文勋及其团队所致力探究的“富民社会”理论，已经形成了若干学术论断，这标志着“富民社会”理论体系的建构已经基本完成，相关的宏观性和微观性研究成果也推出不少，使其研究日益走向体系化和充实化。“富民社会”理论提出以后，在学界产生了积极反响，在响应与质疑之中，在讨论与批评之中，“富民社会”理论不仅以一家之言在学界持续保持热度，而且在一定程度上推动了中国传统社会重大问题的再探讨和中国古代史体系的重构。

但是也要看到，“富民社会”理论是一个新提出的理论，尚不成熟和完善，需要提出者和更多的研究者不断充实和丰富该理论，使之系统化和体系化。具体而言，可从以下几个方面着力。

一是“富民”概念的界定，即谁是“富民”。林文勋指出，富民是“占有财富而没有特权”而且“拥有良好的文化教育”的人，应该说，对“富民”的界定是很清楚的。但是，在不断深化的研究中，“富民社会”研究者发现，若对应到特定的职业、特定的阶级，“富民”往往与“官僚”“地主”“士绅”等有“剪不断、理还乱”的关系，“富民”在不同研究者的笔下，其概念或被泛化或被窄化。而来自学界的质疑和讨论，也常常围绕“谁是富民”这一问题展开。因此，如何更加明确地界定“富民”这一概念是亟待解决的问题，也是这一理论体系化的一个关键点。

二是“富民”如何在社会中发挥“中坚力量”的作用。对于“富民”阶层所担负的“中坚力量”这一角色论断，已有的研究主要集中在“富民”作为国家赋税的重要承担者和国家职能的主要分担者（赈灾救济和公共设施建设）这两个方面。这是一个重大问题，已有的研究和讨论远远不够，以至于学界对“富民”是“长者”还是“豪横”的认识还处于非此即彼的模糊理解中。不仅如此，尚有很多领域需要进一步深化探索，才能揭示“富民”阶层崛起以后在社会中所发挥的重要作用。如在思想领域，“富民”阶层是否形成了代表其经济利益和社会利益的思潮；在政治领域，是否在朝廷上出现了代表“富民”利益的代言人；在社会领域，哪些革新是在“富民”阶层走向社会舞台的这一背景下兴起的；等等。

三是对“富民社会”发展走向的厘清，即从唐宋走向元明清的朝代更替过程中，“富民社会”是如何演变的。对于这一问题，已经形成的基本观点是：唐宋以后“富民”阶层的向上流动发展，使这一阶层在明清呈现出明显的士绅化特点，但这个社会的本质并没有改变，所谓“士绅社会”

仍然是“富民社会”的延续。明清时期，“富民社会”在进入最高发展阶段的同时，也孕育了它走向衰亡的因素。对于这一问题的研究正在推进，但相关的成果仍然不多，有许多重大问题尚未真正触及，如需要辨析明清的“市民社会”与唐宋“富民社会”是同一种性质的社会，需要探究“士绅”在社会中的积极影响和消极影响，需要揭示以“士绅”为主体阶层的“富民社会”走向衰亡的影响因素。这些问题的研究涉及制度的深层探究，如经济体系中的产权制度、政治体系中的权力配置与阶层制度、文化体系中的主流价值系统化与制度安排等方面。

由此可见，“富民社会”理论仍然是一个亟待完善的理论，还有很多问题需要去深入探究，还有很多疑问需要去回答。推陈出新、不断完善，既是学者们学术创新的路径，也是学者们挑战自我的自觉。

宋代富民阶层成长的制度空间

——以交易费用为视角

引　言

作为推动历史发展与进步的最根本动力，人并非个体创造的简单归总与集合，而是集中体现于某一特定阶层对那个时代的引领。因此，研究社会发展动力问题，就需要着眼于社会群体分层研究，寻找支撑特定时代的中坚力量，分析其如何形塑那个时代特质并引领时代前进步伐。早在20世纪八九十年代，就有学者从经济思想史的角度研究中国的富民及富民思想。[①] 近年来，林文勋提出“富民社会”理论，并以“民”的演变为线索，探究中国传统社会历史发展变迁中的推动力量，引起学界关注。其实，从“富民”到“富民阶层”，再到“富民社会”，不仅是学术概念的变化，更是对相关问题的不断深化。

对于富民如何从一个群体成长为一个阶层，林文勋指出，这是唐宋商品经济发展的结果，商品经济的开放性、流变性、分化性等内在特征，促使各种社会要素流动组合，改变了当时的经济关系和社会关系，引发社会分层加剧，最终促成富民阶层的崛起。笔者十分赞同这一观点，但也要看到，当制度经济学提出“交易费用”这一概念，并运用其对市场资源配置

① 参见胡显中《中国古代的富民观》，《经济问题》1987年第10期；叶世昌《中国古代的富民、富国和理财思想》，《财经研究》1987年第6期；叶坦《富国富民论——立足于宋代的考察》，北京出版社，1991；等等。

的不平滑性进行修正之后，传统古典经济学理论所认为的只要有自由贸易活动，市场就会实现资源最优化配置的缺陷就显而易见了。因此，我们运用古典经济学理论讨论唐宋富民阶层兴起问题时，也需要考虑商品经济在社会要素流动组合中可能出现的摩擦和资源配置的不完全性。换句话说，我们用“有钱则买，无钱则卖”① 来分析中国古代商品经济发展对社会产生的影响时，就不能不考虑还会存在“有钱买不到”或“无钱卖不了”的可能。究其原因，就是任何商品经济活动都存在交易费用。

交易费用又称交易成本，是指达成一笔交易所花费的成本，主要由四类成本组成：信息成本，包括搜寻商品信息的成本，获取交易对象信息和与交易对象进行信息交换的成本；议价成本，进行相关决策与签订契约所需的内部成本；监督成本，监督交易对象是否依照契约内容进行交易的成本；事后成本，违约时为了挽回损失所需付出的成本。在古典经济学理论中，在一个充分竞争的市场环境下，只要有众多的买者与卖者，讨价还价机制就会最终使买卖双方各得其所，实现利益双赢。新制度经济学引入“交易费用”概念并发展出来的交易费用理论，让人们看到了在现实经济生活中，有商品生产的条件以及众多买者和卖者，并不一定就能使商品交换活动顺利地发展起来并趋向最优，因为任何交易活动都会产生交易费用，交易费用的高低深刻地影响着人们的交易行为。而交易费用的高与低，又直接取决于社会经济制度的安排。

基于以上理论逻辑，在探讨商品经济与富民阶层成长的关系时，就特别需要去讨论有哪些因素影响着唐宋时期经济主体的交易行为。本文试图以交易费用为理论视角和分析工具，探讨宋代土地产权制度及相关法律制度变迁如何改变交易费用，使广大民众的土地交易活动更加便捷、可行和有保障，从而使以土地交易为代表的商品经济在更广范围更大程度地发展

① （宋）袁采：《袁氏世范》卷3《治家·富室置产当存仁心》，第62页。

起来。本文认为，在宋代，由于私有产权的确定和交易契约的规范降低了交易费用，提高了交易效率，促进了交易活动，普通民众有机会通过自身努力来改变其经济条件，进而获得改变自己社会地位的物质基础。普通民众中的一部分开始分化为富民，这一群体随着数量的增长和财富力量的扩大，逐渐成长为有社会影响力的富民阶层。宋代富民阶层的成长，在于这一时期出现了一个有利于富民群体成长的制度空间。

一 土地产权变革与交易费用变化

土地是一种能够创造新价值的生产要素。在传统农业社会，几乎所有的社会再生产物质资料都来源于土地，土地是最重要的生产要素，谁拥有了土地，谁就成为社会的主流力量。拥有土地越多，社会地位越高，越具有社会话语权。因而，获取土地是贯穿于传统农业社会历史发展轨迹最基本的利益追求。每个人都有获得土地的利益动机，但是，不同土地产权制度安排所产生的土地交易费用是不一致的。因而，产权制度变更引起的交易费用变化就会深刻影响土地配置状况，也会对拥有土地的社会群体的经济状况和社会状况产生重要作用。

作为一股财富力量和一个社会阶层，富民兴起于中唐以后，并成长于中国传统社会土地制度发生重大变革的时期：自北魏开始实施的均田制历经隋唐近三百年的漫长历程，最终以“两税法”的颁布而废弛，“田制不立”，进入了土地私有制时代。这一场对富民阶层成长具有决定意义的制度变革发挥了极高的效率，然对广大普通民众而言，就是降低了土地交易费用，使其获取更多土地的愿望能够变成现实。

（一）均田制下普通民户的土地交易费用

均田制是一个以国家为主体按人口进行均等配置土地的制度。在均田制下，普通民户获得土地的基本条件有：一是国家编户齐民，即在国家户籍里有人口资料登记；二是成年劳动力，年龄在国家规定授田的范围内。可见，均田制下普通民众获得既定数量土地的交易费用几乎为零，唯一所需付出的是在官府“貌阅”之时按时到场。而“貌阅”这一时间成本，对普通民众来说可忽略不计。但是，如果普通民众想通过经济上的努力获得更多的土地，就可能面临极高的交易费用。

均田制下民户欲获得国家分配之外的土地，其交易费用由两项构成。

一是寻求买卖信息的时间成本。从北魏到唐代均田令都严格限制土地流转。北魏均田令规定民户无须还受的“桑田”，当家庭人口变化而出现盈缩之时，“有盈者无受无还，不足者受种如法。盈者得卖其盈，不足者得买所不足。不得卖其分，亦不得买过所足”。[①] 唐朝均田令对土地流转的规定是：“诸庶人有身死家贫无以供葬者，听卖永业田。即流移者亦如之。乐迁就宽乡者，并听卖口分。（原文注：卖充住宅、邸店、碾硙者，虽非乐迁，亦听私卖。）诸买地者，不得过本制。”[②] 虽然唐代土地流转的限制有所放宽，但是符合国家买卖土地条件者并不多。也就是说，当时的土地市场非常小，买卖土地者要寻求合适的买者或卖者并非易事。特别是土地作为一种不可流动资源，在信息和交通不发达的传统社会中，其交易会受到空间限制，只可能在一个并不太大的地理空间上实现交易，大多数交易则是在熟人社会中。在特定地理空间的人群中进行交易，且买卖双方的合法性受法律严格限制，这就降低了交易实现的可能性。想购买土地者要寻找一个当地的卖主，也许需要几年的时间。而欲出售土地者，一般是家贫无助急等筹钱者，他们要尽快找到受田不足且有能力购买土地的人，似也不易。因此，寻求买卖信息的时间成本会比较高。

二是交易合约维护成本。在均田制下，国家严格控制土地买卖，若

① （元）马端临：《文献通考》卷2《田赋考二》，第40页。

② （唐）杜佑：《通典》卷2《食货二·田制下》，第31页。

普通民户逾越此制想随意增减自己土地占有数量，无论是买地抑或卖田，“凡卖买，皆须经所部官司申牒，年终彼此除附。若无文牒辄卖买，财没不追，地还本主”。[①]《唐律疏议》对违法者的惩罚更加严厉：“诸卖口分田者，一亩笞十，二十亩加一等，罪止杖一百；地还本主，财没不追。”[②]“诸占田过限者，一亩笞十，十亩加一等；过杖六十，二十亩加一等，罪止徒一年。”[③]表明违法买卖土地不仅是钱地皆失，还要受皮肉之苦或承流徙之罪。由此可见，在均田制下，土地违规买卖所受到的法律惩罚构成了普通民众超额占有土地的交易费用。史料显示，在唐代，一些违规购地者受到了法律惩罚，如：泽州“前刺史张长贵、赵士达并占境内膏腴之田数十顷”，时任刺史的长孙顺德“劾而追夺，分给贫户”；[④]洛州“豪富之室，皆籍外占田”，刺史贾敦颐“括获三千余顷，以给贫乏”。[⑤]

在高额交易费用的限制下，均田制“均分天下之田土”的原则得以维护，广大编户齐民安于耕织之事，温饱为限，小富即安。由此，社会呈现扁平化结构，拥有小块土地的广大自耕农建构起一个厚实而稳定的社会底层，很难再产生出新的经济和社会力量。

（二）“田制不立”下普通民户的土地交易费用

中唐以后，均田制废弛，“田制不立”“不抑兼并”，国家不再对土地兼并加以限制，土地私有制得到确立。土地私有制的确立通过以下两个方面实现。

---

① （唐）杜佑：《通典》卷2《食货二·田制下》，第31页。

② （唐）长孙无忌等：《唐律疏议》卷12《户婚·买口分田》，第242页。

③ （唐）长孙无忌等：《唐律疏议》卷13《户婚·占田过限》，第244页。

④ （后晋）刘昫等：《旧唐书》卷58《长孙顺德传》，第2309页。

⑤ （后晋）刘昫等：《旧唐书》卷185《贾敦颐传》，第4788页。

一是国家以默许的方式承认民户世代耕种土地的所有权和新垦荒地的所有权。广大自耕农，前代均田制下都分配到土地，无论口分田或永业田，只要依然在田耕作或对其进行经营管理，国家便承认实际控制者拥有私有产权。另外，国家允许百姓自由开垦无主荒地，并承认垦殖者拥有其土地所有权，如乾德四年（966）闰八月，宋廷诏“所在长吏告谕百姓，有能广植桑枣、开垦荒田者，并只纳旧租，永不通检”。[①] 只要有劳动力和可垦殖的土地，民户就可以靠自己的努力获得土地。获取土地的过程虽然有劳动成本，但并没有产生交易费用。

二是允许民户自由买卖土地，承认民户占有更多土地的合法性。这就是所谓“不抑兼并”。民户可通过市场买卖获得更多的土地，“贫富无定势，田宅无定主，有钱则买，无钱则卖”[②] 成为当时普遍的一种社会现象。

与均田制相比，宋代私有土地制度下交易费用的变化主要体现在以下两个方面。

第一，土地交易的合法化，消除了因买卖土地受法律惩罚的高昂交易费用。“不抑兼并”是宋代土地制度的精神，任由民众买卖，国家不加干涉。时人道：“自汉至唐，犹有授田之制……盖至于今，授田之制亡矣。民自以私相贸易，而官反为之司契券而取其直。”[③] 通过土地交易获得的田产，不再面临被罚没、杖刑、流徙之高昂交易费用，而且受到国家法律的保护。可见，与均田制相比，宋代土地交易费用大大下降。

第二，活跃的土地交易市场，降低了土地买卖信息获取成本。从唐中后期至宋，土地买卖日趋活跃，民间私人土地交易十分活跃，形成了具有众多买者和卖者的土地市场。不仅如此，官府也不时以大卖主的身份出现在土地市场。李埏、武建国主编《中国古代土地国有制史》指出：北宋前

① （清）徐松辑《宋会要辑稿·食货一》，第 5945 页。

② （宋）袁采：《袁氏世范》卷 3《治家·富室置产当存仁心》，第 62 页。

③ （宋）叶适：《水心别集》卷 2《民事上》，《叶适集》第 3 册，第 652 页。

期、中期时常有官府组织出售罚没官庄、无主庄田等行为。北宋政和元年（1111）掀起赵宋政权建立以后大规模出售官田的第一个高峰，南宋则出现了绍兴元年（1131）至七年（1137）、绍兴二十六年（1156）至乾道二年（1166）、乾道八年（1172）至九年（1173）以及淳熙六年（1179）四次官田出售的高峰。[①] 可见，宋代土地市场十分活跃。在一个活跃的市场中，土地买卖信息也更容易获得，会有效节约寻求买者或卖者的时间成本。

二　强制性契约制度与交易费用降低

私有产权确立之后，在买卖过程中已不存在因违法而受重罚这一交易费用，但是仍然存在因市场摩擦或市场体系不完善而出现的交易风险，其中最大的风险在于各类交易纠纷，这构成了宋代土地交易中最主要的交易费用。要降低这一交易费用，需要国家制定一个相对完善的保障交易的法律制度。

中国古代很早就采用订立契约的方式来明确某项交易的产权让渡，并主要运用于土地、田产、家宅等资产价值较大的不动产交易中。到宋代，为了维护频繁的土地交易的合法性，减少土地交易纠纷，这种以订立契约来确定土地产权转移的方式，不仅广泛而普遍地存在于民间土地交易之中，而且被官方以法律方式加以规范。郭东旭指出，宋代田宅买卖不仅有严格的程序，而且买卖契约进一步规范化，主要表现为“亲邻法”的发展、契约制度的规范化、过税离业的制度化。宋代还创制了完备的契税制度，以增强契约的法律效力。[②] 莫家齐、戴建国、赵晓耕等学者也对宋代

① 李埏、武建国主编《中国古代土地国有制史》，云南人民出版社，1997，第333—334页。

② 郭东旭：《宋代买卖契约制度的发展》，《河北大学学报》（哲学社会科学版）1997年第3期。另可参见郭东旭《宋代法制研究》，河北大学出版社，2000；郭东旭等《宋代民间法律生活研究》，人民出版社，2012；等等。

土地交易的法律规范和实践进行了深入研究。[①] 这些研究为我们呈现出宋代土地交易的基本程序：一是买卖意向达成；二是土地产权归属及产权界线审查；三是亲邻先买权排除；四是订立契约；五是过割赋税；六是投税印契。

从保留下来的有关资料看，如果交易者不按这些程序来完成，或忽略了某一程序，或因信息掌握不全等使某一程序存在瑕疵，那么这项土地交易就可能出现产权纠纷并引发官司，由此产生高额交易费用。《名公书判清明集》所载民事判例呈现出宋代与田产交易有关的民事纠纷发生的一些普遍性原因：一是田产相邻权的纠纷；二是亲邻优先权问题；三是交易未立契问题；四是伪造契约问题。[②] 这不仅说明不按照国家有关法律规定订立交易契约就有可能出现土地买卖纠纷，而且反映出官府制定的诸条土地买卖制度较为细致地规范了土地交易活动，目的在于减少土地纠纷，降低交易费用，即所谓“官中条令，惟交易一事最为详备，盖欲以杜争端也”。[③]

一般来说，一些知晓并熟悉国家政策、法律、行政常识的知识分子和官员，以及经常从事土地交易活动者（如地主、牙人等）应较为熟悉这些土地交易程序。如士大夫袁采在家书中告诫子孙：“人户交易，当先凭牙家索取阄书砧基，指出丘段围号，就问见佃人有无界至交加，典卖重叠。次问其所亲，有无应分人出外未回，及在卑幼，未经分析。或系弃产，必

① 莫家齐：《南宋土地交易法规述略——〈名公书判清明集〉研究之一》，《现代法学》1987年第4期；戴建国：《宋代的田宅交易投税凭由和官印田宅契书》，《中国史研究》2001年第3期；赵晓耕：《宋代法制研究》，中国政法大学出版社，1994；赵晓耕：《试论宋代的有关民事法律规范》，《法学研究》1986年第3期；姜锡东：《宋代买卖契约初探》，邓广铭、漆侠主编《中日宋史研讨会中方论文选编》，第91—106页；孔学：《〈名公书判清明集〉所引宋代法律条文述论》，《河南大学学报》（社会科学版）2003年第2期；高楠：《宋代民间财产纠纷与诉讼问题研究》，云南大学出版社，2009。

② 《名公书判清明集》，第100—395页。

③ （宋）袁采：《袁氏世范》卷3《治家·田产宜早印契割产》，第61页。

问其初应与不应受弃。或寡妇卑子执凭交易，必问其初曾与不曾勘会。如系转典卖，则必问其元契已未投印，有无诸般违碍，方可立契。”① 袁采还特别指出，如果这些基本要素不清楚，或者有违规情况，即便田产交易价格便宜，也不能买，“凡田产有交关违条者，虽其价廉，不可与之交易。他时事发到官，则所费或十倍”。② 但是，普通民众，特别是不识文断字、不懂法律的民众，在土地交易中往往处于劣势而被侵权。即便通过诉讼程序来维护自己的权利，也常常因对方的权势影响而处于不利地位。

为了保证法律的公平性并维护土地交易双方的合法权益，宋廷强制采取“印契投税”，并颁布“格式官契”，以最大限度降低民众的土地交易费用。早在北宋开宝二年（969）九月，“初令民典卖田土者，输钱印契”，③ 规定了输钱印契，但实施印契的目的不甚明确，以至于被解读为一种扩大政府收入的方法。《文献通考》载：“宋太祖开宝二年，始收民印契钱。令民典卖田宅，输钱印契税，契限两月。”④ 马端临将此项记载纳入“杂征敛”条，可见对其理解是敛税之意。笔者以为，宋廷出台这一政策绝非为扩大税收，而是规范民间交易。政和元年四月规定：“欲诸以田宅契投税者，即时当官注籍给凭由，付钱主，限三日勘会。业主、邻人、牙保、写契人书字圆备无交加，以所典卖顷亩、田色、间架勘验元业税租、免役钱，纽定应割税租分数，令均平取推，收状入案，当日于部内对注开收。”⑤ 可见，要想获得一份纳税凭证，必须按官方要求，附上交易契约，且契约应写明产权状况、产权交割以及具备买卖合法性等要件。这表明田产交易者需向官府投印契税的制度，更大意义上是要促进民间交易规范

① （宋）袁采：《袁氏世范》卷3《治家·田产宜早印契割产》，第61页。

② （宋）袁采：《袁氏世范》卷3《治家·违法田产不可置》，第62页。

③ （清）毕沅：《续资治通鉴》卷6，中华书局，1957，第133页。

④ （元）马端临：《文献通考》卷19《征榷考六》，第186—187页。

⑤ （清）徐松辑《宋会要辑稿·食货六一》，第7469页。

化、清晰化，以保证交易双方权利伸张，维护交易的公正性和合法性。正如宋宁宗时"臣僚言，州县交易印契，所以省词讼，清税赋，而投报输直，亦有助于财计"。[①] 臣僚将"省词讼"放在第一位，"有助于财计"放在最后，也揭示出该制度的主要目的在于规范交易行为。为此，官府承认"印契"交易的合法性，并将"印契"作为主要法律依据理断交易诉讼，进一步强化了"印契"的法律效力。"宋代的'印契'是区分契约是否合法和判断契约有无法律效力的标准，亦具有'公证'的性能。"[②]

宋廷要求广大民众在撰写的交易契约中写明交易要件，在官府印契缴税，并进行"公证"，这对于规范土地交易而言效果显著。但是，对于识文断字甚少甚至目不识丁的百姓而言，要书写一份规范的交易契约并非易事，只能找书铺或牙人代为撰写。一些豪猾之徒借此机会欺负无文化的农户，串通中介妄写契约、坑害百姓之事时有发生。为了遏制这种现象，实现公平交易，在印契投税制度实施不久，宋廷就制定了官契样本，大量印刷销售，并要求民众购买官府印制的统一契书进行立契交易。太平兴国八年（983），国子监丞、知开封府司录参军事赵孚奏言："庄宅多有争诉，皆由衷私妄写文契，说界至则全无丈尺，昧邻里则不使闻知，欺罔肆行，狱讼增益。请下两京及诸道州府商税院，集庄宅行人众定割移典卖文契各一本，立为榜样，违者论如法。"太宗"诏从之"。[③] 官府刊印的固定格式契约必然是交易要件清晰，反映公平交易之准则。戴建国认为，《新编事文类要启札青钱》外集卷一一所载《公私必用·典卖田地契式》应是宋元时期流行的标准样本，现转录如下：

---

① （元）马端临：《文献通考》卷19《征榷考六》，第187页。

② 郭东旭：《宋代买卖契约制度的发展》，《河北大学学报》（哲学社会科学版）1997年第3期。

③ （宋）李焘：《续资治通鉴长编》卷24，太平兴国八年三月乙酉条，第542页。

某里某都某姓

右某有梯己承分晚田若干段，总计几亩零几步，产钱若干贯文。一段坐落某都，土名某处，东至……南至……北至……系某人耕作，每冬交米若干，今为不济差役重难，情愿召到某人为牙，将上项四至内田段立契尽底出卖（或云“典”）与某里某人宅，当三面言议，断得时值中统钞若干贯文……

从立契后，仰本主一任前去，给佃管业（典云“约限三冬，备原钞取赎，如未有钞取赎，依元管佃”）永为己物，去后子孙更无执占收赎之理。所有上手朱契，一并缴连，赴官印押。前件产钱，仰就某户下改割供输应当差发。共约如前，此凭为用。谨契。

年　月　日

出业人姓某　号　契

知契姓某　号

牙人姓某　号

时见人姓某　号①

这是一个典、卖两用的契约。在这个契约中，交易田产的地段四至清楚，并有明确而详细的租佃信息、交易方式（典或断卖）及交易金额，并说明应到官府印契和割税赋等，交易双方、中间人及作证人等签字画押信息也十分明确。毋庸置疑，采用这种由官府制定的田宅买卖契约样本，将交易过程中需明确的要件和信息逐一说明，比民间自行撰写的契约文本要规范得多，可以很大程度上减少因契约订立不规范而产生的交易纠纷。即便出现交易纠纷，在解决和处理问题时也有据可依。

官府因“量收息钱”出售样本契书，② 民间多有百姓不情愿花钱购买，

① 戴建国：《宋代的田宅交易投税凭由和官印田宅契书》，《中国史研究》2001年第3期。

② （元）马端临：《文献通考》卷19《征榷考六》，第546页。

仍然私自立契或按官方格式擅自刻印契书等情况。为了强制推行官样契书，宋廷不仅规定非官契订约不受法律保护，而且还专用特定的纸张和规格印制，以防止民间仿刻印制："元丰官印契书既有法式，而纸札厚大，不容奸伪。"[①] 在实施强制性售卖官样契书的过程中，一些地方官员为了敛其息钱，出现了卖空契等违规情况，致使民间典卖田产过程中又出现各种契约混乱的问题。元祐之初，"有司官妄申请废去天下契书，奸巧之弊，复如往时。令乞依元丰条例委得经久，于民有利"。[②] 由此可见，再次强调官样契书的强制性使用，是为了解决契书"奸巧之弊"，来规范交易并降低交易费用。

三　人格化交易限制与交易费用调整

在宋代土地交易中，"亲邻优先权"是最易引发交易纠纷的一项权利，[③] 并由此形成了较高的交易费用。田宅买卖"先问亲邻"是中国传统社会的习惯法，至少在唐代，这一习惯法已经上升为成文法。《宋刑统》卷13《户婚律》"典卖指当论竞物业"条后所附敕文规定："（准）建隆三年十二月五日敕节文……臣等参详，自唐元和六年后来条理，典卖物业，敕文不一，今酌详旧条，逐件书一如后……一、应典、卖、倚当物业，先问房亲；房亲不要，次问四邻；四邻不要，他人并得交易。房亲着价不尽，亦任就得价高处交易。如业主、牙人等欺罔邻、亲，契帖内虚抬价

① （清）黄以周等辑注《续资治通鉴长编拾补》卷13，顾吉辰点校，中华书局，2004，第502页。

② （清）黄以周等辑注《续资治通鉴长编拾补》卷13，第502页。

③ 关于田宅买卖中的亲邻优先权研究已有不少，参见郭东旭《宋代买卖契约制度的发展》，《河北大学学报》（哲学社会科学版）1997年第3期；李锡厚《宋代私有田宅的亲邻权利》，《中国社会科学院研究生院学报》1999年第1期；吕志兴《中国古代不动产优先购买权制度研究》，《现代法学》2000年第1期；魏天安《论宋代的亲邻法》，《中州学刊》2007年第4期；高楠《宋代的私有田宅纠纷——以亲邻法为中心》，《安徽史学》2004年第5期；刘云生、宋宗宇《中国古代优先权论略——序位·要件·效力·限制》，《重庆大学学报》（社会科学版）2003年第3期；等等。

钱，及邻、亲妄有遮吝者，并据所欺钱数，与情状轻重，酌量科断。”[①] 有学者认为，中国古代的“亲邻优先权”既维护了宗法家族利益和家庭关系，符合中国传统文化的法律逻辑，又不违背基本等价交易的市场逻辑。[②]

需要指出的是，这一貌似不违背等价交易原则的制度，若考虑了交易费用，就存在很大问题。太宗雍熙三年（986）诏，出卖产业应“据全业所至之邻，皆须一一遍问。候四邻不要，方得与外人交易”。[③] 在一个流动性不大的社会里，逐一问遍邻居似乎也不算难事，但也不排除亲戚、邻居因外出等特殊原因而未被问询的情况。在所征询的亲邻中，若有不止一家有意购买，哪家优先也是个问题。况且，即便问遍亲邻，由于未履行书面批退字据程序，这一问询结果也仍留有后患。宋代出现过不少田宅售卖多年后亲戚或邻居以“亲邻优先权”伸张权利要求获得田宅的案例，这也是宋代有关田宅诉讼中，亲邻间诉讼较多的原因。由此可见，在亲邻优先权制度下，买卖土地者要维护交易的合法性，须在交易前问询所有亲邻，并要求亲邻签署批退文书，同时要有中间人在场做证。这一程序复杂费时，隐患很多，平添了一笔不小的交易费用。

不过，这项因嵌入文化因素而使相应法律增添了人情色彩的制度，随着时间推移和司法实践的不断积累，也被逐步增加了限制条件。太祖开宝二年（969）颁布条例，明确了亲与邻、邻与邻的优先次序：“凡典卖物业，先问房亲；不买，次问四邻。其邻以东、南为上，西、北次之。上邻不买，递问次邻；四邻俱不售，乃外召钱主。或一邻至著两家已上，东、西二邻则以南为上，南、北二邻则以东为上。”[④] 绍圣元年，臣僚言：“元

---

① （宋）窦仪：《宋刑统》卷13《户婚律》，第230—232页。

② 吕志兴：《中国古代不动产优先购买权制度研究》，《现代法学》2000年第1期。

③ （清）徐松辑《宋会要辑稿·食货六一》，第7463页。

④ （清）徐松辑《宋会要辑稿·食货三七》，第6805页。

祐敕，典卖田宅，遍问四邻，乃于贫而急售者有害。乞用熙宁、元丰法，不问邻以便之。应问邻者，止问本宗有服亲，及墓田相去百户（步）内与所断田宅接者，仍限日以节其迟。”① 这条诏令对亲邻的边界做了进一步限定：亲为“本宗有服亲”者，邻为“墓田相去百户（步）内与所断田宅接者”，缩小了法律上有优先权的“亲邻”范围。另外，《名公书判清明集》卷 9 载有两份有关“亲邻优先权”的诉讼判案，现将其判案依据的法律摘录如下：

亲邻之法

照得所在百姓多不晓亲邻之法，往往以为亲自亲，邻自邻。执亲之说者，则凡是同关典卖之业，不问有邻无邻，皆欲收赎；执邻之说者，则凡是南北东西之邻，不问有亲无亲，亦欲取赎。殊不知在法所谓应问所亲邻者，止是问本宗有服纪亲之有邻至者。如有亲而无邻，与有邻而无亲，皆不在问限。见于庆元重修田令与嘉定十三年刑部颁降条册，昭然可考也……

有亲有邻在三年内者方可执赎

准令：诸典卖田宅，四邻所至有本宗缌麻以上亲者，以帐取问，有别户田隔间者，并其间隔古来沟河及众户往来道路之类者，不为邻。又令：诸典卖田宅满三年，而诉以应问邻而不问者，不得受理……如是有亲而无邻，及有亲有邻而在三年之外，皆不可以执赎……②

这些记载表明，南宋时期法律对“亲邻优先权”的适用范围规定较北宋绍圣年间又进一步缩小：亲邻关系特指既有血缘关系又与交易田地四至

① （元）马端临：《文献通考》卷 5《田赋考五》，第 113 页。

② 《名公书判清明集》卷 9《亲邻之法》《有亲有邻在三年内者方可执赎》，第 308—309 页。

有交界关系。而且规定了诉讼时效为三年，这与当时其他不动产的诉讼时效相比，为最短期限。

由此可见，中国古代土地、房产等不动产交易中的“亲邻优先权”，自唐代由习惯法上升为成文法后，在宋代经历了由指向泛化、时间限定模糊向不断限定和缩小适用对象、限定较短诉讼时效转化的法律变迁。这一变迁轨迹表明，宋廷日益意识到嵌入文化的法律制度对公平交易所产生的阻碍，故不断对其适用对象和范围进行调整。在不改变法律基本准则的前提下，最大限度降低文化因素对交易公平原则的影响，其实质是向着降低交易费用的方向努力。

结　语

亚当·斯密等古典经济学家信奉市场万能，认为不受干涉的市场自主配置资源，最终能达到“帕累托最优”。但是，古典经济学理论忽视了一些问题的存在，如信息费用、不确定性、交易费用等，这些问题的存在使古典经济学理论的理想社会状态并不能成为现实。在探究唐宋以后富民阶层成长的问题时，笔者认为商品经济推动各种要素的流动组合并引发社会分层，是富民阶层成长所必要的宏观环境和背景。至于唐宋时期富民为什么能够在商品经济发展中迅速成长为一个社会阶层，笔者认为是制度因素发挥了重要作用。唐宋时期，国家围绕土地产权和土地交易的法律制度所做出的一系列改变，大大降低了普通民众买卖土地的交易费用，使土地交易变得容易且具有权益保障，活跃了土地交易市场，也维护了土地交易者的经济利益。这一系列制度变迁主要体现在三个方面。

其一，明确了土地占有者的排他性产权。中唐以前实施多年的均田制，土地占有者没有土地产权，致使土地买卖行为产生了很高的交易费用。中唐以后，国家以默许的方式承认了私有产权，明确了土地占有者的排他性产权，其经济意义在于：土地收益权完全内部化和土地流转合法化。土地收益权完全内部化大大增加了民众获得更多土地的热情，有钱则买田成为全社会追求的目标。土地流转合法化则降低了人们因买卖土地而受惩罚的高昂交易费用，使“有钱则买”“无钱则卖”成为社会的普遍现象。

其二，交易契约化与专用性知识运用。宋代实施“印契投税”，使土地等不动产的交易契约化，并成为一种法律强制制度，其制度立意在于规范交易行为，减少事后违约行为。与此同时，官府还推行官方格式契约，这是推广田宅交易中的专用性知识、维护公平交易的举措，重在解决田产交易中容易产生纠纷的两个问题：买卖双方信息不对称和因契约要件不规范而产生歧义。同时，通过权威机构进行“公证”，强化了契约的有效性。这些法律制度安排的核心内容就是维护契约的公平性和有效性，减少土地买卖纠纷，从而降低交易费用。

其三，人格化交易的限定。宋代田宅交易中的“亲邻优先权”，貌似是一种不违背市场交易原则的法律，实乃人格化交易，成为增加田宅交易费用的重要因素。官府在司法实践中逐渐加强对人格化交易的限定，以尽量降低这一人格化交易所产生的高昂交易费用，如限定可伸张亲邻权的群体范围及诉讼时效等。

显然，法律调整是一种强制性制度变迁，是国家机器根据社会需要主动实施的制度变迁。那么，在土地交易活动中是否出现过一些有利于降低交易费用的诱致性制度变迁，即来自民间的利益者或者利益集团自发倡导实施的制度变迁？笔者认为，在田宅交易这一经济活动中，诱致性制度变迁在宋代尚未出现。这是因为，作为一种即时或短期的个体交易行为，田宅买卖交易过程并不复杂，双赢是交易达成的必要条件，买者或卖者均没有促成诱致性制度变迁的利益动机，也没有能力去促成制度变迁。买卖双方若想获得更有利于自己的交易结果，只会采用机会主义者的行动方案，以钻法律空子的形式来达到目的。[①] 这样一来，随着交易日益频繁和普遍化，越来越多的诉讼就会出现。故宋代有健讼之风亦不为怪。当官府意识到问题的严重性，才以国家发布律令、皇帝颁布诏令等方式来加以规范，由此形成了强制性制度变迁。[②]

国家的强制性制度变迁产生了有利于土地交易和规范土地交易活动的制度安排，使广大民众进行土地买卖的交易费用大大降低，刺激了土地交易活动，在更大范围内维护了富民阶层通过市场活动获得财富的合法性，保护了其财产权利。这不仅保证富民阶层可以在宋代产生并壮大，还促使其通过经济手段产生较强的社会影响力，甚至形塑了传统社会中后期基本的财富积累和流动方式。

---

① 《名公书判清明集》所载的多个案例呈现了买者或卖者的诸多投机行为：卷 4《高七一状诉陈庆占田》（第 103 页）中，有以白契虚构交易行为；卷 4《王九诉伯王四占去田产》（第 106 页）中，王九欲以遗产继承，索回父亲 15 年前已断卖的田产；卷 4《乘人之急夺其屋业》（第 131 页）载，张光瑞乘人之急，利用亲邻之法，低价强夺邻居屋业；卷 5《重叠交易合监契内钱归还》（第 143 页）则记载，江申隐瞒信息，将其田产重叠典卖与他人。

② 唐宋时期，在经济领域的其他方面，已经出现了降低交易费用的诱致性制度变迁。如交子作为世界上最早使用的纸币，最初由北宋时期的四川商人所发行，是民间利益集团为方便大宗交易和远程贸易而自主发起的金融创新，属诱致性制度变迁的范畴，对降低交易费用意义重大。

财富改变关系：宋代富民阶层成长机理研究

“富民社会”理论是宋史学界中令人瞩目的新理论之一。该理论认为：唐宋时期富民阶层作为一个重要的财富力量崛起并不断壮大成长，成为主导社会的动力层、中间层和稳定层。目前这一理论的研究尚需解决一个问题，即富民群体如何从一个普通的社会阶层转化为一个重要的社会阶层，进而成为一支对唐宋社会有重要影响的社会力量。这是非常重要的问题，需要从学理层面进行深入分析。目前林文勋教授及其团队的研究认识主要有两个方面：一是富民阶层借助科举入仕这一社会流动通道，实现了身份角色的转化和社会地位的提升，成为社会发展的推动力量；二是富民通过积极参与乡村公共生活，对基层社会形成了有效控制，成为统合社会与联系国家的中坚力量和稳定力量。这一问题在“富民社会”理论构建中具有重大意义，不仅需要对上述两个方面进一步深化研究，而且还需要从更多层面和不同视角进行探讨。本文就是对这一问题继续思考的一个成果。

富民群体从财富力量转化为社会力量，成为一个重要的社会阶层，在社会中发挥动力层、中间层、稳定层作用的这一过程，实质上是以其经济实力重构社会关系的过程。这一过程至少可以反映在三个方面：一是富民利用其财富优势形成投资力，对土地进行投资成为土地所有者，作为土地所有者在租佃关系上处于占有优势的社会地位；二是富民利用财富优势形成购买力，进行身份性消费品的消费，塑造一种新的社会身份；三是富民借助其掌握粮食等实物财富的优势，在灾荒时期利用其处于卖方市场的有利地位与政府进行博弈，增强富民的社会话语权。

一 财富与权力支配

财富，这里主要指经济财富，包括货币（可流通性）、资产（形成投资的财产，如田宅、厂房设备等）和存货（可变现的商品）等多种有经济价值的东西。财富在可流动的货币、不断增殖的资产和商品化的存货之间不断变化和组合转换，重构着新的经济关系和社会关系。

宋代的富民之所以称为富民，与其他群体最大的区别在于他们拥有财富。这些拥有财富的富民，是土地的主要投资者和拥有者，以此获取增殖的财富。与小土地所有者自耕自营不同的是，拥有较多土地的富民多采取租佃经营的方式。租佃经营是一种契约经济，作为田主的富民和作为租赁者的佃农在法律上是平等的关系，在经济上是互利互惠的双赢关系，“佃户既赖田主给佃生借以养活家口，田主亦借佃客耕田纳租以供赡家计，二者相须，方能存立”。[①] 但是，经济关系的平等并不等于社会关系的平等，作为土地所有者的富民具有社会心理优势的同时也具有相对的支配地位。

无论中外古今，劳动方式都是区隔群体身份的一个社会符号。在西方，“labor”是形容劳动生产的词语，它最早的含义与“繁重艰辛”和“惩罚”相关联。劳动是让人瞧不起的行为，是一种对被征服者或违反规矩者的惩罚。这种观念通过奴隶制度和宗教深入人心。《圣经》中特别强调劳动令人产生不快的特点：在伊甸园，亚当犯错误之前，过着愉快的生活，后来因偷吃了智慧果而受到惩罚（laberat）。这也是labeur（繁重劳动）一词的含义。直到11世纪，宗教改革后，劳动被认为是个体自我救

① （宋）朱熹：《晦庵先生朱文公文集》卷100《劝农文》，《朱子全书》第25册，上海古籍出版社，2002，第4626页。

赎的方式和对上帝忠诚的表现，劳动才变成生活中不可缺少的、光荣的事情。14 世纪，labour 才完全表示“田间劳动”的意思。[①] 在中国传统价值观中，劳动很早就被区分为脑力劳动和体力劳动两种，二者不仅是一种社会分工，更是一种社会关系。孟子曰：“劳心者治人，劳力者治于人；治于人者食人，治人者食于人。天下之通义也。”[②] 脑力劳动者天然地具有支配体力劳动者的合理性，也由此决定了脑力劳动者高高在上的社会地位。富民靠地租获利，这是在人们看来甚至都不用“劳心”的“不劳而获”，更容易使富民在心理上产生“高人一等”的优越感，故社会上有“吾乡风俗，大抵以贫富为疏戚，以躬耕稼为耻”的现象。[③]

在宋代的租佃经济中，地主和佃农之间的关系主要是平等的经济关系。不少学者持这种观点，如宫崎市定认为唐代从事农业劳动者的“部曲”是贱民，是豪族的私附，与主人之间有很强的人身依附关系。但是到宋代，部曲已转化为佃户，而佃户只是租地人而已。[④] 梁庚尧认为宋代地主和佃户之间的关系主要是契约关系，地主和佃户之间只有贫富之分，地主并不能控制佃户的行动，地主和佃农的角色可因经济条件的变化而发生改变。[⑤] 但是，即便持有这种观点的学者，也并不否认宋代的地主在法律上处于较为有利的地位。宫崎市定认为：“宋政府对佃户问题的政策也同样具有两面性。因为官僚大多数是两面性出身，遇到地主和佃户发生对立的情况时，必然有偏袒地主的倾向。但如果地主依靠富者的权利过分地剥削佃户，那就不仅违反了独裁天子的一视同仁原则，甚至有危机地主制度

① 〔法〕罗贝尔·福西耶：《中世纪劳动史》，陈青瑶译，上海人民出版社，2007，第 5—17 页。

② 《孟子》卷 5，方勇译注，中华书局，2010，第 96 页。

③ （宋）汪应辰：《书陶靖节及二苏先生和劝农诗示郑元制》，曾枣庄、刘琳主编《全宋文》卷 4778，第 215 册，第 211 页。

④ 宫崎市定：《从部曲到佃户》，刘俊文主编，索介然译《日本学者研究中国史论著选译》第 5 卷，中华书局，1993，第 1—71 页。

⑤ 梁庚尧：《南宋的农村经济》，新星出版社，2006，第 98—106 页。

存续之虞。所以，宋政府采取一方面承认地主的特权，另一方面也保护佃农权利的政策。”[①] 梁庚尧也承认“南宋佃户的法律地位确实要较地主低”。[②] 而持相反观点的周藤吉之则强调了地主和佃户的经济依附关系和社会隶属关系。他指出，由于佃户在经济上依附于地主，二者之间不是对等的而是主从的隶属关系。这种隶属关系主要体现为：佃户没有转移关系的自由；地主不仅役使佃农本人，而且还役使其家属子女；佃户女子结婚有时也受到地主干涉。[③] 这至少说明，在宋代局部地区地主役使佃农、强制佃农之事时有发生。宋代法律偏袒有财富优势的地主，也是二者在法律关系上并不完全对等的表现。

即便在法律和经济地位上佃农和地主能够完全平等，在社会关系上地主对佃农也有相对支配权，从而使佃农处于被支配地位。分析这种支配权，大体可以从以下几个方面来理解。一是地主对佃农时间和空间的支配权。这是农业生产活动的特殊性与租佃关系结合所派生出来的一种权力关系。作为佃农，如果租佃了某一地主的土地，就意味着在租佃期（至少一个农业生产周期）内，必须在这块土地上投入足够的劳动时间和劳动力，才能够获得好的收成，以保障缴纳地租和获得更多剩余产品。作为需要终日劳作于土地之上的佃农，他们的生活空间显然也被限制在与这块租佃土地邻近的村社之中。也就是说，当地主向佃农出租土地，就意味着他在租佃期内间接支配了佃农的劳动时间和生活空间，经济上的平等双赢关系转化为社会中的支配关系。二是由经济上的支配力延伸出来的对佃农人身关系的限制。宋代的租佃制通常采用五五分成的租佃收益分配，这并非风俗

---

① 宫崎市定：《从部曲到佃户》，刘俊文主编，索介然译《日本学者研究中国史论著选译》第5卷，第47页。

② 梁庚尧：《南宋的农村经济》，第102页。

③ 周藤吉之：《宋代的佃户制》，刘俊文主编，索介然译《日本学者研究中国史论著选译》第5卷，第105—165页。

和习惯使然，而是佃农为规避农业生产风险而采取的最有效的合约形式。[①]也就是说，大多数佃农的生活状况处于较为贫困的境地，他们基本的生产资料积累有限，抗御自然灾害的能力较弱。一些贫困佃农甚至需要地主为他们提供种子、耕牛等必要的生产资料才能正常开展再生产活动。在租佃经营中，地主往往是主动的、拥有支配权的一方，佃农则是处于被支配地位的另一方。唐代陆贽指出："富者兼地数万亩，贫者无容足之居，依托强豪，以为私属。"[②] 道出了貌似平等的经济关系下不平等的社会关系。这种情况并非个例而是一种普遍情况。唐宋时期人们谈及富民租佃经营土地时，常常使用"役"字。如《续资治通鉴长编》右司谏王觌言："富家大姓幸其邻里之破产卖田，则啖以厚利而兼并之，然后可以食其租而役其人。"[③] 陈亮在为郭德麟撰写的哀辞中写道："往时东阳郭彦明徒手能致家资巨万，服役至数千人。"[④] "役"，是指无偿向他人提供劳动。在传统国家体制中，为了维持国家公共开支，需要成员为其无偿提供劳动产品和劳动力，这就形成了国家向民众征收赋役的必要。在地主和佃农的关系上，人们使用"役"这一话语方式，显而易见，表明地主对佃农具有一种显性的或隐性的支配权力。

二　消费与社会身份构建

马克思在《雇佣劳动与资本》中指出："我们的需要和享受是由社会产生的；因此，我们在衡量需要和享受时是以社会为尺度，而不是以满足它们的物品为尺度的。因为我们的需要和享受具有社会性质，所以它们具

① 张锦鹏：《宋代商品供给研究》，云南大学出版社，2003，第216—221页。

② （唐）陆贽：《论兼并之家私敛重于公税》，（清）董诰等编《全唐文》卷465，中华书局，1983年影印本，第4759页。

③ （宋）李焘：《续资治通鉴长编》卷397，元祐二年三月条，第9686页。

④ 《陈亮集》卷26《东阳郭德麟哀辞》，中华书局，1974，第393页。

有相对的性质。”[①] 人类用于消费的物品，不能简单地看作提供某种使用价值的物品，而应该看到这种物品能够使人们获得某种社会性满足。社会是一个由许多个体汇集而成的有规则或纪律的相互合作的具有生存关系的群体组织。在这一群体组织里，个体的意义是在社会关系中呈现的，因此，社会性满足的意义也显而易见地体现在关系获得和关系表达之中。鲍德里亚认为：“被消费的东西，永远不是物品，而是关系本身。”[②]

用消费来构建社会关系并非现代社会才掌握的秘密，在人类社会发展的历史长河中，统治者早已娴熟地运用消费限制来达到区隔群体、表达社会关系的目的，并且将其作为社会秩序建构的一种行之有效的手段。早在三千多年前，西周统治者就制定舆服之制作为社会等级的身份符号。中央集权王朝建立以后，历代统治者都实施并不断完善舆服之制，对服饰、车乘等个人消费品赋予制度化的分类图式，这成为皇室贵族、官僚人士、普通百姓等不同阶层的外在化的象征符号，“是以天下见其服而知贵贱，望其章而知其势”。[③] 人们既可以通过外在的服饰和用品彰显“高贵”与“低贱”的身份差别，又可借助可视的消费符号来进行“我者”与“他者”的身份认同与区隔。统治者实施“车服以庸”，[④] “别尊卑、定上下”，[⑤] 更是通过舆服消费来规定社会秩序以达到社会控制之目的。可见，作为国家制度安排的舆服之制“充当了社会分层的重要媒介和角色”。[⑥]

靠家庭积累拥有较多土地的庶族地主和从事工商业经营有一定财富积累的工商业者，即本文所讨论的富民群体，在国家舆服制度中他们被列为

① 《马克思恩格斯文集》第 1 卷，人民出版社，2009，第 729 页。

② 〔法〕让·鲍德里亚：《物体系》，林志明译，上海人民出版社，2018，第 214 页。

③ （汉）贾谊：《新书》卷 1，中华书局，2012，第 44 页。

④ （南朝）范晔：《后汉书》卷 119《舆服上》，中华书局，1965，第 3639 页。

⑤ （元）脱脱等：《宋史》卷 149《舆服一》，第 3477 页。

⑥ 温乐平：《制度安排与身份认同：秦汉舆服消费研究》，《江西师范大学学报》2012 年第 6 期。

社会下层，不得穿鲜亮衣服，不得乘坐华丽车马。《旧唐书·舆服志》载："贵贱异等，杂用五色。五品已上，通着紫袍，六品已下，兼用绯绿。胥吏以青，庶人以白，屠商以皂，士卒以黄。"[①] 又载："流外及庶人服䌷、絁、布，其色通用黄，饰用铜铁。"[②] 这些有财富优势者始终处于社会下层，遵守这一阶层的"本分"。

中唐以后，富民这一新兴财富力量在商品经济大潮中迅速崛起。拥有财富是他们区别于其他群体的初始特征。财富最具工具性的用途在于可以转化为现实购买力，用其改变财富所有者的消费倾向以及满足其消费需求。在这种物质条件支撑下，富民群体便萌生了用财富改变自身地位、重塑社会形象的欲望。舆服作为一种社会性的消费品，一种承载着权力、地位、权威的符号，自然而然地被富民群体当作获取社会声望的诉求工具。于是，在舆服消费方面"僭越"之风汹涌而来。《宋史·舆服志》中有不少记载："太宗太平兴国七年，诏曰：'士庶之间，车服之制，至于丧葬，各有等差。近年以来，颇成逾僭。宜令翰林学士承旨李昉详定以闻。'昉奏：'今后富商大贾乘马，漆素鞍者勿禁。近年品官绿袍及举子白襕下皆服紫色，亦请禁之。其私第便服，许紫皂衣、白袍。旧制，庶人服白，今请流外官及贡举人、庶人通许服皂。工商、庶人家乘檐子，或用四人、八人，请禁断，听乘车；兜子、舁不得过二人。'并从之。"[③] 端拱二年(989)，"诏县镇场务诸色公人并庶人、商贾、伎术、不系官伶人，只许服皂、白衣，铁、角带，不得服紫……其销金、泥金、真珠装缀衣服，除命妇许服外，余人并禁"。[④]

朝廷多次下诏令禁止庶民僭越舆服之制，但是收效甚微："庶民之家，

---

① （后晋）刘昫等：《旧唐书》卷45《舆服志》，中华书局，1975，第1952页。

② （后晋）刘昫等：《旧唐书》卷45《舆服志》，第1952页。

③ （元）脱脱等：《宋史》卷153《舆服五》，第3573—3574页。

④ （元）脱脱等：《宋史》卷153《舆服五》，第3574页。

必衣重锦，厚绫罗縠之衣，名状百出，弗可胜穷。”[①] 靠酿酒发家致富的乡村土豪，也“女髻银钗满，童袍毳氍鲜”，[②] 他们似乎并不把朝廷的舆服之制放在眼里，甚至故意“冠帔珠翠，僭拟贵族”。[③] 这种现象，让朝廷十分忧虑。政和七年（1117），臣僚言：“辇毂之下，奔竞侈靡，有未革者。居室服用以壮丽相夸，珠玑金玉以奇巧相胜，不独贵近，比比纷纷，日益滋甚”，“申令法禁虽具，其罚尚轻，有司玩习，以至于此”。[④] 宋孝宗隆兴元年（1163），臣僚议论：“迩来风俗侈靡，日甚一日。民间泥金饰绣，竞为奇巧，衣服器具皆雕镂妆缀，极其华美。”[⑤] 南宋闽南一带：“自缙绅而下，士人、富民、胥吏、商贾、皂隶，衣服递有等级，不敢陵躐。士人冠带，或褐笼衫；富民、胥吏皂衫；农贩下户白布襕衫。妇人非命妇不敢用霞帔，非大姓不敢带冠用背子。自三十年以前，风俗如此……其后渐失等威，近岁尤甚。”[⑥]

由此可见，富民在成长初期属于较低社会阶层中的一个群体。随着财富的增长，他们借助财富优势，在个人身份性消费品方面不断“僭拟”上层社会，通过舆服等社会性消费进行新的社会关系建构。也就是说，他们通过消费塑造了一种新的社会身份，“人们从不消费物的本身（使用价值）——人们总是把物（从广义的角度）用来当做能够突出你的符号，或让你加入视为理想的团体，或参考一个地位更高的团体来摆脱本团体”。[⑦] 靠财富向购买力的转化，富民逐渐摆脱了原来的社会阶层，重构了一个新的社会阶层。这个阶层从底层逐渐上升，在整个社会潜移默化的认同中，

---

① （宋）李觏：《富国策第三》，曾枣庄、刘琳主编《全宋文》卷905，第42册，第166页。

② （宋）梅尧臣：《村豪》，（清）吴之振等选《宋诗钞》卷9，中华书局，1986，第268页。

③ （清）徐松辑《宋会要辑稿·刑法二》，第8366页。

④ （元）脱脱等：《宋史》卷153《舆服五》，第3577页。

⑤ （清）徐松辑《宋会要辑稿·刑法二》，第8384页。

⑥ （明）何乔远编撰《闽书》卷38《风俗志》，福建人民出版社，1994，第947页。

⑦ 〔法〕波德里亚：《消费社会》，刘成富等译，南京大学出版社，2000，第48页。

获得了一种新的社会身份——富民阶层。

三　投资与社会话语权获取

唐宋时期，富民群体不仅通过投资力、购买力来形塑新的社会身份，而且还通过售卖力（存货的处置）来建构一种新的社会关系。不少富民之家有粮食积蓄，被称为“多蓄之家”。[①] 富民之家也有较多的钱财积累，他们常常根据市场物价的波动“乘时贱收”，[②] 待物价上涨时再高价抛售以图厚利，“今富人大姓，乘民之急，牟利数倍”。[③] 可以说，富民群体是活跃在宋代粮食市场中的一支生力军。

但是，以谋取利益最大化的贱买贵卖的个体经济行为，在一些特殊情况下会与广泛性的社会需求产生尖锐矛盾，甚至引发一些严重的社会问题。如在灾荒之年，富民争相囤粮待价而沽，市场上没有米粮销售或米价奇高，百姓口粮不足，饿殍遍地，社会治安混乱。为了政局稳定，朝廷显然是不可能置灾荒饥馑于不顾的，故“诸州岁歉，必发常平、惠民诸仓粟，或平价以粜，或贷以种食，或直以振给之，无分于主客户。不足，则遣使驰传发省仓，或转漕粟于他路；或募富民出钱粟”。[④] 动用常平仓等国库储备或从其他地区调运粮食救济，这些是政府可直接操作的，唯有“募富民出钱粟”不太容易做到，常常是“富室不怜贫，千仓尽封闭。只图价日高，弗念民已弊”。[⑤]

但政府常设的保障机构赈灾能力有限，“募富民出钱粟”之类事又不

① （宋）袁采：《袁氏世范》卷3《治家·富家少蓄金帛免招盗》，第46页。

② （宋）赵汝愚编《宋朝诸臣奏议》卷107，上海古籍出版社，1999，第1153页。

③ （元）脱脱等：《宋史》卷186《食货下八》，第4548页。

④ （元）脱脱等：《宋史》卷178《食货上六》，第4335—4336页。

⑤ （宋）真德秀：《古诗·蒲城劝粜》，北京大学古文献研究所编《全宋诗》卷2921，北京大学出版社，1991，第56册，第34843页。

得不做，有财富实力的富民遂成为赈灾救济的主要民间力量。[①] 劝粜与劝分是宋政府进行社会动员的主要方式，二者虽然字面不同，但实质是相同的，都是政府试图通过宣传动员，让富民做出与其经济利益最大化相左的决策。于是，在政府和富民之间，就出现了“劝”与“受劝”或“不受劝”的双重博弈。这一博弈过程的结果通常有三。一是道德规劝与个人美德塑造。代表政府的地方官吏引经据典、举例实证，试图利用儒家伦理对富民进行规劝。富民则积极响应政府号召，出钱出粮救济。结果是政府与富民皆大欢喜，富民得到政府的精神性嘉奖，得到乡民的好口碑。二是官职奖励与社会地位提升。在第一种方式效果不佳的情况下或者为了达到立竿见影的效果，政府采用奖励官职的方式，根据富民善行和贡献的大小，赐予一定的闲散官职。这一博弈结果是双赢的：政府达到了借助富民之力赈灾救济之目的，富民通过捐助获得官职，提升了社会地位。三是行政处罚与群体或个体抗争。在施与精神激励和官职激励都不能达到政府预期目标之时，一些地方官吏就会采取激进方式，强制富民出粜粮食赈灾，对违抗者进行行政处罚。这样的结果，富民或惧于权威而服从劝谕，或与政府对抗而被惩罚。

宋代有一个案能够很好地反映政府与富民的博弈过程。咸淳七年三月，在绍兴府任职的黄震被任命为抚州知府。当时抚州境内发生饥荒，黄震深为焦虑，赈灾心切。在赴任途中，他就先遣发公札榜文劝谕上户赈灾救济。一到抚州境内，他就召集富民开会，督促基层官吏赈灾。这些社会动员之举措，均可从黄震所发的二十篇榜文[②]中得到呈现。

---

① 相关研究论著有王德毅《宋代灾荒的救济政策》，台北：台湾商务印书馆，1970；张文《宋朝民间慈善活动研究》，西南师范大学出版社，2005；李华瑞《宋代救荒史稿》下卷，天津古籍出版社，2014；林文勋、谷更有《唐宋乡村社会力量与基层控制》；等等。另有不少相关论文，不一一列举。

② 张伟、何忠礼主编《黄震全集》，第2198—2211页。

第一榜：咸淳七年三月二十八日中途先发上户劝粜公札

第二榜：四月初一日中途预发劝粜榜

第三榜：四月初五日中途预纳上户四月十三日到州面议札

第四榜：四月初十日入抚州界再发晓谕贫富升降榜

第五榜：四月十三日到州请上户后再谕上户榜

第六榜：四月十四日再谕元约不到上户书判

第七榜：四月十四日再晓谕发誓榜

第八榜：四月十四日委官核实诸坊厢人户粜户历

第九榜：四月十六日委请诸县诸乡都劝粜官牒

第十榜：专请乐安县十提督牒

第十一榜：四月十九日劝乐安县税户发粜榜

第十二榜：四月二十五日委临川周知县（滂）出郊发廪榜

第十三榜：委周知县发廪第二榜

第十四榜：委周知县发廪第三榜

第十五榜：五月二十五日委乐安梁县丞发粜周宅康宅米

第十六榜：六月初一日劝税户陆续赈粜榜

第十七榜：六月二十日委乐安施知县（亨祖）发粜周宅康宅米

第十八榜：又再委施知县榜

第十九榜：六月三十日在城粥饭局结局榜

第二十榜：七月初一日劝勉宜黄乐安两县赈粜未可结局榜

这二十篇榜文官牒，生动地记载了当时赈灾过程中政府与富民的博弈过程。下面以这些榜文官牒为主要内容，结合其他相关史料予以分析。

第一层面博弈：道德规劝与个人美德塑造。

每当灾荒之时，政府常常会出台各种劝谕告示进行社会动员。从黄震所发榜文来看，在第一榜中，黄震率先表明了自己的施政理念，“惟欲安富恤贫，使彼此相安而共济”，然后试图以经济理性来劝富民出粜：“然抚州米贵，于斯为极，乘时急粜，足以接济乡曲，而利亦在其中。否则价平复旧，虽欲售不能，而乡曲之怨亦归之，两失之矣。高明当不待多祝，职守所系，自有不容已于言者。谨兹禀控，伏乞台照。”[①] 第二榜中，黄震开始动用官员最熟悉的儒家伦理进行道德规劝：“天生五谷，正救百姓饥厄；天福富家，正欲贫富相资。米贵不粜，人饥不恤，天其谓何？况凡仰籴之人，非其宗族则其亲戚，非其亲戚则其故旧，非其故旧则其奴佃，非其奴佃则其乡邻，彼其平日敬我仰我者果为何赖？今一旦遇歉，竭彼苦恼无所措办之钱，博我从容尽可通融之粟，此之粜与否，彼之死与生。君子以仁存心，宁不重为矜恻？切几乎体。”[②] 第四榜中，黄震号召地方贤达一起来对富民进行道德规劝：“右请贵寓之贤、学校之英、乡闾岩穴抱道未仕之彦，各以天地民物为心，各以父母乡邦为念，以义理感动乡之富者，以恩威开谕乡之贪者。”[③] 在第五榜中，黄震再次重申其道德意义：“照对：救荒之法，惟有劝分。劝分者，劝富室以惠小民，损有余而补不足，天道也，国法也。富者种德，贫者感恩，乡井盛事也。”并且还强调他只是希望富民拿出米谷来售卖，并非让富民直接捐粮：“今我抚州不劝分而劝粜者，曲体富室之情也，急谋贫民之食也。”[④]

但是黄震十分诚恳的劝谕收效甚微。榜文发放到富民家中，富民视而不见；邀约富民到抚州商谈，富民或听而不闻，或闭门不出。这并非孤立个案，宋朝不少官员在劝谕救灾中都遇到过类似情况。如神宗“熙宁八

① （宋）黄震：《黄氏日抄》卷 78《咸淳七年三月二十八日中途先发上户劝粜公札》，张伟、何忠礼主编《黄震全集》，第 2198 页。

② （宋）黄震：《黄氏日抄》卷 78《四月初一日中途预发劝粜榜》，张伟、何忠礼主编《黄震全集》，第 2199 页。

③ （宋）黄震：《黄氏日抄》卷 78《四月初十日入抚州界再发晓谕贫富升降榜》，张伟、何忠礼主编《黄震全集》，第 2200 页。

④ （宋）黄震：《黄氏日抄》卷 78《四月十三日到州请上户后再谕上户榜》，张伟、何忠礼主编《黄震全集》，第 2201 页。

年，淮浙大饥，人相食……提举司印榜招谕富民，布施钱以种福田，大取识者嗤笑”。[①]“种福田”乃佛家捐赠之用语，地方官员劝谕榜文中，试图用种福田来唤起富民慈善之心，却几乎没有效果。再如，南宋明州土地肥沃，“一岁之入非不足赡一邦之民也”，遇到灾情时“而大家多闭籴”，“劝分之令不行”，[②]甚至还出现“富民有米，本欲粜钱，官司迫之，愈见藏匿”[③]的情况。有学者指出，在救荒赈济活动中，宋朝利用“公心好义之士”的举措不会有太大的空间和作用。[④]

第二层面博弈：官职奖励与社会地位获得。

为了强化社会动员的效果，政府出台的奖励措施是赐予官爵，“或募富民出钱粟，酬以官爵，劝谕官吏”。[⑤]这是一个颇有吸引力的激励措施，在一个官本位的社会里，获得官职意味着社会地位提升。但是宋廷对官职奖励并没有统一的政策，政策的随意性很强。淳熙八年十一月“以淳熙元

① （宋）江少虞：《宋朝事实类苑》，第968—969页。

② （宋）胡榘、罗濬纂修《宝庆四明志》卷4《叙产》，中华书局，1990年影印本，第5040页。

③ （宋）董煟：《救荒活民书》卷1，天禧元年四月条，中华书局，1985，第16页。

④ 参见李华瑞《劝分与宋代救荒》，《中国经济史研究》2010年第1期；另见李华瑞《宋代救荒史稿》下卷。但对于政府的社会动员，富民响应者亦有之。庆历年间，黄照为岳州华容县令，“至之日，遭岁大饥，亟谕富人出米，继发官廪，以哺流饿，盖活人以万计”（刘挚：《侍御史黄君墓志铭》，曾枣庄、刘琳主编《全宋文》卷1680，第77册，第150页）。政府的社会动员效果也许与动员者能力有关。这些踊跃响应政府号召的富民，“以此为荣，夸其闾里”[（清）徐松辑《宋会要辑稿·食货五九》，第7413页]。但是，宋政府似乎没有对个人荣誉表彰做出必要的制度安排，而只是赐予官爵作为嘉奖，这显然比赐一个匾更具吸引力。二百多年后的明朝政府，倒是十分重视个人慈善行动的荣誉性表彰，只要出几百石、上千石米谷或其他物资，助国家军饷或赈灾，就会得到来自朝廷的“旌异优免”，甚至“冠带荣身”的嘉奖。尽管如此，明朝的社会动员仍然不尽如人意。（见方志远《“冠带荣身”与明代国家动员——以正统至天顺年间赈灾助饷为中心》，《中国社会科学》2013年第12期）

⑤ （元）脱脱等：《宋史》卷178《食货上六》，第4336页。

年减半推赏法募民振粜”。[①] 宣和元年（1119），淮甸发生大旱灾，负责赈济的官员向朝廷请求：“豪民大姓有愿出积粟者，乞籍其名，酬以官爵，其次与免差科一次。”[②] 有时，地方官吏的社会动员效果很好，捐赠者很多，朝廷推赏却难以兑现：“今救荒之策，莫急于劝分，输纳既多，朝廷吝于推赏。乞诏有司检举行之。”[③]

身为知府的黄震，也采取了此招。四月十三日，一到抚州境内，他就马不停蹄地召集富民开会“礼劝”。到场的富民有多少不得而知，但是定然是有一些富民并未如约而来，故黄震在四月十四日发一布告，[④] 再次告知那些未来开会的富民。从黄震会后当天发的榜文内容来看，这个会议并未达到预期目的，故在这一榜文中，他改变了之前以理劝之、以情动之的劝谕方式，采用了更为直接的利益引诱：“富室而果有能此者，粜二千石以上，太守自旌赏；粜一万石以上，太守申朝廷补官，已有官者升擢。此太守所以报德，决不食言也。”但是这样的利益引诱似乎也没有起到多少效果，因为在此榜中，黄震还无奈地表示“其不听者，亦不敢强也”。[⑤] 但是以后所发之榜态度强硬，开始采取行政手段来强制富民出粜。于是，政府与富民进入第三层面的博弈。

第三层面博弈：行政处罚与群体抗争。

十四日，黄震发的第七榜中，态度开始强硬起来：“若十日之内不粜

① （元）脱脱等：《宋史》卷35《孝宗纪》，第676页。

② （清）徐松辑《宋会要辑稿·食货五九》，第7385页。

③ （元）脱脱等：《宋史》卷389《尤袤传》，第11925页。

④ （宋）黄震：《黄氏日抄》卷78《四月十四日再谕元约不到上户书判》，张伟、何忠礼主编《黄震全集》，第2202页。

⑤ （宋）黄震：《黄氏日抄》卷78《四月十三日到州请上户后再谕上户榜》，张伟、何忠礼主编《黄震全集》，第2202页。

者，轻则差官发廪，重则估籍黥配。”[①] 即便如此，富民仍然不买账，根本不理睬黄震之言。《四月十九日劝乐安县税户发粜榜》中，黄震态度强硬，直接点了十几家官户[②]之名：“邑内风俗，当职虽未能周知，如出等税家彰彰在人耳目者，已略得其概。如詹良卿登仕，则甲于一邑四乡者也。曾料院、许道州、詹季宏官人、曾正则官人、曾季同官人、詹明伯官人，皆邑内蓄米之多者，而中户又不与焉。如康元甫官人、周叔可官人，则甲于天授、乐安两乡者。如永丰湖西罗袁教、罗连干之寄庄，则甲于云盖一乡者也。他如黄景武官人暨景文、景宪、景云等官人四兄弟，黄子光官人暨子大、子忠、凤孙等官人四兄弟，及黄汉举官人、陈季升官人、陈子清官人、黄晋甫官人、黄信甫官人、丘子忠官人、邓子清官人、张彝仲官人、张晋卿官人、曾季毅官人、曾季常官人、郑荣甫官人、郑宪甫官人与鄢甲头，此四乡蓄米之多者。其余当职未能尽知，除一面陆续采访及恳乡官次第转恳，今来不以公移劝分，而礼请名士宋节干等十员分乡提督劝粜，不以官司督促而以本心之所同然者往来于文书之间，不立官价，不立官斗，而一听蓄米之家随时低昂接济籴户。”黄震列举这些大户姓名，意在督促他们主动出籴。在榜文最后，黄震进一步重申了赏惩规则：“粜及二千石以上，本州并量其资品，随其志愿，特加旌赏，或径从本州借补，充节制司准遣；粜及一万石以上，本州保明，具申朝省，未有官者补官，已有官

---

① （宋）黄震：《黄氏日抄》卷 78《四月十四日再晓谕发籴榜》，张伟、何忠礼主编《黄震全集》，第 2203 页。

② 榜文中的这十几家官户是不是富民？笔者认为应该归为富民群体之中，原因有三。一是宋代的官员都是流官，多不在当地任职，他们的妻儿等一般留在家乡本土，但是他们的家庭被称为官户，可以享受减免赋税等待遇。因此，这些居乡的官户之家，只能说明他们家庭中有人做官，并不是所有的家庭成员都是官员。二是宋代可“进纳出身”，即“入资补官”“纳粟补官”“纳粟授官”，这些获得官户之名者实则富民。三是从黄震所发的榜文可看到，这些家庭储藏了很多的谷物粮食，是典型的地主，仅从他们拥有很多土地和储存较多粮食来看，也可以认为他们是富民。

者升擢。此项已牒委提督官保明申矣。其或吝藏如故，长价不已，亦请提督密具姓名申，及密差人探报，当重作施行矣。”[①]

即便如此严厉措辞，有些富民仍然不听劝谕，反而大发议论，公然抗议。如南塘县一姓饶的富民，有庄田多处，佃农无数，但他只愿意救济本地乡民，不愿意将自家蓄粮低价外卖救济外地饥民，还到处造势“妄称一都自了一都”。[②] 地方官员到各家富民仓库检查督促开仓粜粮，富民也有对付的方法，如第十七榜中言：“本州饥民已荷上寓富室次第发粜，小民赖以全活。今新稻亦将熟矣，独乐安县康十六官人、周九十官人两宅米最多而独不粜，为其邻甲、火佃者多饿死。就两宅中，又独周宅为尤不可劝。劝粜提督黄省元代之哀痛，至誓天食素者两月。而周宅不恤也，至反申县，诬其搔扰，本州遂差本县清官梁县丞前去监粜。今又访闻县丞极廉，而两耳目之聪明一旦无以胜吏卒之奸。县丞初欲先到周宅，其见已定，厅司乃硬押轿番先至康家，遂致周官人先期搬藏米谷，欲以空仓虚历欺瞒县丞，称为已粜。”[③] 可谓上有政策下有对策。

鉴于富民的强势对抗，最终黄震报请朝廷查处了少数官员，《宋史》载：“丙辰，抚州黄震言：‘本州振荒劝分，前谷城县尉饶立积米二百万，靳不发廪，虽尝监贷，宜正遏籴之罪。’诏饶立削两秩，武冈军居住。”[④] 却没有针对富民的惩罚，看来代表官方的黄震对富民不听从劝谕也是无可奈何。《宋史·黄震传》中这样记载黄震在抚州赈灾之事：“抚州饥起，震知其州，单车疾驰，中道约富人耆老集城中，毋过某日。至则大书‘闭粜

① （宋）黄震：《黄氏日抄》卷78《四月十九日劝乐安县税户发粜榜》，张伟、何忠礼主编《黄震全集》，第2204—2205页。

② （宋）黄震：《黄氏日抄》卷78《四月二十五日委临川周知县（滂）出郊发廪榜》，张伟、何忠礼主编《黄震全集》，第2206页。

③ （宋）黄震：《黄氏日抄》卷78《六月二十日委乐安施知县（亨祖）发粜周宅康宅米》，张伟、何忠礼主编《黄震全集》，第2209页。

④ （元）脱脱等：《宋史》卷46《度宗纪》，第907页。

者籍，强籴者斩’。揭于市，坐驿舍署文书，不入州治，不抑米价，价日损。亲煮粥食饿者。请于朝，给爵赏旌劳者，而后入视州事。”[①] 这一叙事表明，后人对黄震以行政手段强制富民救灾之事持中立态度。

从这个案例可以看到，政府的代言人黄震与富民在赈灾过程中的博弈充满着情节性和紧张感。有意思的是，在整个事件过程中——从循循善诱逐渐转向威胁利诱、最终试图强行开仓——政府一直处于被动之势，富民则处于相对优势。富民的优势来源于何？依然是来自财富。在传统农业社会里，富民的财富除了货币性财富、不动产财富之外，还有一项重要的财富，那就是储藏在粮仓里的大量粮食。在灾荒之年，售卖或不售卖这些粮食，不仅是赚钱不赚钱或多赚钱少赚钱的问题，而且还成为粮食所有者与政府合作或是不合作的关系问题。换句话说，在特殊经济条件下，富民利用自己处于卖方市场的条件，通过控制粮食等关系国计民生物资的售卖权来重构富民与政府之间的关系。在这一过程中，政府扮演的家长式、权威式角色发生了微妙变化，政府的权威性受到了挑战。富民从之前长期处于顺承、服从的角色，开始转变为敢公然挑战权威、反抗政府的角色。在政府低声下气的“劝谕”和富民底气十足的不理不睬或傲慢的响应号召之中，富民通过售卖活动成功地实现了社会身份的转化。

综上所述，富民从财富力量变成社会力量，成为社会的中间层，这一转化过程与他们的财富直接相关。他们主要是通过投资、消费、售卖三种经济手段，重塑着各种社会关系，从而实现社会影响力的扩大。这主要表现在三个方面。一是富民利用其财富优势进行土地投资。在租佃市场上通过土地使用权的让渡，形成“高人一等”的社会心理优势，同时借租佃经济关系支配了佃农的时间和活动空间，从而在租佃关系中处于优势地位，获得更多话语权。二是富民利用财富实力来购买一些身份性消费品。通过

① （元）脱脱等：《宋史》卷 438《黄震传》，第 12993 页。

舆服之制的“僭越”来塑造新社会身份，从而提高社会地位，获得新的社会声望。三是富民因财力雄厚，有钱有粮，在遇到灾荒社会需要救济之时，政府就通过“募”“劝分”等手段，让富民出钱出粮帮助政府解决困难。处于卖方市场的富民通过“粜”与“遏粜”和政府博弈，从而与政府重构了一种新型社会关系，获得了社会影响力。富民群体就是在这样一种特殊的买卖关系中，把财富实力隐性地转化为社会话语权，从而逐渐发展成一个对社会发展进步有重要影响的中间阶层。

江湖英雄：宋代“富民”阶层追求的另一种表达图式

——以《水浒传》为考察对象

引　言

以“富民”“富户”“富姓”“富室”“多资之家”等财富特征来称呼人是宋代社会出现的一个新现象，这表明宋代一股新的财富力量正在迅速成长壮大。这一新兴财富力量早已引起学界关注，相关的学术成果不断推陈出新。如20世纪30年代，蒙思元在《元代社会阶级制度》一书中直接将“富民”作为一个重要的社会群体进行研究。[①] 其后，傅衣凌《明代江南富户经济的分析》[②] 以及许涤新、吴承明主编的《中国资本主义发展史》[③] 等研究将“富民”“富户”作为与封建经济相异和与封建制度相对抗的经济力量进行分析。进入90年代以后，大陆学者黄启昌、洪沼、冯贤亮、刁培俊等，台湾学者杨宇勋、郑德铭等都对与“富民”有关的议题进行了研究。近年来较为引人注目的是林文勋教授关于“富民社会”的研究。在林教授看来，宋代社会变革的一个重要特征是“富民”作为一个阶层崛起并在社会中发挥着动力层、中间层和稳定层的作用。随着“富民”阶层的崛起，整个社会的经济关系和经济结构发生重大的变化和调整，这种变化和调整导致形成了一个与汉唐不同的社会，即“富民社会”。从现

① 蒙思元：《元代社会阶级制度》，哈佛燕京学社，1938。

② 傅衣凌：《明代江南富户经济的分析》，《厦门大学学报》（社会科学版）1956年第1期。

③ 许涤新、吴承明主编《中国资本主义发展史》，人民出版社，1985。

有研究来看，林文勋教授及其团队主要聚焦于“富民”阶层的向上流动以及所产生的社会影响。[①] 笔者也意识到，“富民”作为一个社会阶层，其群体必然具有一定的规模，它必然由众多大大小小、向上流动或仍然保持在原来社会位置上的“富民”组成。因此，“富民”问题研究，不仅要关注那些已经向上流动成功的“富民”，还应该关注那些上升无望、停留在原来社会位置上的普通“富民”。这类“富民”，他们的社会生活在正史中少有记载，在士人文集中也语焉不详。不过，宋以后兴起的话本小说中，有不少对这一群体的生动描写，例如取材于宋元笔记中的某些历史事迹、元代被创作为话本演唱、明代成书为小说流传的《水浒传》，就是描写这一群体的一部重要作品。

当然，《水浒传》是小说不是历史，它只是把一些历史事件、人物勾引出来，通过艺术加工将其放到宋代这一社会背景中进行叙述，它的故事是虚构的。但是，《水浒传》又是一部史学家不得不重视的历史小说。日本学者宫崎市定认为：“要想了解中国，读《水浒传》要比读四书五经更有用。”[②] 为什么更有用呢？李埏先生指出：“《水浒传》中所描述的并非真人实事，然而由于它的高度的现实主义成就，它逼真地给我们提供了剖视当时社会的最好标本。”[③] 这也便是虞云国教授所指出的：“这种读法，认定虚构的小说必有真实在其中，因为任何文学的虚构都离不开所处的时代，也就是说，《水浒传》是以成书时期的社会风俗历史作为其虚构依据的，因而可以作为宋元社会历史的形象史料。”[④]

---

① 参见张锦鹏、武婷婷《“富民社会”理论的学术研究回顾及展望》，《思想战线》2018年第6期。

② 虞云国：《〈水浒传〉的读法与说法——读〈宫崎市定说水浒〉》，《东方早报》2008年11月30日，后收录于作者论文集《两宋历史文化丛稿》，上海人民出版社，2011。

③ 李埏：《〈水浒传〉中所反映的庄园和矛盾》，《云南大学学报》1958年第1期。

④ 虞云国：《〈水浒传〉的读法与说法——读〈宫崎市定说水浒〉》，《东方早报》2008年11月30日。

虽然历史早已沉睡于过去的时空之中，但它的发生乃是各种人的日常生活与事件串联起来的鲜活画面。那些记录当时社会生活各方面的文本，或官修正史或士人文集或各地方志等，无不以编纂或编著者的视角去观察、理解，甚至去解读当时所发生的事件与所看到的风物，而我们今天看到的这些历史，也深深烙印下了文本书写者的思想。正是从这一角度出发，历史在后现代史学家眼里属于“心态史”范畴，即历史是历史叙事者的心态史，因其被叙事者选择、解构、策略化叙事而成了文学作品，“没有任何特定系列的偶然记录下来的历史事件本身就构成为一个故事；它所能给历史学家提供的至多只是故事的元素。事件被炮制到一个故事之中，是通过压制或者贬抑其中的某些东西，而突出另一些东西，通过描画、主题重复、语调和视角的变化、交替的描述策略等等——简而言之，就是我们通常指望在一部小说或者一部戏剧的情节化中找到的所有技巧”。[①] 史料作为文本有被文学化的特点，那么反过来文学作品也同样具有历史文本的意义，书写者所建构的时代背景就是书写者所处时代的社会心态的投射。

虽然《水浒传》的作者和成书年代争论至今尚无定论，但可以肯定的是，《水浒传》素材是来源于南宋民间流传的故事，元代就以多种话本的形式广泛流行，明代出现了《忠义水浒传》等文本的刊刻和传播。由此可见，从一个个独立故事以口述、说书、笔记小说等方式流传到形成我们今天所见《水浒传》这样一个完整的故事，是经过了宋元明时期乃至后世众多文人、艺人和社会公众进行的集体创作。由于《水浒传》的文本建构呈现出多元主体的特征，特别是参与文本建构的公众具有民间性、大众性特点，他们在讲述（话本表演者）和听讲述（话本听众）的选择中已经不由自主地渗入了自己对所处时代的社会理解和社会期望，《水浒传》的叙事

① 海登·怀特：《作为文学作品的历史文本》，彭刚主编《后现代史学理论读本》，北京大学出版社，2016，第42—59页。

结构鲜明地呈现出了文本所呈现的时代底色和公众心态。换句话说，《水浒传》这部小说是以宋代为主要社会背景并兼及元明时期人们的社会观念，所叙述的故事，隐含了当时社会面貌的真实，是对当时时代图景的文学勾画。

本文正是基于这一理解，试图通过对《水浒传》文本书写的研究来探讨宋代那些仍然根植于乡村社会、拥有财富力量但入仕无望、发达无路的“富民”，他们从地方望族、公吏之人、普通良民，一步步成为反叛官府的“梁山英雄”，最后以“造反—招安”方式达到“做大官”的人生目标。这一文学故事背后是宋代社会变革的大背景，它深刻地反映了宋代以后中国传统社会“富民”阶层对社会地位的努力追求。

一 《水浒传》中“富民”无处不在

“惟州县之间，随其大小，皆有富民。”① 这是宋人对当时社会的描述。在正史里，有关富民的记载随处可见，仅以《宋史》为例列举几条。《宋史·高宗纪》载“命州县谕富民捐资助国”，② 这是富民对国家有积极贡献的记载；“今富人大姓，乘民之亟，牟利数倍，财既偏聚，国用亦屈”，③ 这是官员对富民不当行为的议论；“岐阳镇巡检夜饮富民家，所部卒执之，俾为约，不敢复督士卒，而后释其缚”，④ 这是富民与地方官交友的事例；“有富民诉广陵尉谢图杀其父，本部收尉囚之”，⑤ 这是富民与地方官员发生矛盾的例子……在宋人文集里，有关富民的记载比比皆是。“杭州人烟稠密，城内外不下数十万户，百十万口。每日街市食米，除府第、官舍、

① 《苏辙集》卷8《杂说九首·诗病五事》，第1230页。

② （元）脱脱等：《宋史》卷32《高宗纪》，第604页。

③ （元）脱脱等：《宋史》卷186《食货下八》，第4548页。

④ （元）脱脱等：《宋史》卷298《司马池传》，第9904页。

⑤ （元）脱脱等：《宋史》卷270《边珝传》，第9264页。

宅舍、富室，及诸司有该俸人外，细民所食，每日城内外不下一二千余石，皆需之铺家。”[①] 这是城市里的富民。“秦棣知宣州，州之何村，有民家酿酒，遣巡检捕之。领兵数十辈，用半夜围其家。民，富族也，见夜有兵甲，意为凶盗，即击鼓集邻里，合仆奴，持械迎击之。”[②] 这是乡村中的富民。这些随处可见的记载或议论，说明了宋代“富民”无处不在。

同样，我们重新审视被认为描写底层社会人物众生相的《水浒传》，发现它也是有“富民”无处不在的特点，可以说，整部小说的叙述是以“富民”生命史为主要内容展开的。宋江是《水浒传》的主人公，宋江一出场就亮明其财富实力雄厚的特点：

> 那押司姓宋名江，表字公明，排行第三，祖居郓城县宋家村人氏。为他面黑身矮，人都唤他做“黑宋江”；又且于家大孝，为人仗义疏财，人皆称他做“孝义黑三郎”……这宋江自在郓城县做押司。他刀笔精通，吏道纯熟，更兼爱习枪棒，学得武艺多般。平生只好结识江湖上好汉，但有人来投奔他的，若高若低，无有不纳，便留在庄上馆谷，终日追陪，并无厌倦；若要起身，尽力资助。端的是挥霍，视金似土。人问他求钱物，亦不推托。且好做方便，每每排难解纷，只是周全人性命。如常散施棺材药饵，济人贫苦，周人之急，扶人之困。以此山东、河北闻名，都称他做“及时雨”，却把他比的做天上下的及时雨一般，能救万物。[③]

在《水浒传》中，江湖之人只要听到宋江之名，都知道他是仗义疏财的“及时雨”。随时都可以拿出钱财帮助人，表明宋江是一个富有之人。宋江是一个小小胥吏，他的财富来源书中没有明说，但是宋江是富二代出

---

① （宋）吴自牧：《梦粱录》卷 16《米铺》，第 371 页。

② 《夷坚三志乙卷第十六·何村公案》，（宋）洪迈：《夷坚志》，中华书局，1981，第 323 页。

③ （明）施耐庵、罗贯中：《水浒传》第 18 回，人民文学出版社，2017，第 226 页。

身却是实情。书中描写了宋江父亲宋太公有一庄园曰宋家庄，庄园里的庄客随时供其使唤，可随时拿出酒肉招待来者和用钱解决问题。如官府到宋太公庄园捉拿宋江之时，宋太公开门迎待：“请两个都头到庄里堂上坐下，连夜杀鸡宰鹅，置酒相待。那一百士兵人等，都与酒食管待，送些钱物之类。取二十两花银，把来送与两位都头做好看钱。”在州衙前送别宋江受押时，宋太公唤宋江到僻静处嘱咐道：“我知江州是个好地面，鱼米之乡，特地使钱买将那里去。你可宽心守奈，我自使四郎来望你，盘缠有便人常常寄来。”[①]

不唯宋江，《水浒传》中的人物大大小小上万个，其中不少人物是“富民”“富户”“财主”“大户”“上户”，或者通过场景描述让人一看就是富室。如史进的庄园史家庄：“转屋角牛羊满地，打麦场鹅鸭成群。田园广野，负佣庄客有千人；家眷轩昂，女使儿童难计数。”[②] 无论是庄园规模还是庄客人数，均表明庄主的富民身份。曾经坐过梁山第一把交椅的晁天王晁盖，“祖是本县本乡富户”，[③] 晁家庄里亦是庄客众多。规模宏大的祝家庄，“庄上自有一二千了得的庄客”。[④] 诬赖解家兄弟的毛太公，是“本乡一个财主”，亦有“二三十个庄客”。[⑤]《水浒传》中出现的庄园，至少有 20 个。[⑥] 这些拥有较多土地和众多庄客的庄园主，显然是乡村上户，属于富民。还有一些从事工商业发家致富者，如臭名昭著的西门庆，“这个大官人是这本县一个财主，知县相公也和他来往，叫做西门大官人。万万贯钱财，开着个生药铺在县前。家里钱过北斗，米烂陈仓”；[⑦] 开肉铺的

---

① （明）施耐庵、罗贯中：《水浒传》第 36 回，第 468、469 页。

② （明）施耐庵、罗贯中：《水浒传》第 2 回，第 25 页。

③ （明）施耐庵、罗贯中：《水浒传》第 14 回，第 174 页。

④ （明）施耐庵、罗贯中：《水浒传》第 47 回，第 628 页。

⑤ （明）施耐庵、罗贯中：《水浒传》（第 49 回），第 653、656 页。

⑥ 李埏：《〈水浒传〉中所反映的庄园和矛盾》，《云南大学学报》1958 年第 1 期。

⑦ （明）施耐庵、罗贯中：《水浒传》，第 24 回，第 323 页。

镇关西在当地“有钱有势”，[①] 被称为“郑大官人”；[②] 蒋门神不仅开有酒店，还放高利贷；雷横“打铁匠人出身，后来开张碓坊，杀牛放赌”；[③] 等等，举不胜举。

这和宋元史籍中常常出现的与“富民”有关的记载颇为类似，反映了宋元社会富民无处不在的这一特点。正是因为富民无处不在，《水浒传》的叙事从根本上难以离开富民，他们构成了故事的背景，也推动着情节的发展。若离开富民，水浒故事很难讲下去。仅以武松斗杀西门庆这一经典情节为例，讲武松在清河县与人相争，怕惹官司而“投奔大官人处躲灾避难”，[④] 离开大官人后在景阳冈打死大虫，场景由是从岭上转向岭下村落，“众人见了大喜，先叫一个去报知本县里正，并该管上户……到得岭下，早有七八十人哄将来，先把死大虫抬在前面，将一乘兜轿，抬了武松，径投本处一个上户家来。那上户、里正都在庄前迎接，把这大虫抬到草厅上。却有本乡上户、本乡猎户三二十人，都来相探武松”。[⑤] 故事继续推进，场景由岭下村落转向故事发生的主舞台，“众乡村上户都把段匹花红来挂于武松……叫四个庄客，将乘凉轿来抬了武松，把那大虫扛在前面，挂着花红段匹，迎到阳谷县里来”。[⑥] 在阳谷县武松偶遇自己的哥嫂，而叙事笔头又转向了上户，“那清河县里有一个大户人家，有个使女，小名唤作潘金莲……那个大户以此恨记于心，却倒赔些房奁，不要武大一文钱，白白地嫁与他”。[⑦] 正因如此，武大在清河县住不牢，于是搬来阳谷县。不多时，又引出一个人来，“再说那人姓甚名谁？那里居住？原来只是阳谷

---

① （明）施耐庵、罗贯中：《水浒传》第3回，第46页。

② （明）施耐庵、罗贯中：《水浒传》第3回，第46页。

③ （明）施耐庵、罗贯中：《水浒传》第13回，第172页。

④ （明）施耐庵、罗贯中：《水浒传》第23回，第289页。

⑤ （明）施耐庵、罗贯中：《水浒传》第23回，第297页。

⑥ （明）施耐庵、罗贯中：《水浒传》第23回，第298页。

⑦ （明）施耐庵、罗贯中：《水浒传》第24回，第301页。

县一个破落户财主，就县前开着个生药铺……近来发迹有钱，人都称他做西门大官人”。[①] 武松斗杀西门庆，被押往东平府，而“这阳谷县虽然是个小县分，倒有仗义的人。有那上户之家都资助武松银两，也有送酒食钱米与武松的”。[②] 故事以此做结。一县之富民，身份不同，好坏不同，职业亦不同，均在不经意间嵌入了叙事之中，读来丝毫不让人觉得突兀，这正是富民无处不在的绝好证明。

《水浒传》中所描写的富民大体分为两类：一类如宋江、晁盖、史进等，常常利用自己的钱财和个人能力帮助他人；另一类如西门庆、蒋门神等，总是恃财恶霸，为非作歹。这与宋元明史籍中所载富民形象一致。在史籍中，富民或以“长者”“善人”形象出现，或以“豪民”“豪横”的形象出现。如《萍洲可谈》载：“黄州董助教甚富，大观己丑岁歉，董为饭以食饥者，又为糗饵与小儿辈。方罗列分俵，饥人如墙而进，不复可制。董仆于地，颇被欧践。家人咸咎之，董略不介意。翌日又为具，但设阑楯，以序进退，或时纷然，迄百余日无倦也。”[③] 这是“长者”类富民。豪横类富民记载亦有很多，如南宋“方震霆……承干酒坊，俨如官司，接受白状，私置牢房，杖直枷锁，色色而有，坐听书判，捉人吊打，收受罢吏，以充听干，啸聚凶恶”；[④] 又如“鄱阳之骆省乙者，以渔猎善良致富，武断行于一方，胁人财，骗人田，欺人孤，凌人寡，而又健于公讼，巧于鬻狱”。[⑤] 现实中的人物与小说中的人物，多有相似之处。由此可见，《水浒传》描述的宋代社会，是一个有形形色色富民在“表演”的社会。为什么会有众多富民出场？这就是林文勋教授所指出的唐宋以后中国古代社会

① （明）施耐庵、罗贯中：《水浒传》第24回，第313页。

② （明）施耐庵、罗贯中：《水浒传》第27回，第357页。

③ （宋）朱彧：《萍洲可谈》卷2，中华书局，2007，第141页。

④ 《名公书判清明集》卷12《豪横》，第452页。

⑤ 《名公书判清明集》卷12《豪横》，第456页。

“富民”阶层在成长壮大。

二　从《水浒传》看“富民”的生存境况

有人说《水浒传》是一部描写底层社会的小说，这如何变成了一部写富民的小说？从上文分析不难看出，《水浒传》是在“富民”阶层发展壮大这一时代背景下展开的叙事，其人物安排、情节发展不仅如上文所言到处贯穿着富民的信息，而且书中所揭示的社会生活，正是宋以后众多跻身于“富民”阶层但地位尚未稳定的富民群体的生存状况。他们艰难地寻求社会地位的上升却又困难重重，他们中的大多数无法把握自己的命运任由时代逐其升降沉浮。

跳出《水浒传》，让我们来看看唐宋时期“富民”阶层如何崛起。林文勋教授认为主要是唐宋时期商品经济迅猛发展，推动了财富力量兴起。[①] 商品经济下的社会是一个效率优先、奖勤惩懒的社会，大多数富民是靠辛勤经营、勤俭持家、积极努力而发展起来的。如唐代人王方冀的母亲，“时方冀尚幼，乃与佣保齐力勤作，苦心计，功不虚弃，数年辟田数十顷，修饰馆宇，列植竹木，遂为富室”。[②] 宋代婺州永康人吕师愈“姿善治生，不为奇术，速羸转化，徒以俭节勤力，能使田桑不失利而已”，“故骤起家，富于一县”。[③] 故宋人李觏总结道：“独以是富者，心有所知，力有所勤，夙兴夜寐，攻苦食淡，以趣天食。”[④]《水浒传》也为我们简略勾勒出了富民的发家之路：宋江避身穆太公家，“在门缝里张望时，见是太公引着三个庄客，把火一到处照看。宋江对公人道：‘这太公和我父亲一般，

① 林文勋：《唐宋社会变革论纲》，第 96 页。

② （后晋）刘昫等：《旧唐书》卷 185 上《王方冀传》，第 4802 页。

③ 《叶适集》卷 14《吕君墓志铭》，刘公纯等点校，中华书局，2010，第 266 页。

④ 《李觏集》，中华书局，1981，第 90 页。

件件都要自来照管，这早晚也未曾去睡，一地里亲自点看。’”[①]《水浒传》中的宋太公、穆太公们拥有富民成家立业、聚财守财的许多优秀品质，不仅勤俭持家，而且积极充当里正不敢违拗，与人为善，老实本分地守着田园生活，勤勉度日。

商品经济的发展成就了富民阶层成长，一个新兴的社会阶层正在崭露头角，但商品经济所遵循的效率优先、优胜劣汰原则亦使这个社会充满了变数，人的贫富转化、阶层的升降流转都在快速变动，社会流动加快，一些富民获得财富和社会地位不断上升的同时，另一些富民也面临着“富不过三代”的衰败之困。谢逸云：“余自识事以来，凡四十年矣，见乡闾之间，曩之富者贫，今之富者，曩之贫者也。”[②] 张载亦云：“今日万钟，明日弃之；今日富贵，明日饥饿。”[③] 这表明商品经济下社会分化，富民的经济地位极不稳定。《水浒传》中提到的“浮浪破落户子弟”不止高俅一人。富家败业走衰，看来是常事。

骤富骤贫的困境、破家败业的压力，必然使富民中分生出一批人来，他们是不安分的，他们不满足于“民”的身份，也惧怕自己的财富流失，他们是富民自身“焦虑”的化身。这批人，便是富民的下一代。宋江、史进、穆弘、孔亮等人，他们急切地想要通过财富的力量获取更高的社会地位。可以看到，在《水浒传》里，虽然富民出场众多，但是书中所着力刻画的并非刚刚起家发展诸如宋太公之类的第一代富民，而是如宋江之类需要守家持业或者追求更高发展的第二代富民。对于如何持家守业或自我发展，富二代们与他们的父辈有不同的想法。勤俭持家、集腋成裘式的富民

① （明）施耐庵、罗贯中：《水浒传》第37回，第482页。

② （宋）谢逸：《溪堂集》卷9《黄君墓志铭》，上官涛校勘《〈溪堂集〉〈竹友集〉校勘》，中山大学出版社，2011，第170页。

③ （宋）朱熹、吕祖谦：《近思录》卷7《出处进退辞受之义》，上海古籍出版社，1994，第90页。

发家之路已经不再是他们理想的成功之道，他们有不一样的目标和多元化的选择。这就是宋太公的困惑："老汉祖代务农，守此田园生活。不孝之子宋江，自小忤逆，不肯本分生理，要去做吏，百般说他不从。"[①] 同样的情形发生在史家，史太公死后，"史进家自此无人管业，史进又不肯务农，只要寻人使家生，较量枪棒"。[②] 富民既不甘心自己平民的身份，又无心按照父辈的轨迹做一个守着庄园土地过着小富即安生活的普通人，那么又能通过何种路径实现自己身份的转化和获得社会话语权呢？

最主要的途径当然是科举入仕。科举之兴，始于隋，盛于唐，完善于宋。宋代史料中不乏富民通过科举实现了由富而贵的例子，在此不多列举。科举是"官"与"民"之间的流动通道，也是维系国家与社会的纽带，正是因为科举制度，庶民有了流向更高社会阶层的通道。但也要看到，科举入仕之路是千军难过的"独木桥"，能实现"朝为田舍郎，暮登天子朝"者寥寥无几，相当多的受过一定教育的富家弟子并不能达到"光宗耀祖"的目的，也无法实现个人"做官"的理想。在"大财主家做门馆"[③] 的吴用，是追求功名道路上的失败者，神算子蒋敬也是一个不第举子。宋江在《水浒传》中一出场就表明其为文化人身份——"书吏"，在浔阳楼上写诗"自幼曾攻经史，长成亦有权谋"，[④] 更明确说明了他所接受的教育和个人志向，在重阳节时填词"满江红"、在李师师处作赋"乐府词"等细节，也表明了他所受过的文化熏陶和学问训练，但也只能委身一小吏。

还有一些富家弟子，从小养尊处优而堕落为纨绔子弟，不学无术。《水浒传》中的高俅就是这类人的代表："且说东京开封府汴梁宣武军，一

---

① （明）施耐庵、罗贯中：《水浒传》第 22 回，第 279 页。

② （明）施耐庵、罗贯中：《水浒传》第 2 回，第 30 页。

③ （明）施耐庵、罗贯中：《水浒传》第 15 回，第 186 页。

④ （明）施耐庵、罗贯中：《水浒传》第 39 回，第 511 页。

个浮浪破落户子弟，姓高，排行第二，自小不成家业，只好刺枪使棒，最是踢得好脚气球。”“这人吹弹歌舞，刺枪使棒，相扑顽耍，颇能诗书词赋”，[①] 说明家长也在教育培养方面费过一番心血，但这些富家子弟多只追求物质享受而不愿意面壁苦读诗书，自然“不成家业”，家境也因其子弟“浮浪”而富将不保，走向“破落”。[②]

从宋代科举榜录取人数来看，真正能够通过科举改变个人和家庭社会地位的为数不多，大多数有一定文化水平的富民也只是在地方社会上生活的普通百姓。那么，这些富民的个人追求又如何体现在社会生活之中？人们常把“习文弄武”放在一起讲，“弄武”即建立军功，这也是传统社会人们求生存和求名利的另一条通道。正因为如此，《水浒传》中的富民有不少为习武之人。《水浒传》第 2 回，史进“从小不务农业，只爱刺枪使棒”；[③] 第 14 回，晁盖“最爱刺枪使棒，亦自身强力壮，不娶妻室，终日只是打熬筋骨”。[④] 其余如宋江、孔明、孔亮、卢俊义等概莫能外，究其原因，与时代背景之下边关建功施展抱负的契机分不开。第 2 回，王进惹了高俅，欲远走他乡，与母亲商议道：“延安府老种经略相公镇守边庭，他手下军官，多有曾到京师，爱儿子使枪棒的极多，何不逃去投奔他们？那里是用人去处，足可安身立命。”[⑤] 第 3 回，史进家财粗重什物尽皆没了，却不愿落草，只得对朱武等人道：“我今去寻师父，也要那里讨个出身，求半世快乐。”[⑥] 师徒二人殊途同归，在面对窘境之时，想到的均是去边地建功立业。宋江也曾如此劝告武松：“日后但是去边上，一枪一刀，博得

① （明）施耐庵、罗贯中：《水浒传》第 2 回，第 16 页。
② （明）施耐庵、罗贯中：《水浒传》第 2 回，第 17 页。
③ （明）施耐庵、罗贯中：《水浒传》第 2 回，第 28 页。
④ （明）施耐庵、罗贯中：《水浒传》第 14 回，第 174 页。
⑤ （明）施耐庵、罗贯中：《水浒传》第 2 回，第 23 页。
⑥ （明）施耐庵、罗贯中：《水浒传》第 3 回，第 42 页。

个封妻荫子，久后青史上留得一个好名，也不枉了为人一世。”①

若能在边地建功立业，自然是耀祖扬名、实现个人价值之举，但这需要“时势造英雄”的环境。特别是宋代从军门槛不高，《文献通考·兵考》引《两朝国史志》言：“……召募之制，起于府卫之废……自国初以来，其取非一途，或募土人就在所团立，或取营伍子弟听从本军，或乘岁凶募饥民补本城，或以有罪配隶给役，是以天下失职、犷悍之徒，悉收籍之。”② 从军的职业选择不仅不能区隔身份，而且还有降低身份之趋势，因此“刺枪使棒”对大多数富民而言，不过是个人爱好或多留一条谋生之路而已。

对于不少中小富民而言，为吏可能是一个更加明智的选择。吏是由职役转化而来的职业。在宋代，为了实现对乡村社会的有效管理与控制，降低国家管理成本，国家积极利用乡村富民来承担乡村职役。宋代征派税役，“一有均敷曰上户，一有追呼曰上户，一有差徭曰上户。为上户者不胜其劳”。③ 为此，时人有“民不苦重赋而苦重役”之呼吁，也有富民“土地不敢多耕，而避户等。骨肉不敢义聚，而惮人丁”④ 逃避差役的情况。但从另一个角度看，从役者亦是国家的乡村代理人，是“庶人在官者”。⑤ 吏因根植于地方社会，拥有可利用当地社会网络和地方性知识的便利，这就使吏这一群体可凭借其熟人社会成员的身份优势在基层治理中处于有利地位，因此有些上户主动投名充任吏，其目的在于通过承担吏使分取基层治理的部分权力，以满足个人成就的目标。有人如此评价宋代基层社会中官与吏的关系：“官人者，异乡之人；吏人者，本乡之人。官人年

① （明）施耐庵、罗贯中：《水浒传》第 32 回，第 420 页。

② （宋）马端临：《文献通考》卷 152《兵考四》，第 4555 页。

③ （宋）王洋：《正诡名法札子》，曾枣庄、刘琳主编《全宋文》第 177 册，第 104 页。

④ （元）脱脱等：《宋史》卷 177《食货上五》，第 4299 页。

⑤ （元）脱脱等：《宋史》卷 177《食货上五》，第 4299 页。

满者三考，成资者两考，吏人则长子孙于其间。官人视事，则左右前后，皆吏人也。故官人为吏所欺，为吏所卖，亦其势然也。”[①] 胥吏“甚至其门如市，而目为立地官人者”。[②] 基层社会中的“弱官强吏”现象，恰恰说明了富民阶层试图通过“为吏”这一途径来谋求其社会影响力。

吏是沟通官与民的中介，官府征税、保管和转运物资、巡捕治安之类的事情都是各类胥吏具体办理。在具体办理公务的活动中，普遍存在寻租活动。这既是宋代胥吏多无“廪给之资”这一制度设计的缺陷使然，也是胥吏因拥有公务办事权而采取的机会主义行动。“又府史胥徒之属，居无廪禄，进无荣望，皆以啖民为生者也。”[③] 有为数不少的胥吏对上阿谀谄媚、对下受贿横敛，谋取私利，“上自公府省寺、诸路监司、州县、乡村、仓场、库务之吏，词讼追呼、租税徭役、出纳会计，凡有毫厘之事关其手者，非赂遗则不行。是以百姓破家坏产者，非县官赋役独能使之然也，大半尽于吏家矣”。[④] 如，江南东路提点刑狱司“王晋，猾吏也……以敏给济奸，以狡险济恶，贪狠如虎狼。前政提刑受其笼络，威行九州，凌犯纲常，至敢与提刑握手耳语，人皆呼为小提刑……招纳贿赂，金帛充斥，公然架造层楼复屋，突兀于台沼之侧”。[⑤] 南宋抚州金溪县有号称“三虎”的三个小吏，“此数人虽下邑贱胥，然为蠹日久，凡邑之苛政横敛，类以供其贿谢囊橐”。[⑥] 可见，宋代社会里胥吏利用公权谋取私利的情况十分普遍。充任胥吏，既可以利用混迹于熟人社会的优势获取控制基层的权力，又可以利用具体排办公事的便利获取灰色收入。而社会控制权和个人经济利益均为正在成长的富民努力追求的目标。既然科举入仕无望，那么做一

① （宋）陆九渊：《象山先生全集》卷 8《与赵推》，商务印书馆，1935，第 109 页。

② （宋）陈襄：《州县提纲》卷 1《防吏弄权》，中华书局，1985，第 3 页。

③ （宋）李焘：《续资治通鉴长编》卷 196，嘉祐七年五月丁未朔条，第 4759 页。

④ （宋）李焘：《续资治通鉴长编》卷 196，嘉祐七年五月丁未朔条，第 4759 页。

⑤ 《名公书判清明集》卷 11《籍配》，第 414—415 页。

⑥ （宋）陆九渊：《象山先生全集》卷 7《与陈倅》，第 99 页。

介胥吏也是个不错的选择。因此，在宋代社会，充任吏使之人如南宋王梦得所言："夫自州而县，而乡都官，而保，寸寸而较之，夫岂易事？其势不容不自乡都官始。此皆豪家大姓实为之。"[①] 可见富民正是利用充任胥吏的机会来谋求经济利益和社会地位。

正因为如此，尽管当时胥吏的名声并不好，仍有不少人主动投名为吏，这是富民求官不成退而求其次的结果，亦是富民"求贵"心态的反映。以宋江为例，就其浔阳江头醉题反诗来看，他是素有大志的，但其亦深知时代背景之下，自己"百无一能，虽有忠心，不能得进步"，[②] 于是只能做吏，这是宋江苦闷的一面。而宋江的另一面，是他对自己"押司"身份的高度认同，《水浒传》第 18 回，宋江在茶坊对何涛道："贱眼不识观察，少罪。小吏姓宋名江的便是。"[③] 第 22 回，宋江见柴进，道："宋江疏顽小吏，今日特来相投。"[④] 第 39 回，浔阳江头，宋江倚栏畅饮，心里怅惘，道："我生在山东，长在郓城。学吏出身，结识了多少江湖上人。虽留得一个虚名，目今三十旬之上，名又不成，功又不就，倒被文了双颊，配来在这里。"[⑤] 第 41 回，宋江取无为军，对诸好汉道："小可不才，自小学吏，初世为人，便要结识天下好汉。"[⑥] 前人多指此为宋江"假道学"的表现，但这实际含有宋江对其身份的认同之意，这在一定程度上满足了宋江做官的心愿。

至此，我们回到《水浒传》是否描写底层社会这一问题上来。不可否认，《水浒传》里描写的人物大多数是普通百姓，108 位梁山英雄中不乏靠

---

① （宋）王柏：《鲁斋王文宪公文集》卷 20《宋故太府寺丞知建昌军王公墓志铭》，台北：台湾学生书局，1970，第 633 页。

② （明）施耐庵、罗贯中：《水浒传》第 32 回，第 420 页。

③ （明）施耐庵、罗贯中：《水浒传》第 18 回，第 227 页。

④ （明）施耐庵、罗贯中：《水浒传》第 22 回，第 285 页。

⑤ （明）施耐庵、罗贯中：《水浒传》第 39 回，第 511 页。

⑥ （明）施耐庵、罗贯中：《水浒传》第 41 回，第 547 页。

偷鸡摸狗、拦路抢劫为生者，但这只是为了展现《水浒传》叙事的社会场景。以宋江为代表的对整个故事发展具有举足轻重地位的梁山英雄，不外乎胥吏、豪右、落魄文人几种类型，他们有一定的财富实力，有一定的文化知识，也有一定的社会知名度，但是没有官方的“名分”，也未能在官府认可的“正途”中做出什么事业，他们是典型的有一定财富实力但社会地位尚未稳定的富民群体。《水浒传》正是这一群体生存境地的真实写照。

三　从《水浒传》看“富民”阶层的社会追求

宋代是一个处于变革时代的社会，社会变革带来的不确定性让人的命运充满了风险。无论是习武从军，还是充任胥吏，要实现社会地位上升并非易事，一件偶然的小事便会导致个人命运大起大落。《水浒传》中的林冲为八十万禁军教头，因夫人被恶霸高俅看中，平白无故遭了大祸。宋江当押司之时，家里为他准备了避一时之险的藏身地窖：“且说宋江他是个庄农之家，如何有这地窨子？原来故宋时为官容易，做吏最难。为甚的为官容易？皆因只是那时朝廷奸臣当道，谗佞专权……为甚做吏最难？那时做押司的，但犯罪责，轻则刺配远恶军州，重则抄扎家产，结果了残生性命。”[①] 当社会地位上升的各种正常渠道被堵塞之后，富民在当时的时代背景之下还有另一条途径，那便是造反受招安。《水浒传》所描述的就是这一剑走偏锋之途。

对于《水浒传》中的梁山泊反抗官府的斗争性质是否农民起义，学界一直有争议，其原因主要在于领导梁山泊斗争的不是农民。梁山泊英雄座次排名前25人中，就有10名是地主、胥吏、官户出身（见表1），这些人有一个共同的特点，那就是都是有财富之人。若按林文勋教授所定义的“富民”，并不能将官户列入其中，即便除去官户，仍然有不少富民为其重

---

① （明）施耐庵、罗贯中：《水浒传》第22回，第283页。

要人物。

表 1　《水浒传》"梁山英雄"排位前二十五名中财富多者

姓名	身份、职业	座次	章回
晁盖	庄主、保正	梁山泊天王	第 14 回
宋江	大户、押司	1	第 19 回
卢俊义	大财主	2	第 61 回
公孙胜	庄主（破落）	4	第 42 回
柴进	庄主、官户	10	第 6 回
李应	庄主	11	第 47 回
朱仝	富户、都头	12	第 13 回
史进	庄主	23	第 2 回
穆弘	大户、恶霸	24	第 37 回
雷横	富户、都头	25	第 13 回

由于在地方社会具有较强的经济实力与影响力，富民往往凭借自身的实力成为地方斗争的主要领导者。梁山泊聚义，便是典型一例。我们不妨先来看看梁山泊建立的过程。山寨的建立者最初是王伦，一个落魄的秀才，因得了柴进的资助，成了气候。后柴进荐林冲来投，王伦百般不愿，林冲后来出头欲杀王伦，道："你是一个村野穷儒，亏了杜迁得到这里。柴大官人这等资助你，周给盘缠，与你相交。"[①] 后林冲欲尊晁盖，道："今有晁兄，仗义疏财，智勇足备，方今天下，人闻其名，无有不伏。"[②] 这一上一下、一生一死间，富民的优势便体现出来了。之后晁盖成为梁山泊掌舵人，宋江之所以坐上梁山泊第一把交椅，并非他智勇多谋或武艺高强，而是他多年来以财聚义的结果。《水浒传》中宋江每每遇到困境或在

① （明）施耐庵、罗贯中：《水浒传》第 19 回，第 246 页。

② （明）施耐庵、罗贯中：《水浒传》第 24 回，第 248 页。

生死关头，只要提到“宋江”两字，对方便问“莫不是及时雨宋押司公?”[①] 然后就化险为夷。之所以如此，乃“山东及时雨宋公明疏财仗义，结识天下好汉，谁不钦敬”。[②] 可见财富在《水浒传》聚义过程中的重要性，这就是富民把财富优势转化为社会威望的过程。由此可见，《水浒传》中所写毫无疑问是一次富民领导的斗争。检诸宋代史料，不难发现这种性质的斗争数量不少。李埏先生很早便提醒我们：“据《青溪寇轨》，方腊是一个漆园主；据《杨幺事迹》，钟相是一个‘土豪’；看来都是上中户等级的人物。其前的李顺和其后的赖文政，也有类似的纪述。”[③] 特别是方腊，史载：“方腊家有漆林之饶，时苏、杭置造作局，岁下州县征漆千万斤，官吏科率无艺，腊又为里胥，县令不许其雇募，腊数被困辱，因不胜其愤，聚众作乱。”[④]

那么，从现实的方腊起义到小说中的梁山泊起义，这些由富民领导的反抗官府的斗争，是不是反映了富民阶层与国家的矛盾呢？《水浒传》同样为我们解答了这个问题。文本虽然写落草为寇的梁山泊众人，但推动整个小说情节走向高潮和最终结局的却是招安一事。在第 32 回，宋江第二次遇到武松，听到武松要去梁山泊入伙，劝道：“入伙之后，少戒酒性。如得朝廷招安，你便可撺掇鲁智深、杨志投降了，日后但是去边上，一枪一刀，博得个封妻荫子，久后青史上留得一个好名，也不枉了为人一世。我自百无一能，虽有忠心，不能得进步。兄弟，你如此英雄，决定得做大官。”[⑤] 在第 34 回，燕顺邀约秦明落草，秦明拒绝道：“秦明生是大宋人，死为大宋鬼。朝廷教我做到兵马总管，兼受统制使官职，又不曾亏了秦

① （明）施耐庵、罗贯中：《水浒传》第 22 回，第 294 页。

② （明）施耐庵、罗贯中：《水浒传》第 34 回，第 451 页。

③ 李埏：《〈水浒传〉中所反映的庄园和矛盾》，《云南大学学报》1958 年第 1 期。

④ （宋）曾敏行：《独醒杂志》卷 7，上海古籍出版社，1986，第 65 页。

⑤ （明）施耐庵、罗贯中：《水浒传》第 32 回，第 420 页。

明，我如何肯做强人，背反朝廷？”[①] 宋江父亲诈死诱宋江回来，只因为“又怕你（指宋江）一时被人撺掇落草去了，做个不忠不孝的人，为此急急寄书去唤你归家”。[②] 宋江虽然最终落草梁山泊，但对朝廷忠心不改，不断向众兄弟宣扬期待朝廷招安的心愿，“望天王降诏早招安，心方足”，[③] 等等，类似描写很多。

宋江等人天天期盼朝廷招安，说直白一点就是想“做大官”，这是他们追求社会地位改变的一着险棋。为什么敢于下这着险棋？这与宋代采取招安之策以谋求地方稳定有关。有宋一代，盗贼蜂起，李焘《续资治通鉴长编》记载：“今盗贼已起，乃是遍满天下之渐。”[④] 郑迎光根据何竹淇《两宋农民战争史料汇编》对北宋发生盗贼的次数做了详细统计，指出“北宋自宋太祖乾德元年（963）朗州汪端领导‘数千人聚山泽为盗’开始，至宋钦宗靖康二年（1127）北宋灭亡，在164年间，共发生规模大小不同的盗贼事件203次”。而“在南宋统治的152年间，共爆发230次‘盗贼’犯罪”。[⑤] 如何解决这一社会矛盾？“绍兴间，盗贼充斥，每招致，必以厚爵。”[⑥] 宋人李纲曾言：“自到任以来，夙夜究心……并招安到久不获败贼首周十隆、谢小鬼、赖十九、丁二十一、刘动天、谢先、谢聪、罗动天、尹宝、张大闲、方叔公等头项，人数不少。”[⑦] 可见，用招安的方式解决社会冲突，是宋廷国家治理中常用的一种手段。

结合《水浒传》来看，可以做出如下推断。首先，宋朝为维稳采取的

---

① （明）施耐庵、罗贯中：《水浒传》第34回，第448页。

② （明）施耐庵、罗贯中：《水浒传》第35回，第465页。

③ （明）施耐庵、罗贯中：《水浒传》第71回，第934页。

④ （宋）李焘：《续资治通鉴长编》卷143，庆历三年九月丁丑条，第3452页。

⑤ 郑迎光：《北宋地方社会治安问题初探》，博士学位论文，河北大学，2007。

⑥ （宋）张知甫：《张氏可书》，中华书局，1985，第9页。

⑦ 《李纲全集》卷101《奏议·乞施行余应求张觷捕盗功效奏状》，王瑞明点校，岳麓书社，2004，第967—968页。

招安之策在民间已经被诠释为一条“造反—招安—做官”的终南捷径。建炎后民间广为流传这样一句口号“仕途捷径无过贼，上将奇谋只是招”。[①] 宋江在浔阳江头醉题反诗，李逵道：“吟了反诗打甚么鸟紧，万千谋反的倒做了大官。”[②] 此话道出了当时的这一金科玉律。其次，朝廷招安之策一方面遏止了地方叛乱的升级，另一方面却又起到了“教人做盗”的负面效果。在《水浒传》中，“招安”一词在不同场合，由不同身份的人多次提到，显然已经成了一种普遍的社会心理。时人言“官府不能讨捕，多是招安，重得官爵，小民歆羡，皆有效仿之意”。[③] 因此，在《水浒传》里，多次出现为招安做官而投奔梁山泊的“英雄”。如戴宗劝石秀入伙时言：“小可一个薄识，因一口气，去投奔了梁山泊宋公明入伙。如今论秤分金银，换套穿衣服，只等朝廷招安了，早晚都做个官人。”[④]

当然，通过为盗做官的富民毕竟只是少数，从《水浒传》所展示的社会大背景来看，这种情况多发生在三种类型的富民身上：一是财富和社会地位开始走下坡路，有可能从富民阶层向平民阶层流动之人；二是财富力量和个人努力能够支持其向上流动，但是社会环境限制其发展之人；三是因特殊际遇使其丧失了向上流动机会之人。而这三类人，都不可能是大富者，只可能是中富或小富者，他们家庭的财产既可以支持其成就事业，亦可能在社会动荡之中随时消逝不保。这三类人上升不易掉落却十分可能，他们的未来充满不确定性，他们是社会中最为焦虑的人群，也是最容易寻求偏激道路的群体。

---

① （宋）庄绰：《鸡肋编》卷中，第 67 页。

② （明）施耐庵、罗贯中：《水浒传》第 39 回，第 518 页。

③ 《李纲全集》卷 82《奏议・论福建海寇札子》，第 829 页。

④ （明）施耐庵、罗贯中：《水浒传》第 44 回，第 592 页。

结　语

历史小说之所以具有历史文本的意义，在于文本叙事所展开的社会背景和人物形象乃是书写者所处时代社会心态的投射。《水浒传》作为一部具有强烈现实主义特色的小说，文本形成经历了南宋民间流传故事到元代话本再到明代文人创作集成，这一过程赋予了这部文学作品很强的社会现实叙事性和大众理想建构性。不少人对将以宋江为代表的梁山英雄及其结义造反行为视为“农民阶级”“农民起义”提出质疑，但是又仅仅以这些梁山英雄多数不是农民作为解释，结论未免过于简单；有些《水浒传》的研究者把梁山泊好汉反贪官不反朝廷的现象归结为“投降主义”或将其解释为反腐倡廉，这种解读也颇有呼应时代之嫌。《水浒传》之所以形成目前我们看到的这样一个叙事文本，正是因为它深刻地反映了唐宋以后“富民”阶层的崛起，以及“富民社会”时代的到来这样一个时代背景。

唐宋时代是一个社会发生重大变革的时代，其中的一个重大变革就是商品经济迅猛发展。在这个时代里，个人利益最大化的经济目标诱使人们想方设法甚至不择手段地追求财富并通过财富获取社会地位。在追求经济利益的过程中，商品经济的竞争性、流动性、平等性推动着社会群体以优胜劣汰的方式发生分化和流动，形成新的社会分层，改变着社会结构。“富民”阶层就是商品经济发展下的一个新兴社会阶层，他们靠经营土地或从事工商业经营而致富，又积极利用“科举取士”这一通道努力追求个人和家庭社会地位上升，这也是“耕读传家”成为这一时代新出现的家庭文化[①]的重要原因。尽管有不少富民经济地位上升，文化水平提高，但这一阶层中仍然有相当一部分人，其财富状况和社会地位都不太稳定。当他

---

① 程民生教授2019年12月13日在云南大学学术讲座《耕读文化在宋代的确立》中提出，“耕读”一词在宋代出现，耕读文化于宋代确立。

们试图靠科举获取社会地位的追求无望时，他们又努力谋求其他方式的基层控制力以提升话语权。如在基层社会中充当胥吏谋求公权，利用熟人社会人际网络优势来获取某种社会威望，或者试图走从军立功之路达到光宗耀祖的目的。《水浒传》中宋江等人是胥吏出身，林冲等人是军人出身，大抵如此。若这些通道不能实现其目标，就会有人采取极端方式来谋求改变。《水浒传》中梁山领袖宋江，便是一步一步不得已走入江湖，从落草之时就期待着朝廷招安，最终主动谋求招安得以成功，甚至在最后性命不保之时仍然不忘服从朝廷旨意。这一“造反—招安”的故事叙述，就是“富民”阶层中的一些中下层富民苦苦追求社会地位提升的一种极端方式。这也表明唐宋以后崛起的“富民”阶层，并非与官府对抗的异己力量，而是愿意主动维护国家统治的中间层和稳定层。

从黄震抚州赈灾个案看南宋官府与富民的博弈

引　言

劝分是中国古代统治集团动员乃至强迫民间富有之家出钱出粮出力，进行灾荒救济的行为，其目的是在政府救灾能力不足的情况下，通过广泛的社会动员来实现救荒。在劝分过程中，所涉及的两个利害主体——政府与民间富有之家——之间的关系是合作还是对立，学界颇有分歧。有学者认为宋代富民在灾荒之年，或主动出资赈灾救济，或响应政府劝谕之号召，因此“富民是宋代赈灾救济的一支不可忽视的力量”，是“国家统治的基础”。[①] 类似的观点还有：“唐宋国家‘劝富济贫’救荒政策的形成与发展，在一定程度上反映了国家对富民主导的社会力量变迁的适应与整合。同时表明富民阶层也能凭借自身的优势社会地位引导国家职能下移，甚至代替执行一部分国家职能。”[②] 但也有一些学者对此并不认可，认为官府以劝分为主的救灾赈济行为实则是政府角色异位，从短期看调和了社会矛盾，从长期看导致贫富对立逐渐加剧，不利于社会稳定。[③] 还有学者在深入分析宋代劝分中政府种种行为的基础上，指出宋朝官府主导的劝分救

① 林文勋：《唐宋社会变革论纲》，第152、154页。

② 薛政超：《唐宋“劝富济贫”救荒政策研究》，《江西社会科学》2016年第2期。

③ 张文：《荒政与劝分：民间利益博弈中的政府角色——以宋朝为中心的考察》，《中国社会经济史》2003年第4期。

荒中，“‘公心好义之士’的作用不会有太大的空间和作用”，并得出“所谓在中央和地方基层之间存在一个‘中间领域’与宋朝历史的实际存在较大的距离”的结论。①

国家利用富民实施赈济之策，是体现财富力量的阶层化成长并成为国家治理的重要依赖力量，还是仅仅因其有经济实力而成为受官府摊派宰割的受害群体？这一大相径庭的判断，关系着对宋代地方社会主导力量的认识，关系着宋代社会在国家与地方之间是否有“中间层”的判断，值得进一步探讨。笔者已撰文对这一问题进行初步探讨，指出在官府劝分荒政中，“掌握卖方市场的富民通过‘粜’与‘遏粜’与政府博弈，从而与政府重构了一种新型社会关系，获得了社会影响力。富民群体就是在这样一种特殊的买卖关系中，把财富实力隐性地转化为社会话语权，从而逐渐发展成为一个社会阶层，一个对社会发展进步有重要影响的中间阶层”。② 在这篇论文中，笔者已用黄震在抚州劝分的个案进行初步分析。限于篇幅，这篇文章的个案研究未能细致展开，相关问题的分析也有待深化。本文试图对这一个案进行更为深入细致的剖析，讨论在劝分中代表国家的官员与具有财富实力的富民是如何进行博弈的，双方的行动策略是什么，在这场博弈中如何认识官府与富民的关系。

首先来了解该个案主角黄震其人。黄震，字东发，浙江慈溪人，生于南宋嘉定年间，享年六十九岁。于宝祐四年进士及第，先后任浙东提举常平王华甫辟主管帐司文字、点校赡军激赏酒库所检察官、通判广德军、通判绍兴府、抚州知州、提点刑狱、浙东提举常平之职。在《宋史》《延祐四明志》《鄞县志》等史志之中，黄震被评价为良吏。从史载事迹来看，黄震是一个为官清廉、不畏权势、秉公执政、一心为民的官员。黄震还是

---

① 李华瑞：《劝分与宋代救荒》，《中国经济史研究》2010 年第 1 期。

② 张锦鹏：《财富改变关系：宋代富民阶层成长机理研究》，《云南社会科学》2016 年第 6 期。

南宋一名儒，学宗朱熹，著述甚多，创东发学派。

在黄震诸多事迹中，记载最多、影响最大的当数抚州赈灾之事。《宋史·黄震传》载："抚州饥起，震知其州，单车疾驰，中道约富人耆老集城中，毋过某日。至则大书'闭粜者籍，强籴者斩'揭于市，坐驿舍署文书，不入州治，不抑米价，价日损。亲煮粥食饿者。请于朝，给爵赏旌劳者，而后入视州事。"[①] 这个事件的原委是：咸淳六年抚州发生旱灾，粮食严重歉收。咸淳七年春夏之交青黄不接之际，出现了严重饥荒，影响范围涉及抚州大部分地区。知绍兴府的黄震，于三月下旬被朝廷任命为抚州知州。面对灾情，临危受任的黄震赈灾心切，在赴任途中即先遣发公札榜文劝谕上户赈灾救济。在主持赈灾三个多月的时间内，黄震先后发出二十篇榜文[②]对富民进行"劝分"[③]。但黄震的"劝粜"过程十分不易，先后经历了道德规劝（利用儒家伦理规劝富民主动出粜赈济灾民）、利益引诱（出台官职奖励和官方褒奖措施引诱富民积极赈济）、威胁强制（采用行政或法律手段惩罚故意闭粜者）三个阶段。这三个阶段事态由缓渐进，官民矛盾不断升级，最终黄震用强硬的手段达到了"劝分"的目的。从《乞推赏赈粜上户申省状》看，黄震最终让当地富民出粜米谷共计 116214 石，[④] 而官府常平仓出库赈灾粮仅 1 万余石，整个救济主要是靠富民来完成的。黄

---

① （元）脱脱等：《宋史》卷 438《黄震传》，第 12993 页。

② （宋）黄震：《黄氏日抄》卷 78，张伟、何忠礼主编《黄震全集》，第 2198—2211 页。

③ 在黄震看来，他是"劝粜"而非"劝分"。《黄氏日抄》卷 78《四月十三日到州请上户后再谕上户榜》言："劝分者，劝富室以惠小民，损有余而补不足……今我抚州不劝分而劝粜者，曲体富室之情也，急谋贫民之食也。"但是，相关史料表明，在抚州赈灾中仍然存在官方要求富民低于市价出售粮食的情况。《黄氏日抄》卷 75《乞指挥提举司令本州籴还已籴义米申省状》言"近方荷富室出粜，每升亦不下五十余钱，其减至四十钱者，乃富室从劝，情愿赈粜之数，非市价可官籴者"。见张伟、何忠礼主编《黄震全集》，第 2201、2163 页。由此可见，所谓"劝粜"，与"劝分"实质一致。

④ （宋）黄震：《黄氏日抄》卷 78《乞推赏赈粜上户申省状》，张伟、何忠礼主编《黄震全集》，第 2168 页。

震也因赈灾有功获得升职，“七年，差知抚州。八年，以赈荒职事修举，特转朝奉郎”。[①] 但这场“劝分”却是一次极富特色的官府与富民斗智斗勇的博弈，从这场博弈之中，我们可以较为清晰地看到南宋时期国家与富民之间的张力。

一 官民博弈第一阶段：道德规劝与闭粜不理

从整个制度设计来看，宋朝官府将赈灾救济看作官方之职，这点是十分明确的。每遇灾荒之时，官府常常动用常平仓等进行救济，也会出台各种谕文告示进行社会动员。在黄震四月十三日到任知抚州之后上奏朝廷的《乞借旧和籴赈粜并宽减将来和籴申省状》中，要求将抚州常平仓中储存的3万石粮食发粜救灾并宽减本年度和籴粮食定额，可以看到作为官方代理人的黄震也试图利用常平仓进行赈灾。[②] 但是因常平仓粮食杯水车薪且奏请批准有时间周期等，黄震并未将官府作为救灾主体而是重点利用富民。

黄震赴任抚州途中先期遣发榜文于抚州境内各地张贴告知。在第一榜中，黄震率先表明了自己的施政理念，“惟欲安富恤贫，使彼此相安而共济”，然后试图从经济理性来劝富室出粜：“然抚州米贵，于斯为极，乘时急粜，足以接济乡曲，而利亦在其中。否则价平复旧，虽欲售不能，而乡曲之怨亦归之，两失之矣。高明当不待多祝，职守所系，自有不容已于言者。谨兹禀控，伏乞台照。”[③] 对那些家有积粮随时关注市场价格高低的富民而言，经济理性显然并不需要知州大人提醒，后市价格走势他们心中更

① 张伟、何忠礼主编《黄震全集》附录三《墓志》，第3363页。

② （宋）黄震：《黄氏日抄》卷75《乞借旧和籴赈粜并宽减将来和籴申省状》，张伟、何忠礼主编《黄震全集》，第2160页。

③ （宋）黄震：《黄氏日抄》卷78《咸淳七年三月二十八日中途先发上户劝粜公札》，张伟、何忠礼主编《黄震全集》，第2198页。

有数，所以“豪右之家闭粜待价”。[①] 这一榜文的劝谕效果不言而喻。

在第二榜中，黄震开始动用官员最熟悉的儒家伦理进行道德规劝：“天生五谷，正救百姓饥厄；天福富家，正欲贫富相资。米贵不粜，人饥不恤，天其谓何？况凡仰籴之人，非其宗族则其亲戚，非其亲戚则其故旧，非其故旧则其奴佃，非其奴佃则其乡邻，彼其平日敬我仰我者果为何赖？今一旦遇歉，竭彼苦恼无所措办之钱，博我从容尽可通融之粟，此之粜与否，彼之死与生。君子以仁存心，宁不重为矜恻？切几乎体。”[②] 第三榜，黄震提前邀约上户面议，用词恳切，对富民的敬重之意溢于言表：“某（指黄震本人）……四月十三日度可到郡，至日首屈车从，面叙殷勤，切机垂访，颙俟颙俟！”[③] 第五榜中，黄震再次重申其道德意义：“照对：救荒之法，惟有劝分。劝分者，劝富室以惠小民，损有余而补不足，天道也，国法也。富者种德，贫者感恩，乡井盛事也。”从这些榜文可以看到，黄震在“劝分”中，一开始是以情相劝、以理相谕，希望抚州富室能够响应国家动员号令，主动出粮低价售卖让百姓度过饥荒。

然而，这样的理想状态并没有出现，在黄震所发第四榜中就可以看到这一问题的严重性：“照对：本职被命此来，专以救荒为第一事。对越一念，凛凛栗栗，固甚欲恤贫，亦甚欲安富。昨到建德路上，已作札劝谕上户，出榜晓谕细民，预行发去外，继此沿途探问，乃闻闭粜自若，米价日增，不知税户何以为心。甚至闻金溪管下尝有饥民群扰富室，此固小民之罪，独非富室闭粜之罪乎？”[④] 为什么会出现这种情况？黄震似乎将其归因

① （清）徐松辑《宋会要辑稿·食货五九》，第7399页。

② （宋）黄震：《黄氏日抄》卷78《四月初一日中途预发劝粜榜》，张伟、何忠礼主编《黄震全集》，第2199页。

③ （宋）黄震：《黄氏日抄》卷78《四月初五日中途预纳上户四月十三日到州面议札》，张伟、何忠礼主编《黄震全集》，第2199页。

④ （宋）黄震：《黄氏日抄》卷78《四月初十日入抚州界再发晓谕贫富升降榜》，张伟、何忠礼主编《黄震全集》，第2199页。

于乡民缺乏教化。黄震在第四榜末尾，号召地方贤达站出来劝谕富民："右请贵寓之贤、学校之英、乡閭岩穴抱道未仕之彦，各以天地民物为心，各以父母乡邦为念，以义理感动乡之富者，以恩威开谕乡之贪者。"[①] 请求乡绅贤达对富民晓之以义理，其暗含的前提不就是他们缺乏义理吗？黄震在第四榜中虽仍有劝谕之辞，但措辞已强硬许多，表明他有强制"劝分"之决心。从三月二十八日第一榜发出，到四月初十第四榜趋向强硬，仅仅过了十二天，可谓操之过急。为什么黄震缺乏足够的耐心等待道德规劝效果？一方面可能黄震是一个急性子，另一方面他内心早已预设了道德规劝无效，即乡村财富力量都是为富不仁者，故及早考虑其他措施。

那么，这些充耳不闻的富民是否缺乏教化？早在西汉初年中央王朝就置豫章郡辖治，抚州受中原文化影响较早，水陆交通通达情况也不错，为东西南北干道经过之地。因中原王朝经营较早和交通便利等因素，抚州是南宋时期江南西路开化较早的地区之一。抚州文化虽然没有两浙路、福建路发达，但也有州学、县学、书院等官私学校，而且这些学校在南宋时期还有较大发展。有学者统计北宋江西路只有 32 所州县学，到南宋时增加到 69 所。[②]《方舆胜览》载：抚州风俗"其民乐于耕桑，其俗风流儒雅，乐读书而好文词，人物多盛"。[③] 在宋代，富有之家对子弟读书求功名十分重视，"中上之户稍有衣食，即读书应举，或入学校"。[④] 富室并不一定全都是拥有知识文化者，但一定是编户齐民之中有文化优势的群体，因此认为抚州富民教化缺失似有偏见。

---

① （宋）黄震：《黄氏日抄》卷 78《四月初十日入抚州界再发晓谕贫富升降榜》，张伟、何忠礼主编《黄震全集》，第 2200 页。

② 何忠礼：《南宋科举制度史》，人民出版社，2009，第 295 页。

③ （宋）祝穆：《方舆胜览》卷 21《抚州》，施和金点校，中华书局，2003，第 372—373 页。

④ （宋）张守：《毗陵集》卷七《论措置民兵利害札子》，刘云军点校，上海古籍出版社，2018，第 36 页。

为什么富民对官方的道德规劝无动于衷？黄震劝谕“富者种德，贫者感恩”这句话说得没错，现在需要讨论的是：低价粜粮赈灾能否达到这一社会效果？赈灾救济，无论无偿捐献还是低价出粜，都是一种付出。这种付出可看作礼物馈赠行为，无偿捐献是完全意义上的礼物馈赠，低价出粜则可以看作部分礼物馈赠。因此，赈灾问题的学理探究可转化为礼物问题并运用礼物交换理论进行分析。

莫斯认为，赠送礼物是谋求回礼。莫斯分析了部落社会里赠礼者在礼物中赋予了“hao”（即“礼物之灵”，一种神秘的力量），迫使接受礼物者有回礼义务，否则就会遭到报应或处于不利状态。[①] 马凌诺斯基则从互惠关系来讨论礼物交换中为什么赠送必须有回报。他认为一个人给予是因为他期待回报，一个人回报是因为他害怕对方终止给予，礼物所呈现出的“赠予”“回报”的交换状态实质上是互惠行为。[②] 布迪厄就礼物从赠送到回礼之间存在时间间隔入手分析，指出在礼物交换温情脉脉的表象之下，其实是象征权力运作的过程。礼物交换所形成的资本形式不是某种经济资本，因为礼物交换的逻辑否定经济利益。当礼物以赠品交换这种对称性向夸示性再分配的不对称性转化，礼物交换的互惠性也转化为以感激、效忠、尊敬、道义或良心债等象征形式提供的债务。对此布迪厄在《实践感》中指出：“‘富以济贫’此语典型地表达了对利益的实践否认。这种利益否认，就像弗洛伊德的否定，使人们能够满足利益，但它仅在形式上是非功利性的，以表明人们并不求满足利益需求。人们为赠与而拥有。但人们也因赠与而拥有。没有得到回报的赠品可以变成一笔债务，一种持久的义务；唯一得到承认的权力——感激、个人忠诚或威望——是人们通过给

① 〔法〕马塞尔·莫斯：《礼物：古式社会中交换的形式与理由》，汲喆译，上海人民出版社，2005。

② 〔英〕马凌诺斯基：《西太平洋的航海者》，梁永佳、李绍明译，华夏出版社，2001。

予来谋取的权力。”①

礼物交换理论为我们提供了富民缺乏赈灾热情的合理解释。富有者无偿提供粮食给灾民，这是一种类似礼物的给予，它也是要求回报的，它的回报当然不会是受惠者的物质回馈，而是今后受到他们尊重。要做到这点，一是要让受赠者的接受行为被明确化，并且让受赠者切身感受到通过接受赠予一定程度上解决了自身问题（如生存危机）；二是受赠者与赠予者之间在将来的社会生活中有密切的联系。要满足这两个条件，赈灾的施与才能达到赠予者的目的。灾荒问题是一个很大的社会问题，依靠个人的能力往往难以解决，因此某一富民出粮出钱赈灾只是杯水车薪，不能解决众多灾民的困境。若以低价粜粮的方式救济，因受益者需要出钱，尽管价格相对较低，但也往往容易掩盖施予者“给予”的那部分利益而不被灾民记住其付出，因此不能满足第一个条件。在官府的社会动员中，无论是无偿提供粮食还是低价粜米，这些粮米救济对象是整个灾害区域而非捐赠者所在的村庄社区。若赈济对象超出了熟人社会的范围，那么就很难让受惠者记住施予者的恩德，也无法达到第二个条件。黄震赈灾中也遇到了这种情况，那些只愿意帮助当地乡邻却不愿拿出多余的粮食赈济外地灾民的上户抱有“一都自了一都”② 的心态，就是很好的证明。

二 官民博弈第二阶段：官职奖励与响应寥寥

如前所述，面对灾荒，民间财富力量无论主观上还是客观上都无法做到无偿捐赠，顺应政府“劝分”低价出粜，其损失的经济利益并不能转化为象征资本而使自己获得受益者的尊重和社会地位。那么，从逻辑上看，

---

① 〔法〕皮埃尔·布迪厄：《实践感》，蒋梓骅译，译林出版社，2003，第 200 页。

② （宋）黄震：《黄氏日抄》卷 78《四月二十五日委临川周知县（滂）出郊发廪榜》，张伟、何忠礼主编《黄震全集》，第 2206 页。

官府如果采取必要的荣誉嘉奖或其他提高捐赠者社会地位的措施，可以弥补这一缺陷。北宋“或募富民出钱粟，酬以官爵劝谕”[①] 就是强化社会动员效果、弥补上述缺陷的一种制度安排。官职在中国社会是一种身份符号，代表了身份地位。以官职补偿经济上的损失，可以看作将经济资本转化为象征资本。应该说，这是一个颇有吸引力的激励措施。

身为知州的黄震，在道德劝谕没有效果的情况下，也及时采取了这一招数。四月十三日黄震一进入抚州境内就马不停蹄地召集富民开会“礼劝”。会后当天黄震发了新的榜文，并在榜文中抛出利益引诱：“富室而果有能此者，粜二千石以上，太守自旌赏；粜一万石以上，太守申朝廷补官，已有官者升擢。此太守所以报德，决不食言也。”[②] 但是之后黄震所发之榜均态度强硬并开始采取行政手段来强制富民出粜的这些变化表明，利益诱惑的响应者并不多。

为什么官职激励在黄震抚州救灾中未达到立竿见影的效果？官职激励，是通过国家这一正式制度平台将财富力量的经济资本转化为象征资本，以国家授予方式为响应者“嵌入”一个社会符号，从而达到提升其社会地位的目的。现在需要讨论的是：这一转化平台能否对这一群体进行有效“嵌入”？要达到有效“嵌入”至少需要一个条件：明确的社会预期或可感受到的社会意义。要能够产生明确的社会预期，就需要建构一种客观化的工具或者说是一种制度化的标尺，让人们明确了解他所付出的经济资本能够转化为社会资本的具体符号，也就是说在“纳粟补官”中，捐赠或低价出粜多少粮食可授予哪一级的官职。但是，在宋廷官职奖励实施过程中并未建立起一个规范化的制度体系，奖官随意性强，推赏难以兑现，这导致了拥有财富实力的富民对奖官制度失去信心。

---

① （元）脱脱等：《宋史》卷 178《食货上六》，第 4336 页。

② （宋）黄震：《黄氏日抄》卷 78《四月十三日到州请上户后再谕上户榜》，张伟、何忠礼主编《黄震全集》，第 2202 页。

据张文教授考证，宋朝“纳粟补官”制度成形于北宋天禧年间。[1] 但是捐赠或低价出粜多少，奖励什么样的官职，则因时因事而变。宣和元年（1119），淮甸发生大旱灾，负责赈济的官员向朝廷请求：“豪民大姓有愿出积粟者，乞籍其名，酬以官爵，其次与免差科一次。”[2] 这里只记载了奖官之事，并未说明如何奖官。绍兴元年（1131）五月十四日，诏：“诸路见今米价踊贵，细民阙食。令州军将常平仓见在米量度出粜。仍广行劝诱富家，将愿粜米谷具数置历出粜，州委通判，县委令佐。如粜及三千石以上之人，与守阙进义副尉；六千石以上，与进武副尉；九千石以上，与下班祗应；一万二千石以上，与进义校尉；一万五千石以上，与进武校尉；二万石以上，取旨优异推恩。如已有官荫，不愿补授名目，当比类施行，并令州军保奏。”[3] 这是一个有明确规定的奖官制度。而仅过四年，这一制度在实施中又有变通。绍兴五年（1135）十二月初七，江南西路转运司言：“及令州县劝谕有力之家，人纳粳米每一千石，或稻谷每二千石，如系曾得文解人，三代中有文官无刑责，补迪功郎，余人补承信郎。”[4] 乾道七年（1171）八月重申的奖官制度是：“无官人：一千五百硕，补进义校尉（愿补不理选限将仕郎者听）；二千硕，补进武校尉（如系进士，与免文解一次；不系进士，候到部，与免短使一次）；四千硕，补承信郎（如系进士，与补上州文学）；五千硕，补承节郎（如系进士，补迪功郎）。”并对文臣和武臣的奖官推恩做了具体规定。[5] 李华瑞教授考证认为，“乾道七年以后此赏格为后世沿用，但亦有不少冲改”。[6]

---

① 张文：《宋朝社会救济研究》，西南师范大学出版社，2001，第126—127页。

② （清）徐松辑《宋会要辑稿·食货五九》，第7385页。

③ （清）徐松辑《宋会要辑稿·食货五九》，第7389页。

④ （清）徐松辑《宋会要辑稿·食货五九》，第7391页。

⑤ （清）徐松辑《宋会要辑稿·食货六八》，第7989页。

⑥ 李华瑞：《宋代救荒史稿》，第532页。

黄震向抚州富室承诺的奖励措施是："粜二千石以上，太守自旌赏；粜一万石以上，太守申朝廷补官。"这是南宋末期的咸淳七年，朝廷补官的门槛是一万石。从赈灾结束后黄震向朝廷请求推赏的申省状来看，地方官员向朝廷请求推赏者多是劝粜有方的"寓公故老"，而非真正出粜粮食的富民：

宜黄县谭都仓户、待补国学生谭槐，县粜、乡粜、城粜并近城上下粜过米共三万四千六百一十七石。

又谭巡辖户、待补国学生谭厓，县粜、乡粜、城粜并近城上下粜过米共三万一千二百一十七石。

乐安县学生黄与孙以平甫为户，本户并诸庄共粜过米一万三千石。

金溪县危运干本户自粜米八千四百余石，并劝谕诸乡上户粜过米一万七千余石，未据本县保明申到。

临川县甲晏登仕时可粜过谷八千九百余石，米三千八十石。[①]

在这一申省状中，从自家粮仓里出粜的大户只有乐安县黄与孙、金溪县危运干、临川县甲晏这三个人，且这三户人家粜粮也只是一万石左右。其余两位待补国学生所粜之米，从该状一开始言"某今年四月十三日方到任，仓猝劝分，罕有应令，亟谋之寓公故老，皆谓宜申朝省，许以赏格"，[②] 应该不是自家粮仓里的粮食，而是他们响应号召去动员富民出粜的粮食。可见，朝廷的赈灾赏官制度不仅因时因事而变，而且门槛不断增高，对大多数富民而言是很难够得到的。

① （宋）黄震：《黄氏日抄》卷75《乞推赏赈粜上户申省状》，张伟、何忠礼主编《黄震全集》，第2168页。

② （宋）黄震：《黄氏日抄》卷75《乞推赏赈粜上户申省状》，张伟、何忠礼主编《黄震全集》，第2168页。

那么，对于响应政府动员出粜粮食但未能达到向朝廷申报推赏奖官者，“太守自旌赏”可赏什么？地方官员是否可直接任命承节郎或迪功郎以下小官，笔者需进一步考证，但至少在这榜文中看不到“太守自旌赏”的实质内容，在黄震文集里也并未找到他表彰赈灾者的相关记载，这虽不能证明他未做表彰之事，但至少说明这类事情并不是重要到了值得记录在案的程度。可想而知，富有之家试图通过响应号召而将其经济资本通过国家这一平台转化为象征资本的这一愿望并不容易实现。二百多年后的明朝政府倒是做到了这点，方志远教授的研究表明，明朝政府为动员民众赈灾助饷，将个人慈善行动的荣誉性表彰上升到中央层面，只要出几百石、上千石米谷或其他物资助国家军饷或赈灾，就会得到来自朝廷的“旌异优免”甚至“冠带荣身”的嘉奖。实施初期社会动员效果明显，但是到后期随着这一制度由应急变为常态，“冠带荣身”门槛不断降低，受众日益增加，这一制度也进入“疲态”而失去了社会动员的意义。[①] 这一研究很好地揭示了象征资本是靠资本的优质性来维持的这一特点，显然广泛社会动员下产生的批量化劳模并不能维持这一资本的优质性特点。由此可见，黄震掷地有声的“太守自旌赏”，恐怕也没有多少富民理会。

三　官民博弈第三阶段：强行出粜与富民抵抗

既然富民对美言劝谕和官职激励都无动于衷，知州大人黄震拿出了最后一个撒手锏——强制性赈灾。从第四榜可看到黄震在苦心规劝的同时，已开始表露使用强硬手段的心迹：“本职闻闭粜者籍，抢掠者斩，此辛稼轩之所禁戒，而朱晦庵之所称述。”[②] 表面上是引用辛弃疾首提、朱熹倡行

① 方志远：《“冠带荣身”与明代国家动员——以正统至天顺年间赈灾助饷为中心》，《中国社会科学》2013 年第 12 期。

② （宋）黄震：《黄氏日抄》卷 75《四月初十日入抚州界再发晓谕贫富升降榜》，张伟、何忠礼主编《黄震全集》，第 2199 页。

的“闭粜者籍，抢掠者斩”，实质上就是他的赈灾宣言。于是才有《宋史·黄震传》中如此记载：“（震）至则大书‘闭粜者籍，强籴者斩’揭于市，坐驿舍署文书，不入州治，不抑米价，价日损。亲煮粥食饿者。请于朝，给爵赏旌劳者，而后入视州事。”[①] 而从黄震发出第一榜到第四榜时间间隔仅十余天，可知他强制赈灾的思路早已酝酿于心。第四榜发出后又过四日，黄震再发一榜：“若十日之内不粜者，轻则差官发廪，重则估籍黥配。”[②] 将其赈灾宣言具体化。

即便如此，抚州富民仍然不买账。面对此形势，黄震在《四月十九日劝乐安县税户发粜榜》中态度更加强硬，直接点名批评，被点名批评者有三十余人，他们“皆邑内蓄米之多者”“四乡蓄米之多者”或其寄庄“甲于云盖一乡者也”。黄震榜文通报这些财富实力雄厚之家的姓名，意在明确赈灾是他们的职责，督促他们出粜粮食赈灾，“其或吝藏如故，长价不已，亦请提督密具姓名申，及密差人探报，当重作施行矣”。[③] 至此“劝粜”变成了“强粜”。

黄震采用这种强硬手段赈灾并不奇怪，这是宋代官员惯常使用的手段，几乎所有地方官员都能娴熟运用。如宋真宗天禧元年（1017）四月，“濮州侯日成上言：本州富民储蓄斛斗不少，近来不住增其价直，乞差使臣与通判点检逐户数目，量留一年支费外，依祥符八年秋时每斛上收钱十五文省，尽令出粜，以济贫民”。[④] 又如绍兴六年（1136），“诏：‘浙东州县守令，劝诱上户，广行出粜。如粜及三千石已上之家，依已降旨，等第

① （元）脱脱等：《宋史》卷438《黄震传》，第12993页。

② （宋）黄震：《黄氏日抄》卷75《四月十四日再晓谕发誓榜》，张伟、何忠礼主编《黄震全集》，第2203页。

③ （宋）黄震：《黄氏日抄》卷78《四月十九日劝乐安县税户发粜榜》，张伟、何忠礼主编《黄震全集》，第2205页。

④ （宋）董煟：《救荒活民书》卷上，天禧元年四月条，《景印文渊阁四库全书》，台北：台湾商务印书馆，1986，第662册，第247页。

补官。若有顽猾上户，依前闭粜之人，亦仰断遣，仍令提举官躬亲检察。’尚书省奏：‘婺州积米之家乘时射利，闭仓遏粜，缘此细民转致艰食，偷生为盗。’故有是旨”。[①] 这道诏令是为惩治婺州积米之家在灾荒之际“乘时射利，闭仓遏粜”而发出的。可见强制赈灾是一个自上而下的政策。尽管这一政策实施不久朝廷就发现了地方官员有滥用职权的现象并进行了纠正，但是也只是约束地方官员滥用刑威的极端行为，并未减去他们可“断遣”的权力。

因边境危机、行政运作效率低下等，财政紧张问题更加突出，南宋朝廷进行灾害救济越来越依赖于民间财富力量，于是强制“劝分”成为赈灾的惯行手段。绍熙五年（1194），中书门下省提出赈灾建议：“如豪右之家产业丰厚，委有藏积，不遵劝谕，故行闭粜者，并令核实奏闻，严行责罚，仍度其岁计之余，监勒出粜。”[②] 可见，强制赈灾已是自上而下达成的共识和“政治正确”的行动方案。生活在南宋末期的黄震自然对这一官方套路驾轻就熟，在绍兴任职时他就采用强粜之法实施赈灾，[③] 只不过在抚州赈灾中采用了更为强硬的手段而已。

有意思的是，即便黄震如此强硬，一些富民仍然不听劝谕，反而大发议论，公然抗议。如南塘县一姓饶的富室，有庄田多处，佃农无数，但他只愿意救济本地乡民，不愿意将自家蓄粮低价外卖救济外地饥民，还到处造势“妄称一都自了一都”。[④] 黄震要求各县官吏到富室粮仓所在地督责其开仓粜粮。不过这些富民也自有对付之法，第十七榜《六月二十日委乐安施知县（亨祖）发粜周宅康宅米》中言：“本州饥民已荷上寓富室次第发

① （宋）李心传：《建炎以来系年要录》卷99，第1623页。

② （清）徐松辑《宋会要辑稿·食货六八》，第8006页。

③ （元）脱脱等：《宋史》卷438《黄震传》，第12993页。

④ （宋）黄震：《黄氏日抄》卷78《四月二十五日委临川周知县（滂）出郊发廪榜》，张伟、何忠礼主编《黄震全集》，第2206页。

粜，小民赖以全活。今新稻亦将熟矣，独乐安县康十六官人、周九十官人两宅米最多，而独不粜，为其邻甲火佃者多饿死。就两宅中，又独周宅为尤不可劝。劝粜提督黄省元代之哀痛，至誓天食素者两月。而周宅不恤也，至反申县诬其搔扰，本州遂差本县清官梁县丞前去监粜。今又访闻县丞极廉，而两耳目之聪明一旦无以胜吏卒之奸。县丞初欲先到周宅，其见已定，厅司乃硬押轿番先至康家，遂致周官人先期搬藏米谷，欲以空仓虚历欺瞒县丞，称为已粜。”① 可谓上有政策下有对策。

针对富民的强势对抗，最终黄震报请朝廷查处了一个抗拒者，《宋史》载：“丙辰，抚州黄震言：‘本州振荒劝分，前谷城县尉饶立积米二百万，靳不发廪，虽尝监贷，宜正遏籴之罪。’诏饶立削两秩，武冈军居住。”② 饶县尉有何罪大恶极，且看黄震向朝廷的申省状描述：

乞照应本州已监劝饶县尉贷社仓申省状

照对：本州今岁米贵，民多饿死，极救无具，言之痛心，所借者惟劝粜耳，而劝粜亦有难行者。寄居前谷城县尉饶立积米累巨万，而性吝啬，其余中户尚从劝粜，惟此第一出等户独不从劝粜，凡其回报，皆是相欺。某自揣人微，固难以必巨室之听。最是饶县尉，遍抚州诸邑乡落积租皆有社仓，丰年乐岁多取贷息，及今荒年，算计目今米贵，将来得息而或价倾，恐反失利，遂一粒不贷，惟深其扃𫓧，以待客贩，以此民怨入骨，哀诉满庭。某谓社仓正为荒年设也，今乃丰年民不愿贷，反抑贷以取其息；荒年民正仰贷，忍负赖以视其死？此于救荒关系最大。且社仓本以春贷，今已中夏，又岂容少缓者？但劝之虽切，藐无报应。县尉若尽雄据，则社仓终于不贷。遂不免请上饶

① （宋）黄震：《黄氏日抄》卷78《六月二十日委乐安施知县（亨祖）发粜周宅康宅米》，张伟、何忠礼主编《黄震全集》，第2209页。

② （元）脱脱等：《宋史》卷46《度宗纪》，第907页。

县尉留之仓佥听，分项差官，四出监贷，而所差同官以及州县吏卒乃蹙颎相吊，谓饶宅威制一州，今若行此，祸且立至。或叩头乞免，至于垂泣。某窃念此事某实自为之，万一果累同官，于心何忍？所合先次申闻，乞赐照应，或将来饶县尉果有词诉，及或买人游说中伤，某愿身坐其罪，无以及同官，不胜愿幸！某此止为救荒一事而发，其饶县尉居乡过恶，亦不敢并及，以孤初到官安富恤贫之约。①

这里所透露出的信息是饶县尉是当地的一等户，家产丰裕“积米累巨万”，在抚州各县有多处由他经营的社仓。社仓是朱熹所倡导的一种地方性赈灾机构，主要是政府和民间共同出资作为贷本（田产或粮食），以“贫富相恤”为目的、以低息借贷为手段的地方性、民间性灾害救济机构。社仓的管理主要由民间出资人负责，“有愿依此置立社仓者，州县量支常平米斛，责与本乡出等人户，主执敛散，每石收息二斗，仍差本乡土居或寄居官员士人有行义者，与本县官同共出纳”。② 看来这个饶县尉是利用自己的田产到处设置社仓，以“贫富相恤”之名合理合法谋粮食借贷利益之实。

从上述分析可以看到，那些资产殷实的乡村富户根本不把政府的劝谕恳陈放在眼里，也不把政府的威胁强制放在眼里，其嚣张之势之大，不仅和官府检查人员玩起了“躲猫猫”游戏，而且公然扬言报复，乃至一些基层官吏不敢前去监督检查，担心“祸且立至”。虽然黄震最终将其拿下，但也是冒了很大风险。为此，黄震在陈词中特别说明此事与其他官吏无关，也特别说明不追究饶县尉的其他恶行，仅救灾一事就事论事。从这一

---

① （宋）黄震：《黄氏日抄》卷78《乞照应本州已监劝饶县尉贷社仓申省状》，张伟、何忠礼主编《黄震全集》，第2164—2165页。

② 《晦庵先生朱文公文集》卷13《辛丑延和奏札四》，《朱子全书》第20卷，上海古籍出版社，2002，第649页。

过程来看，在强制性赈灾救济中，虽然毫无悬念地以官方胜出为终，但是这个对垒力量——富民的势力不可小觑。

四　从官民博弈看南宋富民群体成长及其社会话语权的获取

黄震与抚州富民的博弈过程充满着情节性和紧张感，其虽渗透着黄震本人的行事风格，但是事件本身却具有以小见大的普遍意义，可通过它来透视南宋富民群体的发展动态及其对社会的影响状况。

（一）南宋富民群体

抚州赈灾社会动员的对象是富民，黄震称其为“富室”，在二十道榜文中“富室”一词出现频率最高，“富家”一词亦多次出现，此外还有“大室”“上户”“税户”等。显然，“富室”“富家”“大室”“富姓”都是同一词义的不同文本表述方式，其意指财富多的家庭，本文以“富民”统而称之。按照宋代的户等制度和税赋制度，财富多者显然是户等高的“上户”，同时也是纳税多的“税户”。在宋代，“上户”指三等以上户等家庭。宋人言：“且乡村三等并坊郭有物业人户，乃从来兼并之家也。”①他们的财富实力也主要体现在土地占有数量多。靠租佃经营获取实物地租的“富室”，显然也是“多蓄之家”，一般都有粮食积储。因此黄震主持的赈灾，把社会动员的重点放在了他们身上。

值得注意的是，黄震的榜文告示中还提到一些有特殊身份的富民——众多的“官人”：

> 邑内风俗，当职虽未能周知，如出等税家彰彰在人耳目者，已略得其概。如詹良卿登仕，则甲于一邑四乡者也。曾料院、许道州、詹季宏官人、曾正则官人、曾季同官人、詹明伯官人，皆邑内蓄米之多

① （清）黄以周等辑注《续资治通鉴长编拾补》卷7，第302页。

者，而中户又不与焉。如康元甫官人、周叔可官人，则甲于天授、乐安两乡者。如永丰湖西罗袁教、罗连干之寄庄，则甲于云盖一乡者也。他如黄景武官人暨景文、景宪、景云等官人四兄弟，黄子光官人暨子大、子忠、凤孙等官人四兄弟，及黄汉举官人、陈季升官人、陈子清官人、黄晋甫官人、黄信甫官人、丘子忠官人、邓子清官人、张彝仲官人、张晋卿官人、曾季毅官人、曾季常官人、郑荣甫官人、郑宪甫官人与鄢甲头，此四乡蓄米之多者。其余当职未能尽知，除一面陆续采访及恳乡官次第转恳，今来不以公移劝分，而礼请名士宋节干等十员分乡提督劝粜，不以官司督促而以本心之所同然者往来于文书之间，不立官价，不立官斗，而一听蓄米之家随时低昂接济籴户。[①]

这些被称为“官人”者，应属下面两种情况。

第一种情况是家中有入仕者。宋代官员皆为流官，不在当地任职，他们的父母妻儿等亲人一般留在家乡本土，人们以某某“官人”尊称其家户成员。因为宋代对官员有明确规定，禁止在所任职之地置产买地。乾道九年二月初五“诏诸注官（不厘务非）不注本贯州。（因父祖改用别州户贯者同，应注帅司、监司属官于置司州系于本贯者皆准此。）不系本贯而寄居及三年，或未及三年而有田产物力，虽非居住处，亦不注。（宗室同。）即本贯开封，惟不注本县。（先是，吏部条具宗室寄居及庶官流寓州县不许注授差遣。上曰：‘寄居不必及七十，有田产不必及三等。凡有田产及寄居州县，并不可注授差遣。可令敕令所参照旧法修立。’至是敕令所增修来上，故有是诏。）”[②] 从这一诏令来看，不允许官员在本地任职，也不许官员在任职地购置田产是早已有之的法规。因此这些属于“上户”且

---

① （宋）黄震：《黄氏日抄》卷78《四月十九日劝乐安县税户发粜榜》，张伟、何忠礼主编《黄震全集》，第2204—2205页。

② （清）徐松辑《宋会要辑稿·职官八》，第3256页。

“蓄米之多”的“官人”，显然不是在当地任职的官员，而是留在家乡的亲人眷属，他们都是民而非官，靠经营土地为生而非以俸禄为生。当然，他们中的一部分可能属于官户而不是民户。官户与民户有什么区别？王曾瑜的研究表明，官户的特权有：官员的俸禄、荫补、减免某些税役（主要是差役减半）、减免刑罚。“总的看来，宋朝官户的法定特权，比较突出的还是中级和高级官员享有优厚俸禄和荫补权两项，这两项其实又仅为小部分官员所特有。至于减免某些赋役，其实也是十分有限，不应估计过高。”①既然官户的特权寥寥无几，那么除了在名声方面好听一些以外，他们与民户并没有本质上的区别，那些因家里有人在朝中任官而被尊称为“官人”者，显然也只是普通民众而已。

第二种情况是通过买官获得某一官职头衔者。宋代可“进纳出身”，即“入资补官”“纳粟补官”“纳粟授官”。这些靠输钱获得的官职多为虚职而非朝官，更无甚特权。朝廷规定：“凡进纳授官人升改名田之制，历任六考，有举主四员，与移注。历任十考，有改官举主七人，与磨勘。即因获盗应循从事郎以上者，具奏降等与使臣。因其军功捕盗得改官酬奖，如不愿换使臣，与比类循资至承直郎止。郎因军功捕盗转至升朝，非军功捕盗而转至大夫者，听免差科，科配如官户。”② 这些“进纳出身”的“官人”必须符合严格条件才能改升为实职，“升朝”之后才能成为“官户”，才能获得减免差科的待遇。而“升朝”的官员是需“移注”异地为官的。因此，该个案中所提及的“官人”若是通过买官获得的官职，也是有名无实的虚职而已，与编户齐民在本质上并无太大区别。

在黄震抚州赈灾官民博弈中，还出现了一个不可忽视的人物——饶县

① 王曾瑜：《宋朝阶级结构》，河北教育出版社，1996，第272页。

② （宋）李心传：《建炎以来朝野杂记·乙集》卷14《进纳授官人升改名田之制》，中华书局，2000，第763页。

尉。此人因在当地经营社仓“积米二百万，靳不发廪”，[①] 在黄震的弹劾下，被朝廷治罪贬谪至武冈军。这个饶县尉并非在本地任官，《宋史·地理志》载，抚州设县五，分别是临川、崇仁、宜黄、金溪、乐安，[②] 并无谷城一县。谷城县在哪儿？它是襄阳府下面的一个县。[③] 根据“寄居前谷城县尉饶立”这一信息，可知他曾经任职于襄阳府谷城县，现住在抚州。这个饶县尉虽曾任县尉之官，但并非在当地任职，区区县尉之职的影响力显然不可能达及千里之外的抚州。他在抚州如此骄横霸道，主要是依恃其财富力量。

由此可看到，黄震榜文中被称为“官人”的这些人并非实际意义上的官僚，他们或是官僚的家户，或是卖官鬻爵空有虚名的“官人”，或是曾经任过官现在寄居抚州的人。他们虽然有“官人”的名义身份，但本质上的社会身份是普通民众。这些人在乡村社会是成功的土地经营者，是乡村社会的财富群体，同属于富民群体。他们依法纳税，也因为他们纳税较多，初来乍到不太了解当地情况的黄震通过查看官府税赋登记在册情况也能大致判断辨别出来他们是“富室”，故成为黄震进行社会动员的主要对象。

从抚州赈灾活动可以看到，南宋时期的富民至少已经呈现了两个明显的特点。一是富民颇具经济实力。从黄震上书朝廷的几个申省状来看，每年应付官府和籴米粮、缴纳折绢钱等多不能顺利完成，常平仓里的粮食储备亦往往有账无粮，[④] 这些信息表明南宋抚州社会经济发展程度属中等偏

① （元）脱脱等：《宋史》卷46《度宗纪》，第907页。

② （元）脱脱等：《宋史》卷88《地理四》，第2191页。

③ （元）脱脱等：《宋史》卷85《地理一》，第2113页。

④ （宋）黄震：《黄氏日抄》卷75《乞借旧和籴赈籴并宽减将来和籴申省状》《乞照应咸淳六年和籴申省状》《乞照户部元行折绢钱抱解申省状》《咸淳八年六月十六日乞减和籴申省状》，张伟、何忠礼主编《黄震全集》，第2160—2161、2169页。

下地区。但是，在抚州赈灾中，黄震最终还是让富民拿出了十一万余石粮食赈灾，解决了当时的社会危机，而来自官府常平仓的赈济粮却不到十分之一，可见这一富民群体的经济实力不可小觑。二是富民群体已经呈现出整体向上流动的特点。在黄震赈灾个案中，前十榜榜文中不断出现的是“富室”“上户”等集合名词，到后续的榜文中已经变成了一个个有名有姓的“官人”“县尉”，虽如前述此“官”有名无实，但也说明这一家庭中已经有成员进入了官僚阶层，该家庭呈现社会阶层向上流动的特点。正如林文勋教授所言：“当一个家庭因财富的积累而跻身于富民之列后，它首先的目标还是继续增殖财富，以维持家业不败。但这不是唯一的目标。这时，争取较高的社会地位成了富民一种普遍的追求。”①

（二）从官民博弈看富民对社会话语权的追求

在黄震赈灾个案中，最具“看点”的是黄震与富民博弈中不断升级的张力。整个事件过程——从循循善诱逐渐转向威胁强制、最终强行开仓——虽然最后胳膊拗不过大腿，以官方胜利收场，但是在这四个多月②的官民博弈中，官方一直拥有被动之态而富民一方拥有相对优势。

抚州富民如此强势，敢于与官府对抗，这与该事件发生的时间咸淳年间这一特定年代有关吗？黄震抚州赈灾之事发生在南宋末期度宗朝，当时南宋王朝已处于风雨飘摇之中，朝廷穷于对付步步紧逼的蒙古大军，内政治理多处于应付之态，这是事实，但这并非富民强势与官府对抗的主要原因。中国自秦朝建立中央集权制度以后，历经上千年的运行，其官僚行政体系和机制已趋于完备，具有自运转之功能，这也是中国两千多年王朝不

① 林文勋：《唐宋社会变革论纲》，第135页。

② 从黄震三月二十八日赴抚州任职途中发第一榜公告起，到七月十五日向朝廷呈《七月十五日荒政结局申省自劾状》止，为黄震抚州赈灾的时间周期。

断更迭交替而制度依然一以贯之的原因所在。况且度宗一朝国家行政尚未达到涣散不堪的境地，从抚州灾荒严重之时朝廷能火速从绍兴调一个不畏强势、雷厉风行的官员来主持赈灾、调任官员尽忠尽职做好赈灾工作，以及抚州赈灾结束后第二年黄震因赈灾有功而获得升职等种种迹象来看，咸淳年间朝廷的行政机器仍然在有效运行。而这场官民博弈以官方胜利而告终的结果，也表明国家机器对地方的控制力仍然处于不可动摇的地位。

那么，抚州的富室凭恃什么敢于公然地与官府对抗？他们凭恃的是财富。在传统农业社会，富裕之民的财富积累除了货币性财富、不动产财富之外，还有一项重要的财富，即储藏在其粮仓里的粮食。在灾荒之年，售卖或不售卖这些粮食，不仅是赚钱不赚钱或多赚钱少赚钱的问题，而且还成为这些粮食的所有者与政府合作或是不合作的关系建构的砝码。换句话说，在特殊社会条件下，如水旱等自然灾害来临之时，富民因拥有大量的粮食储存，不仅自家可以免于灾荒危机，而且还可利用处于粮食卖方市场的条件，通过控制粮食这一重要民生物资的售卖权来重构与政府的关系，并以此扩大自己的社会话语权。

具体而言，富民的社会话语权是通过以下途径来获得的。

一是主动与官府合作，通过担当社会责任获取社会尊重。

无论是传统社会还是现代社会，国家均负有一个重要职能：为其共同体成员提供安全保障和基础设施等公共产品，包括免于战争的人身安全保障、遇到天灾人祸时提供的社会救济保障以及人人需要但私人不愿意供给的道路等基础设施。在政府财力有限的情况下，特别需要民间力量参与其中，为社会公众提供相关的公共产品，以维护国家稳定、社会和谐。在宋代，富民群体是一个财富实力雄厚的群体，借富民之力助国家之急成为执政者和行政者所希望之事。

在抚州赈灾个案以及其他一些官府赈灾救济事件中，我们确实看到了富民对来自官府的社会动员没有太多积极性和主动性这一事实。这是因为，一旦赈灾需要官府采取轰轰烈烈的社会动员方式来解决，灾情一般较为严重，受灾面积大、受害群众多，以富民一己之力根本无法解决问题。相反，若富民不自量力去赈灾救济还会引火烧身，最后被蜂拥而来的饥民把粮食、财物抢掠一空，甚至危及个人安全。这只是明哲保身的决策，与个人道德品质无太大关系。如果以灾荒救济中富民不响应官府号召这一行为来否定富民利用其财富力量稳定乡村基层社会的作用，并不符合客观事实。

事实上，在因财富实力脱颖而出的富民阶层之中，大多数富民是愿意在力所能及的情况下与政府合作，主动担当一些政府职责的。如在面对灾情较轻、受灾面不大的自然灾害时，或是某一乡邻亲友出现天灾人祸时，他们愿意拿出一些钱物帮助他们；又如不少富民愿意捐钱、捐物修路筑桥，为乡民提供基础设施；再如一些富民热衷于提供社区性社会福利，如设置义庄、捐资助学等。这样的事例可举无数，[①] 本文无须举证。这些慈善之举有一个共同的特点，即富民的捐助馈赠行为所产生的实际效果在可控范围内且捐助馈赠能够带给他们非物质性回报——如布迪厄所言的“感激、个人忠诚或威望”。相关分析笔者在此前文章中有所阐述，其他学者亦多有论及，[②] 在此不展开论述。这些研究表明，类似礼物赠予的富民乡村慈善行为为富民获取社会地位、提升乡村社会话语权奠定了基础。

二是通过与官府对抗展示实力，改变官民关系，获得社会话语权。

在这一个案中，黄震不断告诉富民，官府并非让他们无偿出粮赈灾，而是要他们拿出粮食来出售给灾民使之有粮可食，“今我抚州不劝分而劝

① 相关情况可参见张文《宋朝民间慈善活动研究》。

② 参见张锦鹏《宋代乡村治理中政府与“富民”的博弈关系分析》、祁志浩《宋朝“富民”与乡村慈善活动》，林文勋等：《中国古代“富民”阶层研究》，第 198—223、224—237 页。

粜者，曲体富室之情也，急谋贫民之食也”。[①] 但是富民置若罔闻。其原因前文已做分析，是因为低价售粮的经济损失部分并不能从官府“旌赏”和“奖官”政策中得到有效补偿，不能将经济损失转化为象征资本收益。但是，对抗官府却能从另一个角度给他们带来独特的象征资本：在“劝分”中，官员通常是对富民言辞诚恳、一副谦逊低下的姿态。而富民不理不睬、高高在上的气势，足以显示出他们利用财富这一筹码在官民博弈中处于有利地位。这些抗拒官府的行为，虽然并不足以使事态按照他们的意图发展，但是在社会中必然会留下痕印，所产生的影响也是不言而喻的，他们作为“强人”的形象也因此树立起来。

总之，黄震抚州赈灾是一个鲜活的官民博弈个案，黄震将实施赈灾的重点放在对富民进行社会动员上，可见南宋时期地方官员在面对社会危机时对富民群体的依赖。黄震先后对富民采取了道德规劝、官职激励和强制开仓的手段劝谕和强迫富民参与赈灾，却遭到了富民的集体无视和公然对抗，表明富民群体在特殊的社会条件下试图利用掌握粮食卖方市场这一财富优势，重构官民关系，挑战官府的权威，获取社会话语权。从抚州富民多被称为“官人”这一细节来看，南宋时期的富民群体已经开始出现整体性向上流动这一特点。由此可见，南宋富民群体的财富实力和不断扩大的社会影响力使他们逐渐成为对社会有重要影响的中间层。

---

① （宋）黄震：《黄氏日抄》卷78《四月十三日到州请上户后再谕上户榜》，张伟、何忠礼主编《黄震全集》，第2201页。

商人群体：唐宋富民阶层的重要财富力量

——兼论商人群体的时代局限性

一　研究缘起：富民阶层中商人群体的重要性

近年来，很多中国学者提出新的理论来分析中国传统社会的发展变迁，试图以新的视角来认识中国古代历史体系。林文勋先生有关“富民社会”的理论尤其备受瞩目。“富民社会”理论的核心概念是“富民”。根据林文勋先生的解释，富民是拥有财富的社会群体，主要由三类人群构成：一类是占有土地，靠土地经营致富的人；一类是手工业者；一类是从事商业，以商致富的人。[①] 林文勋先生还特别强调，在传统农业社会，富民的主体应该是靠土地经营致富的人。[②]

的确，在传统农业社会，土地是最重要的生产要素，谁拥有它，谁就是财富的拥有者，谁就是社会的主宰者。但是，这个逻辑又存在悖论。第一，在近代化开启以前，中国经历了数千年的农业社会时期，土地作为最重要的生产要素长久存在，为什么只有到了唐宋以后才有富民出现？第二，从微观上看，靠买卖土地固然能够发家致富，但是从国民收入的宏观层面上看，传统社会土地的用途主要是农业生产，它既不能够提供多样化的社会消费品资源，也并非具有流动特征的经济要素，不断换手的

① 林文勋：《唐宋社会变革论纲》，第 120—123 页。

② 林文勋、谷更有：《唐宋乡村社会力量与基层控制》，第 3 页。

土地买卖并不能带来社会财富的增长，只能产生经济泡沫。因此，一部分经营土地者可以成为“富民”，但他们是农业社会的同质力量，对社会发展的推动力和影响力并不能过高估计。能够较快积累起财富，并通过其经济活动对社会产生结构性改变或变革性推动的，一定是一种社会异质力量，而在传统农业社会时代，这种异质力量的来源，应该是商人群体。

自古以来，古今中外，商人都是社会中财富增殖最快的群体。商人群体或者说富商是“富民”群体中的主体力量，也许富商在人口规模上并不占优势，但在财富力量上一定是占优势的。没有一个实力雄厚的富商群体，无从有“富民阶层”，更不可能有“富民社会”。唐宋时期，中国进入商品经济发展的第二个高峰时期，商人群体必然是这一时期崛起的富民阶层中的重要财富力量。

二　唐宋时代的商人群体

朱瑞熙先生在《宋代商人的社会地位及其历史作用》一文中总结出了宋代商人在经济、文化、政治等六个方面的积极作用。[①] 看待一个社会群体在某一时代的社会影响力，既可以从这个群体自身发生了什么样的改变来观察，也可以从这个社会因为该群体改变了什么来反观。首先从前一方面进行探讨。

（一）从商人自身看商人群体

1. 职业商人不多但从事商业的群体数量庞大

李晓先生认为，宋代是小农、小工、小商三位一体的时代，[②] 而小农、

① 朱瑞熙：《宋代商人的社会地位及其历史作用》，《历史研究》1986年第2期。

② 李晓：《宋代工商业经济与政府干预研究》，中国青年出版社，2000，第14—33页。

小工亦多为小商，也可以理解为全民经商。姜锡东先生也指出，宋代有许多从事商业活动的人并不是职业商人，不少官吏、军队将士、手工业者、农民也兼营商业，他们虽然不是商人阶级，但是掌握着一定数量的商业资本，对市场的兴旺和商业的发展产生了重要影响。[①] 应该说，当时职业商人群体规模并不大，但是从事商业经营活动的群体却巨大，这一社会现象，正是典型商业化时代来临的早期表现。在一个社会商品经济恢复发展初期，这种现象会以历史再现的方式呈现。如 20 世纪 80 年代改革开放初期，中国也出现过一个全民经商的时代。当时社会上真正的民营企业家并不多，但是"十二亿人十亿商"，全社会从事各种行业的人都在想方设法地"捞外快"。正是经过这样的时代，中国的商人才迅速地成长起来，从当时凤毛麟角的"万元户"发展到今天一大批资产上亿元的民营企业家群体。在传统农业社会，职业商人群体的成长不可能如今天市场经济体制下这样迅速，但其基本规律是一致的。无论是古代社会还是现代社会，一个商业化时代必然要经历这样一个"全民经商"的过程，才会进入社会分工整合时代，从而使有一定数量规模的职业商人群体完全剥离其他产业的生产经营独立出来，专一从事商业经营活动。这样的阶层一经形成，即在社会上产生诸多影响。

2. 商人群体财富力量雄厚

在前工业化时代，通过日益扩大的市场，实现更大规模、更广阔空间的商品交换，是商品经济发展的重要表现。商人，作为一个群体或一种职业，是社会分工的产物，他们专门从事商品交易活动。在市场交易中，参与交易的多方（生产者、消费者、商人）通常会在对自己有利的条件下进行交易。但商人往往因掌握市场信息、了解市场行情、具有跨地区运输和专业储运等多方面的条件和优势，能在买与卖的过程中具有较强的议价能

① 姜锡东：《宋代商人和商业资本》，中华书局，2002，第 2 页。

力，实现贱买贵卖，获得较高的商业利润。因此，在传统社会里，商人通常是财货增殖最快的群体，故早在西汉时期就有“用贫求富，农不如工，工不如商”[①] 的说法。这种强大的财富集聚能力吸引了大量的人从事商业，在宋代更是如此。

唐宋社会，随着商品经济的蓬勃发展，商人群体获得了更多的市场机会，在日益扩大的商品交易中不断积累财富，成为最先富起来的一个群体。特别是规模庞大的政府采购和禁榷制度培育出一批商人，商人群体的财富力量也达到一个新的高度。唐乾符年间（874—879 年）江陵的郭使君，“其家资产甚殷，乃楚城富民之首。江淮河朔间，悉有贾客仗其货，买易往来者”。[②] 真宗大中祥符八年（1015），王旦等指出：“京城资产，百万者至多，十万而上，比比皆是。”[③] 社会上有数量众多的“日出其财以罔市利”的“千金之家”，[④] 有不计其数的“盈室以藏”钱的“富商巨贾”，[⑤] 如“积财巨万，为群盗所掠”[⑥] 的饶州富商甘绍，又如弃官经商的范晞“能殖货，家累巨万”。[⑦]

商税收入是商人为国家创造的财富，也从一个侧面为我们提供了商人财富增长的大致情况。根据宋代商税税则，商税按住税和过税征收，“行者赍货，谓之过税，每千钱算二十；居者市鬻，谓之住税，每千钱算三十。大约如此，然无定制，其名物各从地宜而不一焉”。[⑧] 笔者在拙作《宋代商品供给研究》中，考虑了长途贩运过程中过税常被多次征收和部分细

---

① （汉）司马迁：《史记》卷 126《货殖列传》，中华书局，1959，第 3274 页。

② （宋）李昉等编《太平广记》卷 499《郭使君》，中华书局，1961，第 4097 页。

③ （宋）李焘：《续资治通鉴长编》卷 85，大中祥符八年十一月己巳条，第 1956 页。

④ （宋）苏轼：《东坡全集》，《景印文渊阁四库全书》，台北：台湾商务印书馆，1987，第 1107 册，第 673 页。

⑤ （元）脱脱等：《宋史》卷 433《杨万里传》，第 12866 页。

⑥ （元）脱脱等：《宋史》卷 304《范正辞传》，第 10060 页。

⑦ （宋）李焘：《续资治通鉴长编》卷 28，雍熙四年二月丁未条，第 631 页。

⑧ （元）马端临：《文献通考》卷 14《征榷考一》，第 402 页。

碎交易商品免征的情况，估计了宋代商品贸易总额（见表1）。从宋代商品贸易总额，也可以估算出宋代商人的利润总额。在现代社会，由于贸易规模巨大和市场竞争激烈，商业利润通常在5%—10%，超过20%的利润率就有暴利之嫌。在传统社会由于竞争的不完全性和贸易规模较小，必须有较高的经营利润才会吸引商人从事商品经营活动，因此商人的利润率会在10%—50%。笔者取中下值20%作为估算值，计算出宋代商人的总体赢利规模。以商品贸易规模最大的庆历年间来看，全社会商人群体的赢利总额达到3850万贯，这是一个可观的数据。正是因为有如此之多的财富作为基础，唐宋才真正进入了富民社会。

表1　北宋商税岁入情况及全国商品贸易总额估计

单位：万贯

	时间	商税岁入	纳税商品总额	商品贸易总额	商人利润规模（按20%利润率计算）
1	至道中（995—997）	400	3333.33	3450.00	690
2	景德中（1004—1007）	450	3750.00	3937.50	787.5
3	天禧五年（1021）	1204	10033.33	10535.00	2107
4	庆历前期（1041—1045）	1975	16458.33	17281.25	3456.25
5	约庆历年间（1041—1049）	2200	18333.33	19250.00	3850
6	皇祐年中（1049—1054）	786.39	6553.25	6880.91	1376.18
7	嘉祐三年至六年（1058—1061）	700	5833.33	6125.00	1225
8	嘉祐六、七年（1061、1062）	708.31或709.54	5902.58或5912.83	6197.71或6208.47	1239.54或1241.69

资料来源：表中1—3列数据来自张锦鹏《宋代商品供给研究》（第75—76页），小数点两位后四舍五入。

3. 商人为国家创造的财富巨大

商人群体不仅自身积累了大量财富，而且对国家的财政贡献也大大增长。从表 1 的国家商税收入来看，在有商税统计的年份，宋代商税最高收入达 2200 万贯。另外，商人参与禁榷商品经营过程中向国家缴纳的盐钞（息）、茶引、酒息等钱，也是国家财政收入的一个重要组成部分。据汪圣铎《两宋财政史》的统计，淮浙盐钞、盐息收入：天圣六年（1028）为 180.3 万贯，嘉祐二年（1057）为 400 万贯，乾道六年（1170）为 2196.3 万贯，嘉泰（1201—1204）年中为 1920 万贯。茶课收入：至道（995—997）末年 285.29 万贯，大中祥符六年（1013）300 万贯，绍兴二十四年（1154）269 万贯（东南地区），淳熙（1174—1189）初年 420 万贯（东南地区）。[①] 可见，宋代商人通过参与国家禁榷商品的经营，为国家财政输送了数额巨大的盐茶酒经营利润，为国家财政收入增长做出了重要贡献。

（二）从外部社会看商人群体

前文已经论述了商人群体对于唐宋社会的巨大贡献，接下来将通过分析唐宋社会因为该群体改变了什么来反观其影响。这种改变可能更具有参考价值，因为无论是正式还是非正式的社会规则，其形成和起作用都具有长期性、持续性，并有强大的自我维护性，也就是有其“路径依赖”。要改变这些规则是不容易的，小则需要社会大众观念上的转变，大则需要既得利益集团对利益的让渡。如果社会规则发生变迁，为一个群体或阶层让渡其利益或给予其实现利益的条件，那么，显然是这个群体或阶层社会影响力增强的结果。而唐宋时代为商人群体改变的社会规制包括以下三个方面。

---

① 见汪圣铎《两宋财政史》（中华书局，1995）中“淮浙盐课岁入情况表”“宋代榷茶课利表”中的数据。

1."工商不得入仕"制度的突破与解禁

关于"工商入仕"问题，学界相关成果已经很多，本文不再赘述。[①]笔者想要说明的是，法律制度是一种事后调节制度，通常是当社会出现大量新事物导致现有制度"不适时宜"，新的制度才应运而生，从而出现制度变迁，这是社会发展规律。唐宋对商人入仕制度的调整亦是如此。唐朝商品经济开始恢复发展，商人作为一个财富群体逐渐壮大后，"工商不得入仕"的禁令通过各种正规或非正规的渠道不断被突破。宋军风的研究表明：商人入仕贯穿整个唐代。唐代前期，商人主要是通过捐献财物、任"斜封官"、任"捉钱令史"、告密、受人提携等渠道入仕；唐代后期，商人主要以"私觌官"、买官、军功、科举、举荐、贿赂等手段入仕。[②] 这一研究表明，唐前期商人入仕通道较少，且主要靠权力和特例来运作入仕，显然商人入仕的交易成本较高，如出任"斜封官"者，应是帮助公主等皇室成员经商者，非一般商人。同样，只有雄厚财力捐资者（如捐绢二十万），才有受封一个虚职官衔的机会。唐后期商人入仕虽然仍有不少特权因素，但诸如买官入仕、军功入仕之类的通道已经成为开放的、大众化的通道。如僖宗时"诏以东都军储不足，贷商旅富人钱谷以供数月之费，仍

① 具体参见张邦炜《两宋时期的社会流动》，《四川师范大学学报》1989 年第 2 期；何忠礼《贫富无定势：宋代科举制度下的社会流动》，《学术月刊》2012 年第 1 期；林文勋《宋代商人对国家政治的干预及其影响》，《中州学刊》1996 年第 3 期；张剑光、邹国慰《唐代商人社会地位的变化及其意义》，《上海师范大学学报》1989 年第 2 期；巫宝三《唐代重商思想的兴起》，《中国经济史研究》1997 年第 3 期；郭学信《时代迁易与宋代士大夫的观念转变》，《文史哲》2000 年第 3 期；张宇《唐后期的士商交游及商人社会地位的变迁》，《魏晋南北朝隋唐史资料》第 20 辑，武汉大学文科学报编辑部，2003，第 136—144 页；张海英《明中叶以后"士商渗透"的制度环境——以政府的政策变化为视角》，《中国经济史研究》2005 年第 4 期；陈金凤、吴庆忠《唐代商人入仕析论》，《江西师范大学学报》2008 年第 2 期；田欣《父商子仕：宋代商人家庭成员身份的代际更替》，《河北师范大学学报》2009 年第 3 期；宋军风《唐代商人入仕途径考析》，《唐都学刊》2010 年第 3 期；王朝阳《宋代士人经商研究》，博士学位论文，陕西师范大学，2011。

② 宋军风：《唐代商人入仕途径考析》，《唐都学刊》2010 年第 3 期。

赐空名殿中侍御史告身五通，监察御史告身十通。有能出家财助国稍多者赐之”。[①] 商人入仕禁令最大的突破莫过于科举取士从禁止商人子弟考试到允许商人子弟科举入仕。在隋朝开启科举取士时，朝廷对此项规定专门发令重申“工商不得进仕”。[②] 从《唐六典》等律令制度中对“工商入仕”的限制来看，唐代之制是明文规定商人不得科举入仕。但是，这一禁令至少是在唐朝后期就被突破，到宋代更是大范围地放宽了限制条件，乃至出现了“士多出于商”的现象。[③]

2. 建立与商人经济权利相关的、规范的赋役和商税制度

早在秦始皇建国立朝之时，因筑长城、建阿房宫大征民力，“兵不足用，乃至发谪。先发弛刑之类，次发西贾人之类，次发治狱不直者之类，次以隐官刑徒者，次以尝有市籍者，又其次则大父母、父母尝有市籍者”。[④] 可见当时商贾之家被看作与刑犯、流民类似的人群，需承担带有惩罚性质的劳役。汉代，对商人“重租税以困辱之”，“凡民一算，商贾独倍，其贱之至矣”。[⑤] 在汉武帝一系列抑商政策的打压下，商人群体走向衰落。但即使是在商人几乎已经成为弱势群体的情况下，政府对商人的征税也是较重的：“自东晋至陈，都西有石头津，东有方山津，各置津主一人，贼曹一人，直水五人，以检察禁物及亡叛者。荻炭鱼薪之类过津者，并十分税一以入官。淮水北有大市百余，小市十余所，大市备置官司，税敛既

---

① （宋）司马光：《资治通鉴》卷253，僖宗乾符五年，中华书局，1956，第8203页。

② （唐）魏徵等：《隋书》卷2《高祖纪》，第41页。

③ 清人沈垚言：“古者，四民分；后世，四民不分。古者，士之子恒为士；后世，商之子方能为士。”依照沈垚本人的解释，“后世”是从宋代开始的。张邦炜在《两宋时期的社会流动》（《四川师范大学学报》1989年第2期）一文中，对宋代职业上“士多出于商”这一现象进行了论证，认为这是体现宋代社会流动的重要方面。张剑光、邹国慰《唐代商人社会地位的变化及其意义》（《上海师范大学学报》1989年第2期）、宋军风《唐代商人举选权利考略》（《云南社会科学》2006年第5期）等研究成果也反映了这一变迁。

④ （元）马端临：《文献通考》卷149《兵考一》，第4487页。

⑤ （元）马端临：《文献通考》卷14《征榷考一》，第396页。

重，时甚苦之。”[①] 安史之乱后，商品经济有所恢复，商人力量逐渐壮大。不过，在唐朝后期，面对刚刚恢复的财富力量，统治阶级对其的认识还停留在这是一块可以揩油的“肥肉”上，每每遇到财政困难或社会危机，就想方设法地从商人身上攫取财物来应对。如天宝（742—756）末年，兵乱军兴，国家财政匮乏，“于是遣御史康云间出江淮，陶锐往蜀汉，豪商富户，皆籍其家资，所有财货畜产，或五分纳一，谓之‘率贷’，所收巨万计，盖权时之宜。其后诸道节度使、观察使多率税商贾，以充军资杂用，或于津济要路及市肆间交易之处，计钱至一千以上，皆以分数税之，自是商旅无利，多失业矣”。[②]

这种情况在宋代得以改观。宋在立国之初就采取了保护商人的措施，禁止官府向商贾随意征税，同时建立了规范的商税制度，将《商税则例》张榜公布，让百姓知晓，以监督官府税官依法征税。《文献通考》载：“宋太祖皇帝建隆元年，诏所在不得苛留行旅赍装，非有货币当算者，无得发箧搜索。又诏榜商税则例于务门，无得擅改更增损及创收。”[③] 这一保护商人权益的法律制度得到了很好的贯彻：“艺祖开基之岁，首定商税则例，自后累朝守为家法。凡州县小可商税，不敢专擅创取，动辄奏禀三司取旨行下。”[④]

在夫役的征调上也有创新，那就是从差役法向募役法的变革。宋代初期，夫役的征调是按户等的高低来确定，乡村三等户以上、坊郭户五等以上户等需承担差役，但承担差役所带来的时间成本、金钱损失和风险等，引起了差役承担者——富民的强烈反对。这种反对意见是很有影响力的，以至于朝廷对差役法做出了改革，以募役法取而代之，即承担差役者按户

① （唐）杜佑：《通典》卷11《食货十一》，第250页。

② （唐）杜佑：《通典》卷11《食货十一》，第250页。

③ （元）马端临：《文献通考》卷14《征榷考一》，第401页。

④ （元）马端临：《文献通考》卷14《征榷考一》，第401页。

等高低输钱，由官府用这些钱雇人当差。“畿内乡户，计产业若家资之贫富，上下分为五等，岁以夏秋随等输钱。乡户自四等、坊郭自六等以下勿输。”[①] 从两县有产业者，上等各随县，中等并一县输差役法到募役法，承担差役的主体并没有变，但是赋役负担由实体负担转为经济负担，让承担差役的群体获得了时间上的自由，免去了责任风险，相对于同样受益的农民、地主等阶层，这对流动性较大的商人群体而言意义更加重大。尽管募役法实施时间不长，但是这一役法改革有一个特别的意义，即它是新生的富民阶层的利益诉求被统治阶层理解并接纳而产生的一个重大经济制度改革。

3. 一些重要的经济制度在改革过程中征询商人意见，考虑商人利益诉求

禁榷制度是唐宋时期重要的经济制度，盐法、茶法等禁榷制度在宋代经历多次变革，其中以茶法变动最为频繁。在历次茶法变动中，官府的目的始终是追求国家利益的最大化，但是国家获利的前提是商人必须有承销茶叶的积极性，否则“茶积成山，或不能泄，岁久则皆焚弃”。[②] 因此，官府必须在国家与商人的利益分享中寻求平衡点。淳化四年（993），朝廷就是否废除榷货务问题发生争论，“太宗欲究其利害之说，命宰相召盐铁使陈恕等与式、允恭定议，召问商人”。[③] 陈恕按照宋太宗旨意，广泛征询了商人意见，“恕将立茶法，召茶商数十人，俾各条利害。恕阅之，第为三等”，最后陈恕建议皇上实施的是他认为最能达到“公私皆济”的方案。[④] 景德元年（1004），因宋辽结澶渊之盟，“边储稍缓”，之前为应对战争物资供给之需的茶法显然不合新的时局，“于是命盐铁副使林特，与宫苑使刘承珪、崇仪副使李溥，就三司悉索旧条制详定”。在修改更定茶法的过

---

① （元）脱脱等：《宋史》卷 179《食货上五》，第 4300 页。

② （宋）刘敞：《公是集》卷 51《家传 · 先祖磨勘府君家传》，第 607 页。

③ （元）脱脱等：《宋史》卷 183《食货下五》，第 4479 页。

④ （元）脱脱等：《宋史》卷 267《陈恕传》，第 9202 页。

程中，林特也同样十分重视征询、收集商人的意见，“特呼豪商问讯，别为新法”。[①] 林特在征询商人茶法改革意见的同时，也向茶商陈述新法要旨，以取得商人支持，“召茶商十数辈，犒以醪馔，讲贯公私之利”。[②] 由此可见，在宋代重要经济制度的改革中，官府不再完全从自己利益角度出发来制定政策，而是开始重视商人的利益诉求，在决策过程中增加了征询商人意见的环节，从而寻求一种官商共利的平衡机制。

此外，已有研究关注到了唐宋时期商人在服饰、丧葬、车乘方面的变化，[③] 这些变化的确是商人社会地位提高的一个重要表现，但是并不能将其作为社会因商人而改变的规制。因为这不是专为商人制定的规则，“旧制，庶人服白，今请流外官及贡举人、庶人通许服皂。工商、庶人家乘檐子，或用四人、八人，请禁断，听乘车；兜子，舁不得过二人”，[④] 其涵盖了包括庶民、商人在内的多个社会群体。因此，这一制度变迁虽反映了商人社会地位的提高，但不能看作因商人阶层的发展而改变的制度特例。不过，商人作为“殖货”阶层，财富积累相对较快，因经济条件改善而希望提高个人消费质量的诉求也相对较为强烈，从而倒逼国家制度变迁，以满足自己的消费诉求。从这个意义上看，唐宋社会商人、庶民服饰等方面的变化，与商人社会影响力的提高也是密切相关的。

由此可见，唐宋时代商人作为一种重要的财富力量开始崛起，商人群体的力量不可忽视。

三　商人成长与官商模式

商人在唐宋社会如此重要，不禁要追问，他们是如何成长起来的。最

---

① （宋）李焘：《续资治通鉴长编》卷 60，景德二年五月戊辰条，第 1336 页。

② （清）徐松辑《宋会要辑稿·食货三六》，第 6789 页。

③ 张剑光、邹国慰：《唐代商人社会地位的变化及其意义》，《上海师范大学学报》1989 年第 2 期。

④ （元）脱脱等：《宋史》卷 153《舆服志》，第 3574 页。

简单的答案是由于这一时期商品经济的发展。那么，商品经济发展需要什么条件？商品经济发展的基本条件就是放松管制，让市场发挥作用。在唐宋时期，的确能看到作为商品交易的场所——市场的兴起和发展，城市市场、乡村草市墟市的蓬勃发展，显现出商品经济发展的勃勃生机。这与坊市制度的瓦解以及对商人规范化征税制度的建立，无不有密切关系，这些是国家放松管制的表现。

但是在资源配置方面，我们却看到国家介入很多。其中，最为典型的就是禁榷制度在唐宋时代恢复实施并有泛化之势。早在西汉武帝时，朝廷就首开盐铁酒禁榷之法，但在政府短期内获取了可观专营之利的同时，也造成了西汉以后商人群体走向衰落。唐宋时期又恢复实施禁榷制度，唐代主要是对盐实行禁榷，对茶和酒也实行过禁榷。到了宋代，禁榷制度的实施范围大大扩展，“称榷货者，谓盐、矾、茶、乳香、酒曲、铜、铅、锡、铜矿、鍮石”。[①] 禁榷管理制度也日趋成熟。政府对众多与生计经济密切相关的商品实施禁榷，说明政府在资源配置方面有很强的干预性、垄断性，这显然会抑制商人群体的发展。但是，在唐宋时期，社会现象却恰恰相反：商人群体在不断壮大，社会财富在不断增长，商人的社会影响力在不断增强。

为什么会出现这种令人迷惑的现象呢？这是中国大一统中央集权政治制度所创生出来的一种特殊商人成长模式——官商模式所使然。这种模式的基本特征是，政府作为一个“大商人”主动地进入市场，并利用自己的特权控制市场交易的某一环节，从而实现自己的利益诉求；普通商人依赖于、服务于这个“大商人”掌控的商业链，参与交易的其他环节，从而分享这条商业链上的经济利益。唐宋时期，商人群体的成长主要是通过参与

① （宋）谢深甫：《庆元条法事类》卷28《榷货总类·名例数》，燕京大学图书馆藏版，云南省图书馆藏，1948，第1页。

两条商业链来实现的：一条商业链是对重要商品实施禁榷，另一条商业链是政府采购制度。

（一）禁榷制度下的官商共利关系

唐宋时期的禁榷制度是政府调整最为频繁的经济制度。不同时期，制度安排有所不同，但其基本遵循从官收官卖到官收商卖、从各环节国家垄断专营向收购专营销售通商转化的发展模式。一系列的改革表明，唐宋时期的禁榷制度虽继承汉代禁榷之制，但其运作过程已经发生了很大改变，特别是在流通环节不再由官府直接专营，而是引入商人力量进行禁榷商品的分销。引入商人经营禁榷商品，对官府而言是一种以最低的成本取得预期垄断利润的模式。官府在设计这种制度结构时，也许只从官府获得最大利益的角度考虑，不过这一官商模式在当时的社会条件下却营造出利于商人群体成长的商业环境。

1. 禁榷制度人为制造市场垄断，使官商模式中的商人具有较大获利空间，降低了经营风险，培植了一批商人

这种情况主要表现在需求弹性小的禁榷商品的经营上，如食盐。食盐是日常生活之必需品，且消耗量不大，消费者对盐的价格变化不敏感，即便价格升高，消费需求也不会下降或只会略有下降。因此，只要能够控制销售市场的经营者数量，就会形成垄断性市场，商人就有较大利润空间。在引入商人参与的食盐销售过程中，商人事实上是借助了官府已经建立的榷卖体系来赚取垄断利润。具体表现包括在以下三个方面。

（1）商人参与经营的食盐市场仍属于垄断市场，商人可获得垄断利润。在官办官买下，食盐销售市场已经被官府独占，形成一个较高的垄断价格。商人进入这个市场，其所销售的食盐价格只要略低于原来的价格，就会受到欢迎，消费群体也会扩大，原来买不起盐的消费者也会去购买，盐的供求市场就会在这个新的价格上实现均衡。同时，商人也因此可按高于自由竞争价格的均衡价格销售而获利。

（2）官府对买钞卖盐有诸多程序规定，为商人的食盐经营限定了较高门槛，从而为食盐销售的垄断经营提供了条件。郭正忠先生考证钞引盐销售程序有六：陈状投勾与入纳买钞，验符换帖与铺户保识，合同递牒与钞引号簿，抹钞理序与隔手支盐，验引批封与回缴引袋，“给榜住卖”与“考复住钞”。[①] 这些程序颇为复杂，商人要经营食盐，须有较强的经济实力，方能承担从买盐钞到销售盐的过程中所需要的经济成本、人际关系成本、时间成本、经营风险和官员寻租费用。因此能够成为盐商者，一般是财力雄厚的大商人。大商人之所以热衷于盐的经营，也正是在于国家的禁榷制度为他们提供了一个可以减少竞争者的机会，可以在一定范围内垄断市场，取得垄断利润。

（3）官府规定了钞盐的销售区域，这也在一定程度上减少了商人在区域之间的销售竞争，为商人垄断市场提供了便利。宋代官府规定食盐销售，无论官卖还是商贩，必须在指定区域内销售，“不许递相侵越”，[②] 否则视为违法。通过入钱物买盐钞、请盐、销盐的制度，已经将一些小商人排除在食盐销售市场的竞争行列之外，而官府要求商人在指定区域内贩盐，这更从制度上减少了商人之间的竞争，使经营食盐的商人可以独占或共享特定的区域市场，从而形成独家垄断或寡头垄断的市场结构。

2. 宋代不断变革的禁榷制度试图调整国家与商人之间的利益分配，为商人提供了必要的获利空间

这种情况主要表现在需求弹性大的禁榷商品的经营上，比如茶叶。茶叶是一种需求弹性大、产品差异化高的非自然垄断性商品。这意味着采用盐法之禁榷措施并不一定能达到官府的预期目标，需要采取新的制度措

---

① 郭正忠：《宋代盐业经济史》，第 492 页。

② （清）徐松辑《宋会要辑稿·食货二三》，第 6498 页。

施。茶法是宋代改革变更最为频繁、最为复杂的经济制度之一，之所以要不断变化，就是宋廷需要通过不断的制度调适来寻求一种平衡官府和商人之间利益分配的机制，既使官府得到可观的茶利，也能激发商人经营茶业的积极性。以交引茶法改革为例可以很明显地看到这一点。

北宋初期，宋廷已经建立交引茶法，这与钞盐制度实质是一样的，即官府垄断茶叶的批发环节，允许商人参与销售。商人获得经营茶的资格是"入金帛京师"，然后得茶引，"执引诣沿江给茶"，[①] 最后商人在指定的销售地点加价销售。但是，作为需求弹性大的茶叶，消费者对茶叶的价格较为敏感，如果成本过高，商人最终就无利可图。故宋初，由于相关规定不合理，各地榷货务出现大量积茶滞销，"新时出卖不行，积岁渐更陈弱"。[②]

雍熙年间，西北边境战火爆发，沿边军队给养问题成为朝中大事，朝廷始行入中、折中之法。为了鼓励商人入中粮草，宋廷"优为其直"，即高估粮草的相对价格，低估茶叶的相对价格，让商人从销售茶叶中获利，这就是虚估加饶。"边地市估之外，别加抬为入中，价无定，皆转运使视当时缓急而裁处之。如粟价当得七百五十钱者，交引给以千钱，又倍之为二千，切于所须，故不吝南货。初，商人以盐为急，皆竞趋焉，及禁江、淮盐，又增用茶，当得十五六千至二十千，辄加给百千，又有官耗，随所饶益。"[③] 据黄纯艳先生考证，至道以后，虚估不断加剧，虚实价之比在5—7倍，更有虚实价之比达到10倍之多者。[④]

虚估加饶的实质是人为改变两种商品的相对价值。从上面史料来看，实际市场价格为750缗的粮食入中到边地，官府给商人价值1000缗甚至2000缗的茶引。也就是说，商人用茶引买茶，就可得到比原来多0.3倍或

---

① （宋）陈钧编《皇朝编年纲目备要》卷1，中华书局，2006，第19页。

② （清）徐松辑《宋会要辑稿·食货三〇》，第6649页。

③ （宋）李焘：《续资治通鉴长编》卷60，景德二年五月戊辰条，第1335—1336页。

④ 黄纯艳：《宋代茶法研究》，云南大学出版社，2002，第31页。

1.7倍的茶。从表面上看是在数量上多给商人茶叶，实质上是使茶叶的批发价格得以下降。[①] 官府通过虚估加饶之策让利于茶商，增加了茶商的经营利润，商人因此趋之若鹜，官府榷场积茶问题很快得到解决。

但是，新的问题也随之出现：大幅度的虚估加饶虽然可激发商人入中粮草和销售茶叶的积极性，但却是以官府利润损失为代价的。景德二年实施的林特茶法改革，就是为了降低虚估比例，“林特以见钱买入中贱价交钞，而以实钱算茶，然犹以五十千或五十五千算茶百千，则是去虚估加抬未远也”。[②] 该措施将官府的让利空间控制在50%左右，较为合理地调整了官府和商人之间的利益分配，也为商人经营茶叶提供了必要的获利空间。

由此可见，宋代茶法屡次改革，其目的在于调整官府与商人在茶叶经营中的利益分配，以期既能保障官府的茶利收益，同时又给茶商留下具有诱惑力的获利空间。事实上，无论是经营食盐，还是经销茶叶，或者“买扑”经营酒曲，都是在宋代禁榷制度下为商人赚钱获利打通的一个个通道。通过这些通道，商人进入了官府控制的商业链，与官府分享了高于市场利润的垄断利润，因此一批商人的财富力量快速增长，成长为富商大贾。

（二）政府采购制度与商人获利的关系

商人群体要成长壮大，必须有活跃的商品交易活动。而交易必须满足两个最基本的条件，一是有充足的商品供给，二是有旺盛的市场需求。供给和需求是市场中“一个硬币的两面”，但二者对市场的影响力却并不均

① 相关计算如下。假设未虚估加饶之前750缗可买茶1000斤，那么商人买1斤茶的成本价格为：750∶1000=x∶1，x=0.75（元），虚估加饶给茶引1000缗，可得茶1300斤，1斤茶的成本价格为：750∶1300=x∶1，x=0.58（元），虚估加饶给茶引2000缗，可得茶2600斤，1斤茶的实际价格为：750∶2600=x∶1，x=0.29（元）。

② （元）马端临：《文献通考》卷18《征榷考五》，第506页。

等，决定市场的主导方是需求。当市场上出现较大的消费需求时，商品价格的上涨就会刺激生产者扩大商品供给，从而出现需求拉动供给的现象。当市场上出现了旺盛的市场需求时，商人会因为利润的驱使，想方设法寻找供给，促进产品向商品转化，商人的经营活动趋向活跃。在庞大的市场需求刺激下，生产者不断扩大供给，日益丰富的商品和持续的市场需求使商人拥有了增加交易频次和扩大交易规模的可能，商人的经营利润不断增长，越来越多的人加入商人行列，从而使商人群体在数量上和财富实力上都得到增长。

自唐中叶以后，政府逐渐采用经济的手段向社会征购其需要的物资。尤其是入宋以后，边境地区战火不断，军队规模日益扩大，更增加了政府对军用物资的需求，于是政府大量向各地“和买”“和籴”或通过商人“入中”，向百姓购买粮食、绢帛、苇席、草料等军用物资。[①] 显然，经常性、持续性且数额巨大的政府采购，创造了巨大的市场需求，在当时的社会经济背景下意义重大。在以小农经济为主体、城市功能具有政治性和经济性的宋代社会，如果没有政府对农产品、纺织品的大规模采购，粮食、绢帛之类的商品不可能成为大宗商品，社会商品的流通总量也会大幅度下降。

社会需求巨大，需求拉动商品供给不断增长，这为商人的经营活动向更广范围、更大规模的发展提供了可能，为商人群体的成长提供了一个重要的平台。商人从分散小农手中收购粮食、绢帛等政府采购商品，再转手销售给官府的采购机构，使越来越多的商人成长起来，财富力量强大起来，一个新的社会阶层——富民阶层也应运而生。

---

① 参见张锦鹏《宋代商品供给研究》第 117 页“宋朝政府和籴粮食统计”和第 154 页有关政府和买丝织品的分析。

四　唐宋商人群体的时代局限

虽然商人群体在唐宋时期实力不断增强，但他们的成长过程受到政府强有力的控制。当时市场上的大宗商品主要是粮食、茶叶、纺织品、食盐，而这些商品或是政府禁榷商品，或是政府大量和买、和籴商品。也就是说，商人的主要赚钱渠道与政府关系密切，商人能否在市场中获利，与政府的经济政策息息相关，与政府的管理体制乃至官员群体紧密相关。

因此，在官商模式下，商人要想获利必须走官商共谋之路。早在西汉盐铁官营时代，当大多数商人在禁榷与算缗告缗中纷纷破产之时，能安然躲过灾难并继续发展的只有桑弘羊、孔仅之类的投机者，他们投靠官府摇身一变成为官商，进入国家体制内谋求发展。在唐宋时期，商人不一定成为国家代理人才能赚钱，但一定需要与官商体制有机对接才能赚大钱。宋商从事盐、茶等禁榷商品经营或者从事与禁榷有关的经营活动的成功者，财富通常都增殖很快，成为大商人。《夷坚志》等书中就记载有不少因经营盐而成为富商的例子，如有“阎大翁者，居鄱阳。以贩盐致富，家资巨亿”，[①]“有大姓吴翁者，家僮数千指，擅鱼盐之利”，[②]还有因贩盐而获大利后“奉佛喜舍……或一日之费二三万”[③]的孙十郎等。可见，只有参与到政府垄断行业经营之中，才能获取高额利润。

在官商合作过程中，商人与官府代理人共谋，钻政策空子或利用职权损害他者（生产者、消费者或国家）利益而获取私利之事时有发生。如盐商买钞到盐仓支盐时，常“多搭斤数，有增数千斤者”，原因是支盐官吏

---

① 《夷坚三志辛卷第七·阎大翁》，（宋）洪迈：《夷坚志》，第1439页。

② （宋）岳柯：《桯史》卷1《施宜生》，中华书局，1981，第9页。

③ 《夷坚三志壬卷第八·孙十郎》，（宋）洪迈：《夷坚志》，第1526页。

“或受客人计嘱”,[①] 不少“盐商胥吏，共为奸利，以既支未抹之钞重请”。[②] 茶园户卖茶于榷务机构，也遇到官商暗中勾结损害生产者利益的情况，如《续资治通鉴长编》载：“客旅并牙子等为见榷茶不许衷私买卖，一向邀难园户，或称官中高抬斤两，或言多方退难，遂便于外面预先商量减价。其园户各为畏法惧罪，且欲变货营生，穷迫之间，势不获已，情愿与客旅商量，每斤止收七分实钱，中卖与官，所余三分，留在客人体上，用充买茶之息。才投场中卖了当，即时却是客人明立姓名正行请买，所以随日卖尽。如此，则是园户只得七分价钱，暗折三分，官中虽得三分之息，自是园户本钱。”[③] 在官府收购粮食过程中，也存在同样的问题：“访闻从来委官置场和籴米斛，多是被牙侩、公吏与中卖之人通同作弊，比之市直高抬价例，赢落官钱。”[④] 官吏徇私舞弊和寻租愈演愈烈。

官商模式还导致了官员滥用职权大肆经商以谋私利的官场生态。如曾知辰州的董继业“私贩盐赋于民，斤为布一匹，盐止十二两，而布必度以四十尺，民甚苦之”,[⑤] 又如蒋州团练使李溥“附官船贩鬻材木，规取利息”,[⑥] 等等，不一一列举。全汉昇先生总结了宋代官吏私营商业的种种现象：海外贸易之私营、边境贸易之私营、外交官吏之私营、纲运官吏之私营、专卖贸易之私营及其他各种商业之私营。[⑦] 可见官员私营的重点是垄断行业和国家管制较为严格的地域，这些行业和地域更方便官员利用职权营私。难怪王安石痛陈当时情状：“故今官大者，往往交赂遗、营资产，

---

① （清）徐松辑《宋会要辑稿·食货二七》，第 6601 页。

② （宋）袁燮：《絜斋集》卷 18《运判龙图赵公墓志铭》，中华书局，1985，第 308 页。

③ （宋）李焘：《续资治通鉴长编》卷 282，熙宁十年五月庚午条，第 6916 页。

④ （清）徐松辑《宋会要辑稿·食货四〇》，第 6903 页。

⑤ （宋）李焘：《续资治通鉴长编》卷 18，太平兴国二年正月壬申条，第 401 页。

⑥ （宋）李焘：《续资治通鉴长编》卷 91，天禧二年正月戊申条，第 2111 页。

⑦ 全汉昇：《宋代官吏之私营商业》，《中央研究院历史语言研究所集刊》第 7 册，中华书局，1987。

以负贪污之毁。官小者，贩鬻乞丐，无所不为。”[①]

为官不仅可获得较高的社会地位，更可获取巨大的经济利益，这种社会状态吸引了更多的商人去获取官吏之职。于是商人群体利用科举取士或买官渠道，想方设法去谋求官职。宋代商人或商人子弟入仕已经成为汹涌之潮，以至于一些贫寒出身的士人颇有怨言。绍兴二十六年（1156）二月初四，进士单镃言：“比年以来，奉使官属不问贤否，惟金多者备员而往，多是市廛豪富巨商之子，不可不革。”[②] 商人群体主动向官僚体制靠拢，成为官僚群体中的重要组成部分。“读书就当官，当官就发财”也因此成为一种社会心态，宋真宗在《劝学文》中不就言“书中自有黄金屋”？宋朝官吏俸禄并不高，黄金屋从何来？恐怕就是官吏有利用职权寻租或私营之利。

由此可见中国古代商人发展的历史轨迹。商人群体为了在这种生态环境中生存，不得不成为政府部门或官员寻租活动的积极响应者。或贿赂官员，寻求自己的获利空间；或拉拢官员，把官方作为经济活动的保护伞；或利用社会流动通道，把自己整合入官吏队伍。在商人群体财力和社会影响日益彰显之时，官与商在形式上和实质上合二为一，成为利益共同体。

与官府成为利益共同体的商人，其发展从一开始就注定了他们只是政府的附庸，只是时代的追随者，不能成为社会的改革者和推动者。因此，唐宋时期因财富力量崛起而形成的富民社会，仍然是传统型社会，它的政治结构和社会治理模式均未发生实质性的改变，只是社会阶层发生了变化。主导性社会阶层——富民阶层的利益诉求，如明晰产权、保护产权、扩大市场、促进交易、社会地位提升等，得到了政府的支持。政府在弹性范围内满足了商人群体的利益诉求，在促进商人群体成长的同时，也促进

① （宋）王安石：《临川先生文集》卷39《上仁宗皇帝言事书》，第416页。

② （清）徐松辑《宋会要辑稿·职官五一》，第4427页。

了古典型商品经济向更广范围、更深层次发展，促进国民财富增长和人民生活水平提高。但是，商人群体的经济活动只能对经济社会量变性发展产生有限的推动作用，无法像十五六世纪西欧的商人和市民一样，承担起革命体制的历史重任。因为他们是当局者的利益共同体，改革就意味着牺牲自己的利益，革命就意味着断送自己的钱财甚至生命。因此就形成了这样一种现象：商品经济越往前发展，商人群体实力越强大，他们与官府的抱团越紧，他们越是旧制度的忠实维护者。

在这样一个制度体系下，社会也越来越僵化，最终走向衰亡。明清以后，富民阶层的士绅化就是这一体制下包括商人在内的富民的必然归宿，士绅阶层也最终随着旧体制的瓦解而走向解体。

结　语

总之，唐宋时期的商人群体是富民阶层的重要组成部分，商人群体不断增强的财富力量和社会影响体现了中国传统社会从豪民社会向富民社会的转变。唐宋商人群体的成长具有独特的中国社会特点，那就是在国家管制的经济体制下成长起来。唐宋时期受各种经济制度的限制，商人的发展轨迹逐步固化为官商模式。这种官商模式通过两个方面体现出来，一是禁榷政策中的官商共利，二是大规模政府采购为商人拓展了发展空间。前者让部分商人进入国家垄断市场与官府分享垄断利润，后者让更多商人的经商活动创造出巨大的市场需求。在官商模式下，商人只有与官府积极合作才能赚大钱，商人只有与官府合谋才能保持稳定长久的经济利益，由此造成在商人群体的财富力量不断增强的同时，不完全竞争市场模式条件限制了商人群体规模的扩大，有官商背景的商人财富增长迅速，众多小商人谋生艰辛。商人为了在官商模式的生态环境中生存，不得不成为政府部门或官员寻租活动的积极响应者，不得不使自己的社会身份从商人向官吏转化。最后，商人群体与官府形成了紧密的利益共同体，成为旧体制、旧制度的维护者而不是革命者。这也决定了中国古代的富民阶层不是向市民阶层转化，而是向士绅阶层转化。中国古代富民社会没有顺利地向市民社会发展演进，而是在清末以后走上了一条曲折迂回的近现代发展之路。

南宋“富民”涉讼案件类型与特点

——以《名公书判清明集》为研究对象

关于传统社会中的财富力量，一直是学界关注的重要问题。传统研究偏重于考察富民的负面形象，看到富民作为“豪横”“豪民”的一面，认为富民的“为富不仁”是引起社会冲突的因素。20世纪80年代以前有关地主阶级的研究，基本上是持这种观点。近些年来，有学者从富民的正面形象来认识和理解富民，看到富民作为“长者”“善人”的一面，认为富民是宋代的社会精英，是唐宋以降中国古代社会的中间层、稳定层、动力层。这一观点以林文勋为代表。还有一些学者对富民的两面形象或者其中一个形象进行分析，但对于富民的社会影响，评价不一，如梁庚尧《豪横与长者：南宋官户与士人居乡的两种形象》、刁培俊《宋代的富民与乡村治理》、郑铭德《义利之间：宋代士大夫眼中的富民》。[①] 有关宋代救荒方面的研究也涉及相关议题，如李华瑞《劝分与宋代救荒》、张文《荒政与劝分：民间利益博弈中的政府角色——以宋朝为中心的考察》。[②] 对富民有这两方面截然不同的认识，也说明这一群体的构成具有多样性和多面性，“长者”与“豪横”共存。因此，无论从积极的方面还是消极的方面去看

---

① 梁庚尧：《豪横与长者：南宋官户与士人居乡的两种形象》，最早刊于《新史学》第4卷第4期，1993年，后收录于《宋代社会经济史论集》下册，台北：允晨文化实业股份有限公司，1997；刁培俊：《宋代的富民与乡村治理》，《河北学刊》2005年第2期；郑铭德：《义利之间：宋代士大夫眼中的富民》。

② 李华瑞：《劝分与宋代救荒》，《中国经济史研究》2010年第1期；张文：《荒政与劝分：民间利益博弈中的政府角色——以宋朝为中心的考察》，《中国社会经济史》2003年第4期。

待富民，都需要兼顾富民这一群体或阶层所具有的另一面。笔者之前的研究多从正面形象来理解和探讨富民，为了避免研究的片面性，本文对富民的负面形象进行观察和分析。本文选取《名公书判清明集》（以下简称《清明集》）中的富民涉诉案件进行研究，正是因为在《清明集》所记录的判例中，有相当一部分涉及富民诉讼，并且在这些案例中，富民多以侵吞他人财产、伤害他人身心、逃避国家赋役、妨碍官府行政等形象出现，且多数具有“豪横”“乡霸”特征。这些富民为何能“武断乡曲”，对于这一社会问题地方官员又是如何裁决处置，本文试图通过对这些问题的深入剖析，从富民的反面形象这一视角来理解南宋“富民”阶层成长的一些社会问题以及国家对“富民”的态度倾向。

一 《清明集》中的“富民”身份判定

什么是“富民”?“富民社会”理论的提出者林文勋教授对其下了一个定义:“富民是占有财富”“没有特权”的人，主要是乡村中靠土地经营致富的人。[1] 本文沿用这一定义，在“财富占有者”“没有特权”这一基本判定准则下设立具体的标准，对《清明集》诸案例中的诉讼当事人进行身份判别，在此基础上展开对“富民”诉讼问题的讨论。

首先，依据判文中的称呼与用词，直接认定诉讼当事人属于“富民”。

对于判文中出现诸如“富民”“上户”“富室”“富户”等中性词以及“聚敛之家”“豪民”“豪横”等贬义词的当事人，剔除具有官户身份的当事人，本文直接将其判定为“富民”。如卷3《顽户抵负税赋》中直接指出当事人赵桂等人为“上户”，且“平日在家，为奴仆之所敬畏，乡曲之所仰望”;[2]

① 参见林文勋《唐宋社会变革论纲》，第120—166页。

② 《名公书判清明集》卷3《顽户抵负税赋》，中国社会科学院历史研究所点校，中华书局，2002，第67页。

卷4《吴肃吴镕吴桧互争田产》中当事人吴肃为“聚敛之家”；[①] 卷13《资给诬告人以杀人之罪》中对当事人王祥的描述是“富民也，专以修怨立威为事，岂复知三尺法”；[②] 卷9《母在与兄弟有分》判文中有“豪民不仁，知有兼并，而不知有条令，公然与之交易”；[③] 附录2《龚仪久追不出》中，地方官所言“本县豪户大率皆然，而其尤甚者，则排风龚仪是也”。[④]

其次，以判文中出现的表示财产的量化指标进行估算认定。

如果判文没有相关的称呼与表述，最主要的甄别条件是财富多少。林文勋教授指出“富民”应是五等户制之下的上三等户，[⑤] 而户等划分与土地占有量有关。在判文中提取与当事人有关的土地信息或将财产信息折算为土地占有量，以确定其户等，据此可判断其是否为“富民”。在《清明集》中出现并可以说明其土地占有量相关信息的数据，主要包括田亩数、地租钱、产钱、税钱、家中现钱。

判文中出现田亩数达到60亩的，直接判定为“富民”。如卷8《女合承分》一案中，明确记载了富民郑应辰“家有田三千亩，库十一座”。[⑥] 再如卷6《争田业》一案中，涉及的水田数达55亩，虽然和前面所说上三等户的60亩有所出入，但是其产业中还有“桑园、陆地、常平等田”等家产，[⑦] 故也将其算作“富民”。

若在判文中只出现田地收益，需对其进行折算。《清明集》中提到地租数量的判文不多，用地租可以确定“富民”身份的诉讼只有1例，即卷

① 《名公书判清明集》卷4《吴肃吴镕吴桧互争田产》，第112页。

② 《名公书判清明集》卷13《资给诬告人以杀人之罪》，第487页。

③ 《名公书判清明集》卷9《母在与兄弟有分》，第301页。

④ 《名公书判清明集》附录2《龚仪久追不出》，第601页。

⑤ 林文勋：《唐宋社会变革论纲》，第130页。

⑥ 《名公书判清明集》卷8《女合承分》，第290页。

⑦ 《名公书判清明集》卷6《争田业》，第177页。

8《处分孤遗田产》，其对当事人家业的记录是“岁收主分租谷大约不下二百石”。[①] 宋代普遍流行的地租制是五五分成制，以此推算，可知这一田主一年的田产收入在400石左右。根据吴慧南宋土地亩产量约为4石谷估计，[②] 此田主的土地占有量约为100亩，已然是上三等户，属于“富民”无疑。

用产钱和税钱评估当事人是否为“富民”相对复杂。据王曾瑜先生研究，宋代产钱大致有三种含义：税钱、家业钱、税钱和家业钱的统称。到了南宋，产钱逐渐演变成东部地区税钱和家业钱的统称。根据其多少可以分辨其到底是指家业钱还是税钱。[③] 涉及产钱信息的诉讼当事人，判断其是否为“富民”，需要分辨产钱是指家业钱还是税钱。根据家业钱的多少，结合赋役承担情况，可大致判断出涉讼人员是否为“富民”。如《比并白脚之高产者差役》一案中，当事人张世昌“产钱三十六”并不高，但因“舍产钱三十六贯，而差及二十四贯”被人状告，且此人还有被认定为是“已业”而非“浮产”的湖泊，故可将其认定为“富民”。[④] 又如《治命不可动摇》一案中，一个大家庭分析为几个核心家庭，其产钱有的“一贯四百有零”，有的“二贯八百有零”。这里产钱因其数量太小可看作税钱，产钱若指代税钱，那么按照王曾瑜先生“拥有产钱一二贯，属于乡村上户无疑”[⑤] 的判定标准，这一户也属于“富民”。《清明集》中提及税钱或产钱的判文一共27篇，其中14件案例不在本文讨论之列，[⑥] 其余13件中，根据以上判定方法，有9件符合判定为“富民”的条件。

---

① 《名公书判清明集》卷8《处分孤遗田产》，第287页。

② 吴慧：《中国历代粮食亩产研究》，农业出版社，1985，第160页。

③ 王曾瑜：《宋代的产钱》，《涓埃编》，河北大学出版社，2008，第271—289页，原载于《中华文史论丛》1984年第3辑，上海古籍出版社，1984。

④ 《名公书判清明集》卷3《比并白脚之高产者差役》，第73页。

⑤ 王曾瑜：《宋代的产钱》，《涓埃编》，第281页。

⑥ 14篇判文情况如下：3篇榜文，3篇未写明具体数额，8件案例的当事人系官户。

此外，还可以用直接出现的现钱数确定其户等。现钱在本文中是指《清明集》判文中直接提及的钱额大小，如借贷、抵当、典卖、赌博等案件中往往会有相关钱额的记录，需将出现的现钱数额折算为土地田亩数量。《清明集》判文，其区域集中在两浙、福建、江南东西两路，少数在荆湖南北路和广南西路，而时间则集中在宁宗和理宗两朝。据程民生对这几个地区土地价格的推算，宁宗到理宗年间，1亩土地的均价为20贯文上下。[①] 本文以20贯/亩的土地价格为基准，将《清明集》判文中出现的现钱信息折算为田亩数量。如卷4《漕司送下互争田产》一案中提到当事人余焱元入钱2000贯寄库，[②] 这里的2000贯可能仅是当事人的一笔钱财，但这2000贯可折算为田亩数100亩，符合“富民”身份；卷14《把持公事欺骗良民过恶山积》中的当事人唐梓，起家于骗取富户子袁八的8000贯钱财，[③] 据此推测当事人的田业也在100亩以上，应属“富民”无疑。

二 《清明集》中的“富民”诉讼案件类型

在中国社会科学院历史研究所点校的《清明集》中，除了明本和宋本中所编入的473篇判文外（一案为一篇），还收录了黄榦的判文37篇，刘克庄判文25篇，文天祥判文5篇，黄震的词诉约束1篇，朱熹的约束榜文1篇，即现行由中华书局出版的《清明集》收录的判文一共542篇。根据上面的划分方式，本文进行了初步的统计，涉及“富民”的诉讼案件一共61件。[④] 根据诉讼的主要内容，初步将此61件诉讼案分为三类：赋役诉讼、族内纠纷、乡邻诉讼。

---

① 程民生：《宋代物价研究》，人民出版社，2008，第16—30页。

② 《名公书判清明集》卷4《漕司送下互争田产》，第120页。

③ 《名公书判清明集》卷14《把持公事欺骗良民过恶山积》，第525页。

④ 由于判书记录的信息有限，《清明集》中可能还有更多涉及“富民”的案件，但根据本文的甄别标准，大致能识别出这61篇判文涉及“富民”诉讼。

赋役诉讼：《清明集》中有关赋役诉讼的一共6例，是本文所分类的三种类别中涉案数量最少的一类案件。这6例案件主要记载在《清明集》卷3赋役门类，涉及赋税征收和差役，具体案件为：（1）顽户抵负税赋；（2）比并白脚之高产者差役；（3）倍役之法；（4）走弄产钱之弊；（5）产钱比白脚一倍歇役十年理为白脚；（6）白关难凭。这些案例中，或是当事人因未按时缴纳赋税，拖欠多年而被诉；或是当事人因差役未服而被诉。

族内纠纷：族内纠纷主要是家族、家庭内部的财产纠纷，最突出的是遗产继承纠纷。这类纠纷主要分布在《清明集》户婚门中，共有10例，附录二中也有1例。具体案例是：（7）缪渐三户诉祖产业；（8）双立母命之子与同宗之子；（9）房长论侧室父包并物业；（10）正欺孤之罪；（11）义子包并亲子财物；（12）治命不可动摇；（13）处分孤遗田产；（14）女合承分；（15）叔侄争；（16）罗柄女使来安诉主母夺去所拨田产；（17）郭氏刘拱礼诉刘仁谦等冒占田产。就这11例诉讼案来看，绝大多数与继承有关，或是质疑财产继承者身份的合法性，或是财产继承分配不当，这些案例最终指向的是家庭财产的分配与再分配过程。

乡邻诉讼：乡邻间的诉讼纠纷是《清明集》中“富民”诉讼纠纷中数量最多的一类，61件“富民”诉讼案中，44件为乡邻纠纷，占所有“富民”诉讼的72%以上。为下文讨论方便，兹列如下：（18）不许县官寨官擅自押人下寨；（19）吴盟诉吴锡卖田；（20）吴肃吴镕吴桧互争田产；（21）漕司送下互争田产；（22）干照不明合行拘毁；（23）争山妄指界至；（24）以卖为抵当而取赎；（25）倚当；（26）争田业；（27）侵用已检校财产论如擅支朝廷封桩物法；（28）鼓诱卑幼取财；（29）母在与兄弟有分；（30）过二十年业主死者不得受理；（31）典主迁延入务；（32）背主赖库本钱；（33）恃富凌族长；（34）士人因奸致争既收坐罪名且寓教诲之意；（35）豪横；（36）豪强；（37）豪横；（38）押人下郡；（39）诈官作威追人于死；（40）治豪横惩吏奸自是两事；（41）与贪令捃摭乡里私事用配军为爪牙丰殖归己；（42）结托州县蓄养罢吏配军夺人之产罪恶贯盈；（43）何贵无礼邑令事；（44）不纳租赋擅作威福停藏逋逃胁持官司；（45）讼师官鬼；（46）士人教唆词讼把持县官；（47）豪与哗均为民害；（48）资给告讦；（49）资给诬告人以杀人之罪；（50）资给人诬告；（51）以叔身死不明诬赖；（52）假为弟命继为词欲诬赖其堂弟财物；（53）元恶；（54）捕放生池鱼倒祝圣亭；（55）把持公事欺骗良民过恶山积；（56）因赌博自缢；（57）陈希点帅文先争田；（58）聂士元论陈希点占学租；（59）龚仪久追不出；（60）饶州州院推勘朱超等为趯死程七五事；（61）建昌县邓不伪诉吴千二等行劫及阿高诉夫陈三五身死事。

通过对这些乡邻纠纷个案文本的梳理，可将这些“富民”涉诉案件分为以下三类。

其一，“富民”与“富民”之间的诉讼。双方当事人同属于“富民”阶层，诉讼（21）、（26）、（35）、（36）、（41）、（42）、（47）、（48）、（53）、（56）、（58）、（59）、（60）这 13 件诉讼案便属该类。其中，除（21）、（26）两件诉讼案是单纯的田产之争外，其余的 11 件诉讼案都与“豪横”有关。即守法“富民”与豪横“富民”之间的争执，争执的焦点不仅是与田产相关的经济纠纷，更多的是人身压迫的诉讼争执，诸如胁人财、骗人田、欺人孤这类行为，豪横“富民”则常是以被告的身份出现。

其二，“富民”与“小民”之间的诉讼。所谓“小民”，本文指在《清明集》判文中没有明确其财富身份的普通民众。（19）、（20）、（22）、（23）、（24）、（25）、（28）、（29）、（30）、（31）、（32）、（33）、（34）、（51）、（52）、（57）、（61）这 17 个案例均属于这一类型。内容主要涉及田产纠纷、人事纠纷，少部分涉及命案。在这些案例中，其中 13 件“富民”是作为被告出现，4 件作为原告出现。

其三，由官方提起公诉的"富民"诉讼，即被告者为"富民"，案件为判官微服走访所知，或原告不明的情况。诉讼（18）、（27）、（37）、（38）、（39）、（40）、（43）、（44）、（45）、（46）、（54）、（55）便是如此。此外，还有"富民"作为第三方牵涉进诉讼的，有（49）、（50）两件诉讼。一共14件属于其他类别的诉讼案。

如果以"富民"为中心，可以发现，这些"富民"涉诉的案例恰好可以反映出"富民"与不同阶层之间的矛盾：赋役案主要是"富民"与国家间的矛盾，财产继承案是"富民"家族内部的矛盾，乡邻诉讼则反映了"富民"与"小民"、"富民"与"富民"之间的矛盾。

三　"富民"涉及赋役的相关案例及其特点

有关赋役的诉讼案例不多，但也颇能反映国家与"富民"之间的关系。

有一案例《顽户抵负税赋》，当事人"赵桂等抵负国税，数年不纳，今追到官，本合便行勘断，惩一戒百"。[①] 如何勘断？庆元年间相关律令明文规定："诸输税租违欠者，笞四十，递年违欠及形势户杖六十，品官之家杖一百。"[②] 但是，此案处理官员胡颖并未按国家法律对其进行杖刑惩罚，而是"案具各乡欠户姓名，锢身赵桂等以次人，承引下乡，逐户催追，立为三限，每限十日。其各人正身并寄收厢房，候催足日方与收纳本户税。如违不到，照户长例讯决。一则可以少纾户长之劳，一则可以薄为顽户之戒"。[③] 让这些欠税大户要在三十日之内催收包括自己和他人的所有欠税，然后在规定日期上缴国家。

---

① 《名公书判清明集》卷3《顽户抵负税赋》，第67页。

② （宋）谢深甫：《庆元条法事类》卷47《赋役门一·违欠税租》，杨一凡等主编《中国珍稀法律典籍续编》第1册，戴建国点校，黑龙江人民出版社，2002，第626页。

③ 《名公书判清明集》卷3《顽户抵负税赋》，第67页。

胡颖断案时，认为自己“未尝敢容一毫私意己见，皆是按据条令”，[1]但此案并未依照相关律令处罚，是基于什么样的考虑呢？《清明集》记载了他判案理由：“当职又念尔等既为上户，平日在家，为奴仆之所敬畏，乡曲之所仰望，若一旦遭挞，市曹械系，则自今已后，奴仆皆得侮慢之，乡曲皆得欺虐之，终身抬头不起矣。”胡颖之所以这样断案，意在维护富民在其地域社会的既有声望。当然，胡颖也清楚如此宽大处理必然有失公允，不仅会“奸民得计，国赋益亏”，而且还会让因追索赋税“受了几多荆杖，陪了几多钱财”的保正、户长“不得吐气”。[2] 在维护社会公平与维护富民利益的摇摆之中，他让欠税者去催税，可谓一箭三雕：平息民怨、惩戒逃税者、保障赋税征收。

这个案例很具典型性，说明南宋地方官在处理这类逃税抗税案件时，以追索欠税为主，而不是以刑罚治罪为主。之所以采取这一变通方式，表面上看是为富民网开一面，本质却在于可以利用富民获得更多的税赋。正如南宋叶适所言“富人者，州县之本，上下之所赖也。富人为天子养小民，又供上用，虽厚取赢以自封殖，计其勤亦略相当矣”。[3] 富民是国家赋税的主要供给者，官府应该积极利用富民力量为国家服务。

《清明集》所涉及赋役案中有五件属于差役案，其中多涉及厘清所纳产钱歇役之事。如《倍役之法》案：

> 准倍役法：税钱一倍，歇役十年，税钱两倍，歇役八年，税钱三倍，歇役六年，并理为白脚。张茂兄弟三人，有母在堂，产钱共计五十一贯，未应均分，合作一户，不可谓未应充保正。然保内有张法政产钱四百十六贯，有邓汝贤产钱二百四十贯，较之张茂产钱，一系四

---

① 《名公书判清明集》卷 8《侵用已检校财产论如擅支朝廷封桩物法》，第 281 页。

② 《名公书判清明集》卷 3《顽户抵负税赋》，第 67 页。

③ 叶适：《水心别集》卷 2《民事下》，《叶适集》第 3 册，第 657 页。

倍，一系八倍，又各歇役十年已上。今张法政、邓汝贤两户比较，张法政执役在嘉定七年，邓汝贤执役在嘉定元年，邓汝贤歇在先，而张法政未及一倍，难用倍法。合告示邓汝贤先充，次及张法政，又次及张茂。本里保正只差一人，今乃三名并追，显是卖弄。乡司、役案合从杖六十，牒县施行。①

《产钱比白脚一倍歇役十年理为白脚》案：

照对在法，充役人户物力，比未役白脚之家，如增及一倍，歇役十年，理为白脚。此其为法，疏数得中，极为公当。今来第十五都保正熊俊英满替，县司差熊澜充应。其熊澜虽是白脚，户下税钱见计三贯二百四文，不肯承充，遂经使、府论诉，蒙帖送本厅定差。今拖照熊澜词内所纠论者凡六人，曰熊俊乂、俊民，曰张师说、师华，曰师承之、望之。当追上各人当厅看验，及唤乡司陈坦，根刷每户即目税数并歇役年分，参稽互考，得见熊俊乂、俊民皆年未及令，不应差充，昨来官司依条免放，仍给凭由，与之为照分明。其张师说、师华见立张裘户，本户税数虽高于众户，然近于嘉定五年祇应本都保正，歇役未久，兼有少丁寡妇，尚未分烟析业，亦不应差充。外有师承之一户，税钱计七贯六百文有零，较之熊澜税数，则不啻一倍，又昨于绍熙年间应役一次，歇役已经二十余年，参之物力增及一倍，歇役十年，理为白脚之法，则亦不啻一倍矣。以人情法意论之，合当差师承之充应目今役次。窃见熊俊英替役日久，本都事件并是差毗保干办，殊觉费力，仰师承之日下即便入役，不得妄有推托，如再妄状迁延，以致本都事件无得了绝，官司当重作施行。令备申使、

① 《名公书判清明集》卷3《倍役之法》，第75页。

府，取指挥。①

这两个案例反映了南宋时期地方政府利用产钱税来定役的方式。所缴纳的产钱税越高，说明此户家庭财产越多，户等越高，理应承担更多的差役，歇役时期应缩短。因此，如何以产钱税缴纳的多少裁定歇役年限和应役时间，就成为判断赋役是否公平的一个标准。这两个案例的裁判者，均基于国家所行“倍役之法”，认真审查当事人户下产钱数目多少、歇役的时间，以及应恢复差役的时间等，其目的是矫正错误，严格执法，为社会创造公平差役摊派环境。

但是，从这两个案件的审理亦可以看出，由于承担差役是数年一轮，在歇役期间家庭财产是会发生变化的，十年前以“倍役之法”确定轮值差役的家庭，可能在歇役期间家庭财富已经发生变化，或家庭衰败不应承役，或有新的强者出现理应承役。若仍然以之前的规则轮派差役，定然出现赋役不均现象，由此带来的纠纷也在所难免，这也是差役案记载较多的原因所在。这从一个侧面说明南宋地方社会的财富力量流动很大，“富儿轮流坐”“千年田八百主”并非夸张的说法。赋役制度本身的不完善和执行刚性，势必导致“富民”阶层和国家间的矛盾出现，《清明集》中出现的“富民”有关差役的诉讼案件就体现了这一矛盾。不过，《清明集》作为南宋中后期的判文汇编，400余篇诉讼判文中，与“富民”有关的赋役类诉讼案件只有6件，且基本通过温和的法律调解方式予以解决，也说明了这一矛盾的可调和性，地方官对此类诉讼案件做出的司法判决也恰好说明了国家为调和矛盾所做出的努力。

四　“富民”财产继承纠纷案例及其特点

《清明集》中有关“富民”家族内部纠纷的诉讼案有11件，主要是围

① 《名公书判清明集》卷3《产钱比白脚一倍歇役十年理为白脚》，第82页。

绕家庭财产的继承和分割而产生的纠纷，其中立嗣之争比较典型。

中国传统社会中，人们对于家族延续十分看重，立嗣的主要目的便在于延续香火。对于普通百姓而言，立嗣“不过愿其保全家业，而使祖宗之享祀不忒焉耳”,[①] 即愿血脉相承，承袭家业，不至家道中落。立嗣与家庭财产的分割关系密切，由此产生的家庭纠纷也不少，《清明集》中的一些案例呈现了这一特点。

如《双立母命之子与同宗之子》[②] 案，案情并不复杂，却历经三个官员才最终判决。在这一诉讼中，户主黄廷吉家的产业有“七千之税”，可谓一“富民”，也正因为家产颇丰，引发了家庭财产分割纠纷的官司。户主黄廷吉早逝，其妻阿毛于二十三岁无子守寡。一个正值青春的女子守寡多年不嫁，是否有守其家产之私心，文中未提，但合理的推测应该有这一目的。这也可能是后面出现家庭矛盾的导火线之一。阿毛欲立一子为嗣。按当时的法律规定，应在父家子侄中选择一人立嗣，当时黄廷吉的哥哥有三个儿子，可立其中一人为嗣。但因黄廷吉生前与哥哥有隙，阿毛从其表姑家择子过继，为廷吉之后。随着家业扩大，黄廷吉另外两弟相继离世，其兄黄廷珍同其子黄汉龙起吞并廷吉家业之心，以立嗣不择黄姓子为由，词诉官司。

此案的官方判决颇有意味：判官虽然认为阿毛所立嗣合情合理，但同时也认为立夫家子侄亦为合理，故令阿毛再择黄家子侄一人为后。而立黄家子侄为嗣的目的，在判文中也表述得十分明白：“令外将阿毛见存产业，摽拨作两分，经官印押，付黄臻及新立之子各人收执，仍听阿毛掌管。”[③] 即让黄家子侄参与对黄廷吉财产的继承。

---

① 《名公书判清明集》卷 8《治命不可动摇》，第 269 页。

② 《名公书判清明集》卷 7《双立母命之子与同宗之子》，第 217—223 页。

③ 《名公书判清明集》卷 7《双立母命之子与同宗之子》，第 219 页。

在《治命不可动摇》[①] 这一案例中，亦涉及与财产分割有关的立嗣之争。故事情节与上述案例大同小异，亦是立妻家之裔为子三十年后，因其家道兴盛，引起同族嫉妒，控诉其立嗣不合法。类似这样的家庭诉讼还有不少，有些案例的诉讼主体是否为“富民”并不太明确，但是其诉讼案情与上述两例如出一辙。如《谢文学诉嫂黎氏立继》案，谢文学兄死后，因其嫂黎氏不立其子而立堂兄之子为嗣，词讼官司，历时五年。[②] 说明这类族内财产纠纷在南宋是较为典型的。

以上案例有其共同点：其一，被告都没有亲生子女，其丈夫死后自行选择嗣继者，在选择嗣继者之时，被告或选择娘家人为其继承者，或选择近亲为其继承者；其二，提起诉讼者是与男性亲属关系上更为靠近者，或是被告的亲兄弟，或是被告的同族宗亲；其三，被告家中殷实，资财丰厚。原告之所以提出让自己的儿子或同族子弟嗣继，主要是为了分割财产。

另一些案例也集中于家庭财产继承分配和赋役承担等问题。《郭氏刘拱礼诉刘仁谦等冒占田产》[③] 一案中，家主刘下班户下税钱六贯文，其正妻郭氏随嫁田税钱也有六贯文，正妻所生只有一子，名拱辰，此外，妾生二子，名拱礼、拱武。刘下班身故，正妻亦死，刘拱辰将其生母自随田合归自己户下，将其父名下税钱三分，兄弟三人各一份。淳熙十二年（1185）至嘉泰元年（1201），十六年间未有词讼。但嘉泰元年刘拱辰身故之后，其弟拱武、拱礼始讼之于县，认为当初其嫡母郭氏自随田业亦当分析。此案不断上诉，一共经过该县郑知县、吉州董司法、提刑司佥厅、该县韩知县、吉州知录及赵安抚六处定断，每次判官的判决都不一样。因为

① 《名公书判清明集》卷 8《治命不可动摇》，第 269—270 页。

② 《名公书判清明集》附录 2《谢文学诉嫂黎氏立继》，第 605 页。

③ 《名公书判清明集》附录 2《郭氏刘拱礼诉刘仁谦等冒占田产》，第 606—608 页。

法律未曾言明说女方自随之产合尽给予亲生之子。故出现以下三种判决：其一，郑知县及提刑司佥厅认为拱辰生母自随田，拱辰自占合理；其二，吉州司法及知录以为拱辰应将其母郭氏随嫁之产均分与拱武、拱礼；其三，韩知县、赵安抚所断较为折中，认为可将郭氏六贯文税钱析为两份，拱辰一份，拱礼、拱武共一份。但是这些判决都未使该案息讼，再次到词。该文所陈判官认为，此案虽有嫡庶之子，自当视为一体，且郭氏嫁于刘下班，不可另立别户，其产亦为刘下班户下财产。故按照此判，令拱辰之子刘仁愿、刘仁谦拨税钱三贯文付拱礼及拱武妻郭氏。

同样，在案件《缪渐三户诉祖产业》中，“缪昭生三子，长曰渐，次曰焕，幼曰洪。缪昭既死，而以长子渐立户，是缪渐即缪昭之都户”。[①] 后缪渐兄弟俱亡，但缪渐尚在，故其父缪昭名下财产尚未分析，而缪渐和其兄弟的诸子孙早已各为七户，每年该户的税钱征收都互相推诿，保长追审，将该户税钱均为三份，让缪渐、缪焕、缪洪子孙各自承担一份。后户内子孙缪友皋上诉官府，他提出既然分税亦要均田，祖父名下田地亦合三分。县令对此案的判决是，若果真尚未分析田产，自当三分。此案中，县令所判便是依照法律所规定的均分原则，且子承父份。

上述家庭财产之争，多出现于祖业家产分析多年以后或立嗣多年以后，这反映了财富的升降起落会引起社会关系的新变化，即便是在以亲情维系、以伦理规范的亲属关系中，也会因财产问题出现明显的不和谐因素，亲情被财富的张力撕裂。从官方的判决来看，国家对这类案例的判决原则是：维护家庭财产的私有性，贯彻“诸子均分”原则，在维持合理的原则下支持夫族立嗣优先，以财产多寡承担相应赋役。换句话说，从总体情况来看，南宋地方官吏本着公平原则保护富民的利益，并不支持那些见钱眼开钻法律空子的投机者。

---

① 《名公书判清明集》卷 4《缪渐三户诉祖产业》，第 105 页。

五　“富民”涉诉案中乡邻诉讼情况及其特点

乡邻间的诉讼纠纷是《清明集》中“富民”诉讼纠纷中数量最多的一类，61例“富民”诉讼中有44例为乡邻纠纷，占所有“富民”诉讼的72%以上。乡邻诉讼中的“富民”，很多是以“豪横”“豪强”的形象呈现出来。梁庚尧对“豪横”的研究可谓一语中的：“所谓豪横，包括扰官与扰民两方面，而两者又常相互关联。”[①] 在这些诉讼案件中，反映出来的问题有几点值得重视。

其一，案件中的豪横乡霸，多具有勾结官吏变公权为私权的特征。

对于这类“富民”，《清明集》中的诸判官直接称其为“豪横”。这一部分“富民”与其说是财大气粗的“豪”，不如说是依财生势的“横”，他们不仅有对他人财产不法占有的行为，而且对他人生命予取予夺，无视法律和人伦。

如《治豪横惩吏奸自是两事》一案：

> 骆一飞父子凶德参会，罪恶贯盈。一飞以强取民财，诳惑民听……台郡虽能断治，骆一飞又能论配吏人，官终弱，民终强。今后一飞有事到官，决不敢行案，决不敢承勘，毋自贻悔。彼其蛇入竹筒，曲性终在，虎兕出柙，咆哮愈甚。官不敢复问，吏不敢正视，善良其鱼肉矣![②]

又如《与贪令捃摭乡里私事用配军为爪牙丰殖归己》案：

> 陈瑛操不仁之心，贪不义之富，出入县道，以神其奸，交结配

① 梁庚尧：《豪横与长者：南宋官户与士人居乡的两种形象》，《宋代社会经济史论集》下册，第476页。

② 《名公书判清明集》卷12《治豪横惩吏奸自是两事》，第460页。

隶，而济其恶，主把公事，拿攫民财，但知为一家之肥，不知为众怨之府。今据所招情犯言之，放债取息，世固有之，然未有乘人之急、谋人之产如陈瑛者也……陈瑛之贪黩奸狡也，上则为贪令作囊橐，捃摭乡里私事，与之推剥取财，下则用配军为爪牙，旁缘气势剔缚，因而丰殖归己。即此一项，已是白夺四千四百贯之业，其他被其嚼肤吮血，合眼受痛，缄口茹苦者，不知其几。①

再如《把持公事欺骗良民过恶山积》案：

唐梓，小人中之狼虎也。始者以骗赌，博得富室不肖子袁八钱八千贯成家，增长气势，交结公吏，计会允役，私置狱具，纵横乡落，不惟接受民户白词，抑且自撰白状，以饱溪壑之欲。或诬人闭粜，径自收缚唐正二，骗去钱四百贯而后已；或以停着盐客，收捉蒋七三，骗去银五百贯而后放；或诬赖染户取罗，骗去蒋四六钱六十七贯而后休；或诈称有文引，勾追证对公事，捉缚蒋四八，骗去十八界官会三百贯；或因民诉到官，及执陈德一唆使捉缚，骗钱一百贯。其他如诸唐、诸蒋被其妄生事端捉缚，或取受钱三百十贯，或六七十贯，不可胜计。以至谋夺邻舍表五七屋业，妄执其与婢使通奸，收捉本人，而割去其耳。件件违法，事事凶强，州县公吏，皆其亲故，被害者莫敢谁何。如唐自如等所陈，具有其实，总计赃钱一万一百一十八贯零……②

在这些案件中，当事人都是无恶不作，为所欲为，甚至当地官员也拿他毫无办法。这些豪横之所以敢如此嚣张，不仅是因为他们有财富实力，更重要的是他们有“能使鬼推磨”之能力，与官吏勾结将公权化为私权，

① 《名公书判清明集》卷12《与贪令捃摭乡里私事用配军为爪牙丰殖归己》，第462页。

② 《名公书判清明集》卷14《把持公事欺骗良民过恶山积》，第525页。

从而称霸一方。正如嘉定十年（1217）一些官员指出的那样，豪横行径“武断尤甚，以小利而渔夺细民，以强词而妄兴狱讼，持厚赂以变事理之曲直，持越诉以格州县之追呼，大率把持官吏，欺压善良”。[①] 这些案件充分说明，南宋时期吏治腐败是导致“富民”转向“豪横”的温床。

地方官员对这类案件的审判，亦关注到了这一问题的实质。一是对为非作歹的豪横本人及其爪牙施以严惩，如“唐梓决脊杖二十，刺配广南远恶州军，仍籍没家财，永锁土牢不放；唐百一、唐百二济父之恶，蒋百二为强恶爪牙……欲将唐百二各决脊杖二十，配千里，并永锁，蒋百二决脊杖十七，配一千里，监赃”。[②] 二是将与豪横勾结、协其作恶的官吏治罪惩罚。在唐梓案中，判官也特别追诉了与该案密切相关的公职人员：“唐黑八与蒋黑念二，两人同把握二水一县民讼权柄，过恶如山，怨嗟盈路……此郡吏强之名，闻于天下，重以两虎分霸在乡在市，若不剿除，吾民其为鱼肉矣……蒋堂黑八枷项，并蒋百二、唐九二，同状首唐自如及父唐少四，并案祖帖押下衡阳县照勘，限三日具申。”[③]

其他一些豪横，在《清明集》的记载中也得到了相应的惩罚。如恃富压小民的俞定国兄弟，勘杖一百；[④] 家富而豪、害人自缢、辱人尸身的齐千五，决脊杖二十，编管两千里；[⑤] 诈行官称、害人自缢的张景荣，决脊杖十五，刺配邻州；[⑥] 勾结官吏、掠取民财、把持公事、害人致死的陈瑛，决脊杖二十，配一千里；[⑦] 夺人产业、据人妻房、戕人性命的杨子高，决

① （清）徐松辑《宋会要辑稿·刑法三》，第 8414 页。

② 《名公书判清明集》卷 14《把持公事欺骗良民过恶山积》，第 526 页。

③ 《名公书判清明集》卷 14《把持公事欺骗良民过恶山积》，第 525 页。

④ 《名公书判清明集》卷 5《争山妄指界至》，第 157 页。

⑤ 《名公书判清明集》卷 12《豪横》，第 457 页。

⑥ 《名公书判清明集》卷 12《诈官作威追人于死》，第 459 页。

⑦ 《名公书判清明集》卷 12《与贪令捃摭乡里私事用配军为爪牙丰殖归己》，第 462 页。

脊杖二十，刺配英德府牢城；[①] 凌压善良、撰造公事、骗业索租的谭一夔，决脊杖二十，配一千里；[②] 无礼邑令的何贵，决脊杖二十，配一千里；[③] 资人诬告的王祥，决脊杖十五，编管五百里州军；[④] 诬告贫士，致其窘迫而死的蒋元广，决脊杖十七，刺面配五百里；[⑤] 杀人性命、劫掠财物、窝藏盗贼的卜元一，决脊杖二十，刺配三千里；[⑥] 用财聚众、劫取放生池鱼、打破祝圣亭的叶森，决脊杖十五，刺配温州牢城；[⑦] 等等。这些为富不仁的“富民”都被严惩。

需要注意的是，在《清明集》中还存在一些豪横案，其案犯被从轻判处。这些案犯人员属于官户或疑似官户之家。如《豪横》案中的方震霆：“承干酒坊，俨如官司，接受白状，私置牢房，杖直枷锁，色色而有，坐听书判，捉人吊打，收受罢吏，以充听干，啸聚凶恶……诈取田业，逼、伤人致死。”根据其犯罪事实，“方震霆合决脊杖二十配本城”，但“念远祖绍兴年间为名贤，从轻勘杖一百，编管南康军”。[⑧] 此文虽未直接说明其祖辈名望何来，但不外乎高官或士大夫之流。从受祖上之荫庇而轻判来看，应该是官户之后。又如《为恶贯盈》案，“鄱阳之骆省乙者，以渔猎善良致富，武断行于一方，胁人财，骗人田，欺人孤，凌人寡，而又健于公讼，巧于鬻狱”，犯下了诸多恶罪。根据法律，该案犯“所当徒断黥配，为奸民之戒”，但因其乃“修武郎之孙”，判官“姑从末减，勘杖一百，编

---

① 《名公书判清明集》卷 12《结托州县蓄养罢吏配军夺人之产罪恶贯盈》，第 456 页。

② 《名公书判清明集》卷 12《举人豪横虐民取财》，第 467 页。

③ 《名公书判清明集》卷 12《何贵无礼邑令事》，第 469 页。

④ 《名公书判清明集》卷 13《资给人诬告以杀人之罪》，第 487 页。

⑤ 《名公书判清明集》卷 13《资给人诬告》，第 488 页。

⑥ 《名公书判清明集》卷 14《元恶》，第 521 页。

⑦ 《名公书判清明集》卷 14《捕放生池鱼倒祝圣亭》，第 524 页。

⑧ 《名公书判清明集》卷 12《豪横》，第 452 页。

管南康军”。[①] 宋代官户具有减免刑罚的特权，《宋刑统》规定：“若官爵五品以上，犯死罪者，上请，又云：流罪以下减一等。”“诸七品以上之官及官爵得请者之祖父母、父母、兄弟、姊妹、妻、子孙，犯流罪以下，各从减一等之例。”“诸应议、请、减及九品以上之官，若官品得减者之祖父母、父母、妻、子孙，犯流罪以下，听赎。”[②] 这些案例之所以轻判，是因为犯案者有官户优减之特权。

至此可以看出，不具特权的“富民”，虽然有勾结官吏营私舞弊的能耐，但是天网恢恢疏而不漏，一旦落入法网，必须依法接受法律惩处。

其二，有些富民利用其财富优势，通过增加对方诉讼成本而变相夺取他人田产财富。

诉讼是有成本的。在古代社会打官司，实际存在的诉讼成本可分为可量化的诉讼成本和不可量化的诉讼成本。

先看可量化的诉讼成本，主要有三。一是代写诉状及请讼师的费用。宋廷为了规范官司，规定诉状不经专业中介书写不予受理。通常由书铺承担代人写状的中介服务，当事人自然需要支付费用给书铺。二是往返县衙、府衙的路途费用。诉状投递到官府，有的当事人居住地离治所较远，开堂前必须赶到受理案件的官府所在地等候召唤，往往“不远数百里赴诉于讼庭之下”，[③] 并且案子不结不能轻易离开。有些不良讼师蛊惑人兴讼，其中一个诱因就是让当事人“饮食于家”。[④] 三是案件执行的成本。一些案件虽然受害者胜诉，但是因对方不执行判决而导致胜诉人不得不多次控诉。在古代司法程序不够完善的情况下，人们只能不断向上一级机构寻求帮助，官司一级一级不断向上打，在经济和时间上都需要付出很多。此

---

① 《名公书判清明集》卷12《为恶贯盈》，第585页。

② （宋）窦仪：《宋刑统》卷2《名例律·请减赎》，第20、21页。

③ 《名公书判清明集》卷10《叔母讼其侄打破庄屋等事》，第390页。

④ 《名公书判清明集》卷12《专事把持欺公冒法》，第473页。

外，南宋时期开越诉之禁，如果县一级官府无法结案，便需要到州一级官府寻求帮助，州治所在一般较县治远，这中间的费用无疑是增加的。

再看不可量化的成本支出，至少有以下两种。一是为官司奔走所耗费的机会成本。民事诉讼案件中围绕田产进行的很多，说明当事人多以经营田产为业。对于从事农业生产经营的人来说，如果把时间和精力放在田地经营管理上，那么土地收益会明显增加。但是若田主诉讼在身，需舍农田管理而应对官司，生产收益减少便是官司的机会成本。这就是时人认为诉讼“妨废农桑，甚为无益”[①] 的原因。可以说，诉讼官司对当事人双方都会产生不小的机会成本。二是因精力消耗而产生的无形成本，也就是为此遭受的精神损失。缠上官司，自会忧心整个审判过程及最后的结果，这个过程中精神状况自然受损。此外，中国传统社会以诉讼为耻，任何事情只要上了公堂似乎就是一件丑闻，面对可能出现的异样看法，也要付出精神上的力量来对抗舆论压力。

很多民事案件，当事人会考虑诉讼成本与诉讼收益之间的关系。正因为考虑了这一成本收益，一些经济损失不大的纠纷往往以受害者一方主动不追究责任的方式消极处理。正因为存在诉讼成本，一些家境殷实的不良富民往往通过迫使对方增加诉讼成本的方式来消耗对方财产，形成对对方不利的后果或迫使对方无力继续申诉，使事态朝自己有利的方向发展。

且看《清明集》中的《典主迁延入务》案：

> 照得孙知县于去年十二月间，判令阿龙候务开日，收赎所典与赵端之田。其赵端自合遵照县司所行，及时退赎，今乃以施工耕种为辞。当职观所在豪民图谋小民田业，设心措虑，皆是如此。当务开之时，则迁延月日，百端推托，或谓寻择契书未得，或谓家长出外未归，及至民户有词，则又计嘱案司，申展文引，逐限推托，更不出

---

① （清）徐松辑《宋会要辑稿·职官四八》，第4329页。

官，展转数月，已入务限矣，遂使典田之家终无赎回之日。且贫民下户，尺地寸土皆是汗血之所致，一旦典卖与人，其一家长幼痛心疾首，不言可知。日夜夫耕妇蚕，一勺之粟不敢以自饱，一缕之丝不敢以为衣，忍饿受寒，铢积寸累，以为取赎故业之计，其情亦甚可怜矣。而为富不仁者，乃略无矜恤之心，设为奸计，以坐困之，使彼赎田之钱，耗费于兴讼之际，纵是得理，而亦无钱可以交业矣。是以富者胜亦胜，负亦胜，而贫者负亦负，胜亦负。此富者所以田连阡陌，而贫者所以无卓锥之地也。今赵端之困阿龙，其术正出于此。阿龙此田出典于赵端之家，四顷共当钱九十八贯，凡历八年而后能办收赎之资，则其艰难之状，可以想见。阿龙积得此钱在手，惟恐得田之不早，而赵端乃欲候秋成而后退业，此其意盖知阿龙之钱难聚而易散，此去秋成，尚有半载之遥。半载之间，幸而其钱复转而为他用，则虽务开之日，呼之来赎，彼亦无所措手矣。赵端之操心不善，当职视之，已如见其肺肝。况阿龙系是去春得孙知县判凭，今春正月又在县陈状，皆在未入务之先。在法：诸典卖田产，年限已满，业主于务限前收赎，而典主故作迁延占据者，杖一百。赵端本合照条勘断，且以其年老，封案。兼赵端伪写税领，欺罔官司，其奸狡为尤甚。今不欲并加之罪，且将两项批领当厅毁抹，勒令日下交钱退业。①

从《典主迁延入务》判文可以了解到，当事人阿龙曾出典自家地给豪民赵端，一直想方设法积攒钱来赎地，但是他遇到了一个意欲占地为己有的富民，被要弄得毫无办法。豪民赵端的诸多伎俩，实际上是拖延以增加对方赎回田地的不可量化成本。如阿龙花了八年时间好不容易积攒够赎地的钱，对方却说要秋收后才可交回。他早已预料到贫困小民手里捏着的

① 《名公书判清明集》卷9《典主迁延入务》，第317—318页。

钱，定然熬不过青黄不接之际的困顿，必将此钱挪作他用。半年之后，官府判决支持阿龙赎地，但阿龙已无法及时拿出现钱赎回。再如当官府判阿龙在“开务”[①]期间完成赎回交接，赵端以找不到典契或家长不在等借口搪塞拖延，致使案件进入“入务”期官府不受理诉讼，最终拖延过了法定赎回期。

这一案件反映了富民利用财富优势，以增加对方诉讼成本和赎回成本的方式来霸占他人土地的情况。可见，一些不良“富民”从诉讼会产生成本这一实际出发，利用自己的财富实力来尽可能地拖延诉讼过程，或通过“争讼”的方式消耗对方的经济力量，最后“富者胜亦胜，负亦胜，而贫者负亦负，胜亦负”。

其三，富民涉诉案例反映出“富民”之间的矛盾最为尖锐。

“富民”阶层中，可再分为小“富民”和大“富民”两个群体。在本文分析中，小“富民”主要是指那些土地占有数额并不十分巨大，靠合法经营以维持、积累家业的那一部分“富民”；大“富民”则是指那些有较强经济实力的“富民”，出现在《清明集》中的大“富民”，往往是利用其财富实力勾结官吏欺压百姓的豪横。一般认为，土地兼并者和无地、少地的贫民之间的矛盾，是传统社会中最为突出和尖锐的矛盾，但从《清明集》中看到的却并非如此。被豪横危害到切身利益的，更多的是同样占有一定数量土地和资产的“富民”，而非下户贫民。

以《豪横》案为例，可以看到发生在豪横和普通“富民”之间的矛盾：

> 震霆所招，未及其十之四五。如强骗财物，则以私酒解官为名，骗去杨珍官会三百贯；以科排木为名，骗去杨珍四十贯；又令程万一

① 宋代为不违农时，不废农务，法律规定，州、县官府每年二月初一入务，至十月初一开务。在务限内，不受理民间婚姻和田宅的词讼，至开务后始受理。

等以私酒骗去一百二十贯；以洪辛一私饮，而骗取三百贯；以王伯关饮酒，骗去三百一十五贯；以詹士俊私下饮酒，骗去一千贯；以徐璿醉入道场，则胁取楼店之地骨；因隅保催纳官物，则骗乞三十五贯；因僧圆仁事，则取一百贯。此震霆供认强骗财物之一二也。如欺诈田业，则斫方得之柘林，拆方德之篱地，占其旗山、花尖坞山，占其徐氏屋前园业；又占方日宣塘头住屋，又占其墙原园；又占方贤郎屋基；又不招李材等田税；又诈赖郑琇鲁畈田价钱五十贯足；又典郑琇白泥畈田，诈赖其六十贯足；如典黄仓屋，则诈赖其二十五贯足；如买黄泥畈田，则又诈赖其五十贯足；又如郑琇赎田，则多取其五十五贯足；断程石头田根，而不还其钱、会；占据洪千九、周百四之屋宇；毁拆章附凤之门关塘石。此则震霆供认欺诈田业之一二也。此外如齐家与郑琇交易，则拘夺其钱一百一十千足；如为徐大监买辛氏之居，则拘夺其余钱不还；如为曹司户行嫁，则拘留他人器用。此震霆招认兜揽诈赖之一二也。至于同恶相济如方愿，爪牙羽翼如杨千八、张明、童友，皆狠愎暴戾，不夺不餍。方愿则同震霆推其兄撷水之人，骗去章附凤二百五十券，占去方德园、店、旱田五项。杨千八则承震霆私引，勾追章附凤，骗去一百五十贯，又骗去徐璿二十五千。张明则受震霆风旨，抄估徐璿屋舍，将徐璿缚打，又骗去附凤五十券。童友则受震霆指挥，捉王伯昌私酒，勒其白纳赏钱，又骗取徐璿二十五贯。此则各人供招乘势欺骗之一二也。①

该诉讼案中，原告一共杨珍、王伯昌、徐璿等十六人，这些人都是方震霆专横的受害者。杨珍等人被诈取钱财，少则几十贯，多则一千贯，一千贯的数目已不是贫民、下户所能被骗取的数目了。同样，《把持公事欺骗良民过恶山积》中的豪横“富民”唐梓，他的发家之路“始者以骗赌，

① 《名公书判清明集》卷12《豪横》，第453页。

博得富室不肖子袁八钱八千贯成家”。[①] 如果说这位富室不孝子袁八是咎由自取，那么此案的原告唐自如和案件中出现的唐正二、蒋七三、蒋四六等人则是真正的受害者，而这些受害者是否都为贫民呢？显然并非如此，他们被骗去的钱财有四百贯、五百贯等数额，说明这些人不仅财富殷实，而且是大富之家，而唐梓所占总计钱财一万一百一十八贯多，若他所掠取的只是贫民、下户，恐怕不能搜刮这么多钱财。

结　语

《清明集》收录的诉讼案件中，有相当一部分案例的当事人属于“富民”，这为我们从另外一个角度认识“富民”提供了极好的文本。通过对《清明集》中“富民”涉诉案件的分析，可以看到，“富民”涉诉案件主要集中在三个方面：作为逃避国家赋役者被地方官追究法律责任，因为家庭或家族内部财产继承而产生矛盾，因与他人发生经济纠纷而诉诸法律。从案件收录的数量来看，因逃避赋役被追责的案例最少，而且地方官员在处理这类案件中也多采取平和协商、告诫追索所欠赋税、调整差役征派的方式来解决。这表明，南宋时期国家与“富民”的关系相对稳定和谐。族内诉讼的案件占有一定的比例，主要体现为家庭内部或家族财产分割中出现的矛盾。这反映了“富民”阶层在经济状况改善的同时，也因为财富问题出现了很多不和谐因素，这是财富增长过程中不可避免地出现的社会现象，这也说明财富再分配过程中很容易出现社会张力。南宋地方官员对这些案件处理的结果，说明国家是重视私有财产保护的。乡邻诉讼是《清明集》中“富民”涉讼案件最多的一类，通过这一类诉讼纠纷，可以看出南宋基层社会的复杂形态。“富民”作为一个新兴的社会阶层崛起，在基层社会中发挥了重要的作用，乡村社会的治理、稳定和发展都离不开这一阶

① 《名公书判清明集》卷14《把持公事欺骗良民过恶山积》，第525页。

层。正因如此，这一阶层凭借自己的经济实力，在一定的社会组织范围内构建起了自己的社会关系网络，遵循着这个网络内的特定规则，并借此获得地位。对于那些以获取更多财富为目的的豪横而言，无地少地的贫民并没有成为最大的掠夺对象，有地有财的“富民”反而成为最大的受害者，正因如此，二者之间的矛盾更为尖锐。同时也要看到，这些豪横之所以能横行霸道，与他们利用财富力量勾结官吏左右公权有很大关系，国家制度设计需要对此予以高度防范。《清明集》中记载的诸多地方官员对豪横严惩的个案，反映了“清明”的国家代理人力图通过公平裁决惩治特权、维护稳定社会。司法清明，也是在为遵纪守法、勤劳致富、合法经营的“富民”提供有利于他们成长的社会环境。

图书在版编目（CIP）数据

制度变迁视角下的宋代经济社会 / 张锦鹏著. -- 北京：社会科学文献出版社，2024.3
ISBN 978-7-5228-1747-7

Ⅰ.①制… Ⅱ.①张… Ⅲ.①经济史-研究-中国-宋代 Ⅳ.①F129.44

中国国家版本馆 CIP 数据核字(2023)第 073254 号

制度变迁视角下的宋代经济社会

著　　者 / 张锦鹏

出 版 人 / 冀祥德
责任编辑 / 赵　晨
文稿编辑 / 汪延平
责任印制 / 王京美

出　　版 / 社会科学文献出版社 · 历史学分社（010）59367256
地址：北京市北三环中路甲 29 号院华龙大厦　邮编：100029
网址：www.ssap.com.cn
发　　行 / 社会科学文献出版社（010）59367028
印　　装 / 三河市尚艺印装有限公司

规　　格 / 开 本：787mm×1092mm　1/16
印 张：16.25　字 数：223 千字
版　　次 / 2024 年 3 月第 1 版　2024 年 3 月第 1 次印刷
书　　号 / ISBN 978-7-5228-1747-7
定　　价 / 98.00 元

读者服务电话：4008918866